Gleiches Entgelt für Teilzeitarbeit

Abhandlungen zum Arbeits- und Wirtschaftsrecht

Begründet von Prof. Dr. Wolfgang Siebert †

Herausgeber:
Prof. Dr. Wolfgang Hefermehl, Heidelberg
Prof. Dr. Ulrich Huber, Bonn
Prof. Dr. Manfred Löwisch, Freiburg/Breisgau
Prof. Dr. Hans-Joachim Mertens, Frankfurt/Main
Prof. Dr. Hansjörg Otto, Göttingen
Prof. Dr. Reinhard Richardi, Regensburg
Prof. Dr. Rolf Serick, Heidelberg
Prof. Dr. Peter Ulmer, Heidelberg

Band 75

Gleiches Entgelt für Teilzeitarbeit

Die Anwendung der Grundsätze des
Europäischen Gerichtshofes über die Gleichbehandlung
Teilzeitbeschäftigter beim Entgelt durch die Gerichte
in Deutschland und Großbritannien

von

Dr. Brigitte Saunders LL.M.

Wiesbaden

Verlag Recht und Wirtschaft GmbH
Heidelberg

Die Deutsche Bibliothek – CIP-Einheitsaufnahme

Saunders, Brigitte:

Gleiches Entgelt für Teilzeitarbeit : die Anwendung der Grundsätze des Europäischen Gerichtshofes über die Gleichbehandlung Teilzeitbeschäftigter beim Entgelt durch die Gerichte in Deutschland und Großbritannien / Brigitte Saunders. – Heidelberg : Verl. Recht und Wirtschaft, 1997

   (Abhandlungen zum Arbeits- und Wirtschaftsrecht; Bd. 75)
   Zugl.: Regensburg, Univ., Diss., 1996
   ISBN 3-8005-3031-7

NE : GT

ISBN 3-8005-3031-7

© 1997 Verlag Recht und Wirtschaft GmbH, Heidelberg

Das Werk einschließlich aller seiner Teile ist urheberrechtlich geschützt. Jede Verwertung außerhalb der engen Grenzen des Urheberrechtsgesetzes ist ohne Zustimmung des Verlages unzulässig und strafbar. Das gilt insbesondere für Vervielfältigungen, Bearbeitungen, Übersetzungen, Mikroverfilmungen und die Einspeicherung und Verarbeitung in elektronischen Systemen.

Datenkonvertierung, Satz und Druck:
HVA Grafische Betriebe Heidelberg, 69117 Heidelberg

Buchbinderische Verarbeitung: Progressdruck GmbH, 67346 Speyer am Rhein

∞ Gedruckt auf säurefreiem, alterungsbeständigem Papier, hergestellt aus chlorfrei gebleichtem Zellstoff (TCF)

Printed in Germany

To Martin

Vorwort

Die vorliegende Arbeit wurde im Sommer 1996 als Dissertation von der Universität Regensburg angenommen. An dieser Stelle will ich die Gelegenheit ergreifen, Professor Richardi für seine wertvollen Anregungen und sein Engagement um das Gelingen dieses Werkes meinen besonderen Dank auszusprechen. Des weiteren möchte ich Professor Henrich danken, der mir als Zweitgutachter liebenswürdigerweise einige Anregungen zukommen ließ. Unschätzbare Hilfe wurde mir ferner durch Desmond Loughney, den Vorsitzenden des Scottish Trade Union Council in Edinburgh, zuteil, der es nie müde wurde, die Unterschiede zwischen deutschem und britischem Arbeitsrecht in Theorie und Praxis zu diskutieren. Ebenso möchte ich ein Dankeswort an den Deutschen Akademischen Austauschdienst (DAAD) richten, dessen Unterstützung es mir ermöglichte, vor Ort in Großbritannien meinen Studien nachzugehen.

Mörfelden-Walldorf, im Dezember 1996 *Brigitte Saunders*

Inhaltsverzeichnis

Abkürzungsverzeichnis 13
Einleitung 15

Teil I: Gemeinschaftsrechtliche Grundsätze ... 18

A. Die gerichtliche Durchsetzung des Gemeinschaftsrechts in den Mitgliedstaaten – allgemeine Grundlagen 18
    I. Der unzureichende Rechtsschutz des Bürgers über die zentrale Kontrolle gemeinschaftskonformen Verhaltens 18
    II. Erweiterung des Individualrechtsschutzes durch den Europäischen Gerichtshof 19

B. Rechtsgrundlagen zur Teilzeitarbeit im Europarecht 23
    I. Das Scheitern eines Erlasses einschlägiger Regelungen 23
    II. Art.119 EWG-Vertrag – allgemeine Grundlagen 24
        1. Unmittelbare Anwendbarkeit des Art.119 EWG-Vertrag 24
        2. Anwendungsbereich des Art.119 EWG-Vertrag 25
            2.1 Der Entgeltbegriff 25
            2.2 Gleiche Arbeit von Männern und Frauen – Verbot einer Ungleichbehandlung 28

C. Die Erfassung der Teilzeitarbeit durch Art. 119 EWG-Vertrag 29
    I. Die Ungleichbehandlung Teilzeitbeschäftigter als eine Form mittelbarer Diskriminierung 29
    II. Die Rechtfertigungsproblematik 31
        1. Rechtfertigung durch den Arbeitgeber 31
        2. Rechtfertigung durch die Tarifparteien 34
        3. Rechtfertigung durch den Gesetzgeber 35
    III. Ein kurzes Wort zum Urteilsstil des Europäischen Gerichtshofs . 37

Teil II: Umsetzung der Grundsätze des Europäischen Gerichtshofes durch britische und deutsche Gerichte 40

A. Ungleichbehandlung Teilzeitbeschäftigter durch Arbeitgeber und Tarifparteien 40

I. Strukturelle Unterschiede in der traditionellen richterlichen Beurteilung 40
II. Wahrnehmung der Europäischen Rechtsprechung durch deutsche Gerichte im Einzelarbeitsverhältnis 42
   1. Aufnahme des Prinzips der mittelbaren Diskriminierung im Bereich der betrieblichen Altersversorgung 42
      1.1 Vorliegen einer mittelbaren Diskriminierung – Tatbestand   43
         1.1.1 Die nachteilige Betroffenheit von wesentlich mehr Frauen als Männern 44
         1.1.2 Beruhen der nachteiligen Wirkung auf dem Geschlecht 45
      1.2 Sachliche Rechtfertigung einer mittelbaren Diskriminierung 47
   2. Das Verhältnis zwischen Art.119 EWG-Vertrag und Art. 3 Abs. 2 GG im Rahmen der Rückwirkungsproblematik 49
      2.1 Rückwirkung der Gleichbehandlungspflicht auf Gemeinschaftsebene 50
      2.2 Rückwirkung im deutschen Rechtskreis 51
   3. Rechtfertigungsmaßstäbe nach Art.119 EWG-Vertrag und Art. 3 Abs. 2 GG 55
III. Gemeinschaftsrechtliche Begrenzungen deutscher Tarifautonomie 56
   1. Anwendung des Art.119 EWG-Vertrag durch den 4. Senat des BAG 57
   2. Gegenteilige Auffassung des Europäischen Gerichtshofes zum Rechtfertigungsmaßstab 59
   3. Anspruch auf Gleichstellung nach Art.119 EWG-Vertrag 61
IV. Wahrnehmung europäischer Grundsätze in Großbritannien 64
   1. Die Gleichheit Teilzeitbeschäftigter nach dem Equal Pay Act   64
   2. Rechtfertigung nach dem Equal Pay Act – die Bewertung des material factor vor der Entscheidung in Jenkins 66
      2.1 Allgemeine Prinzipien 66
      2.2 Anwendung der Grundsätze durch die Gerichte auf Teilzeitbeschäftigte 67
   3. Der Einfluß des Sex Discrimination Act im Equal Pay Act – konkurrierende Rechtfertigungsmaßstäbe 68
      3.1 Verbot der mittelbaren Diskriminierung im Sex Discrimination Act und Rechtfertigung 69
      3.2 Gegenseitiger Ausschluß des Sex Discrimination Act und des Equal Pay Act 70
   4. Die Aufhebung der Beschränkungen des Equal Pay Act durch das Jenkinsurteil des Europäischen Gerichtshofes 72
   5. Anschließende Aufweichung des Rechtfertigungstests der mittelbaren Diskriminierung im Sex Discrimination Act 75

6.	Richterliche Überprüfung von Tarifverträgen	78
6.1	Fehlende rechtliche Verbindlichkeit von Tarifverträgen	78
6.2	Gleichstellungsanspruch entgegen tariflichen Abreden	79
6.3	Gerichtliche Durchsetzung des Art.119 EWG-Vertrag	81

V. Fehlende Fortentwicklung der Rechtsprechung zur Lohngleichheit für Teilzeitarbeit in Großbritannien 82
   1. Geringere Wahrnehmung britischer Arbeitsgerichte 83
   2. Zurückhaltung Teilzeitbeschäftigter 85
      2.1 Vorrangige Angleichung in der Tätigkeitsbewertung 85
      2.2 Restriktive Rechtsprechung im Bereich der Gleichbehandlung Teilzeitbeschäftigter 87
   3. Fehlen eines allgemeinen Gleichbehandlungsgebotes 89

B. Überprüfung nationaler Gesetze am Prüfungsmaßstab des Art.119 EWG-Vertrag 90

I. Die Erweiterung der Prüfungskompetenz nationaler Gerichte gegenüber dem Gesetzgeber 91
   1. Die Einführung einer zweiten richterlichen Gesetzeskontrolle in Deutschland 91
   2. Eingrenzung der britischen „Sovereignty of Parliament" über eine richterliche Gesetzeskontrolle 92
      2.1 „Sovereignty of Parliament" 92
      2.2 Der Konflikt mit dem Prinzip des Anwendungsvorrangs des Gemeinschaftsrechts 92

II. Die richterliche Überprüfung des Employment Protection (Consolidation) Act durch das House of Lords 94
   1. Der Ausgangsfall 94
   2. Rechtfertigung der Benachteiligung von Teilzeitbeschäftigten 97
   3. Folgen des Urteils 99
      3.1 Nichtanwendung des Employment Protection (Consolidation) Act in weiteren Urteilen 99
      3.2 Schadensersatz an Teilzeitarbeitnehmer in speziellen Fällen 100

III. Die gespaltene Ansicht deutscher Gerichte zur Konformität nationaler Gesetze mit Art.119 EWG-Vertrag 103
   1. Der Fall Rinner-Kühn 103
      1.1 Die Stellungnahme des Europäischen Gerichtshofes 103
      1.2 Rechtliche Beurteilung eines Verstoßes durch die nationalen Gerichte 104
   2. Der Konflikt zwischen dem Europäischen Gerichtshof und dem Bundesarbeitsgericht im Fall Bötel 105
      2.1 Unvereinbarkeit des § 37 Abs.6 BetrVG mit Art.119 EWG-Vertrag nach Ansicht des LAG Berlin und des Europäischen Gerichtshofes 106

2.2 Positive Reaktionen auf das Urteil des Europäischen
Gerichtshofes in der Literatur 107
2.3 Ablehnende Ansicht des Bundesarbeitsgerichts – erneute
Vorlage 108
2.4 Entscheidung des Europäischen Gerichtshofes 109

Teil III: Der Alternativansatz: Allgemeine Gleichbehandlung von Teilzeitbeschäftigten am Beispiel deutschen Rechts 113

I. Aussagen des Europäischen Gerichtshofes zu einem allgemeinen Gleichbehandlungsgebot 113
II. Allgemeine Gleichheit im deutschen Recht 114
  1. Allgemeiner Gleichbehandlungsgrundsatz – sachlich rechtfertigende Gründe 115
  2. § 2 BeschFG – spezielle Regelung für Teilzeitarbeit 117
    2.1 Allgemeine Grundlagen 118
    2.2 Sachliche Rechtfertigung nach § 2 BeschFG 120
  3. Ungleichbehandlung bei nebenberuflicher Tätigkeit und Überstunden – Korrektur über Art.119 EWG-Vertrag? 124
    3.1 Rechtfertigungsgrund der gesicherten sozialen Lage bei Nebentätigkeit 124
    3.2 Das Problem der Überstundenzuschläge 127
      3.2.1 Der Meinungsstreit 127
      3.2.2 Entscheidung des Europäischen Gerichtshofes 129

Zusammenfassung und Schlußbetrachtungen 131

Literatur 135

Gerichtliche Entscheidungen 151

Sachregister 161

Abkürzungsverzeichnis

AC	Appeal Cases
Abl.EG	Amtsblatt der Europäischen Gemeinschaften
AiB	Arbeitsrecht im Betrieb
AllER	All England Reports
Amtl. Slg.	Amtliche Sammlung der Urteile des Gerichtshofes und des Gerichtes erster Instanz der Europäischen Gemeinschaften
AP	Arbeitsrechtliche Praxis
ArbG	Arbeitsgericht
AR-Blattei	Arbeitsrecht-Blattei
AuA	Arbeit und Arbeitsrecht
AuR	Arbeit und Recht
BAG	Bundesarbeitsgericht
BAGE	Entscheidungen des Bundesarbeitsgerichts
BAT	Bundesangestelltentarifvertrag
BayVBL	Bayerische Verwaltungsblätter
BB	Betriebs-Berater
BeschFG	Beschäftigungsförderungsgesetz
BetrAVG	Gesetz zur Verbesserung der betrieblichen Altersversorgung
BetrVG	Betriebsverfassungsgesetz
BGB	Bürgerliches Gesetzbuch
BritJIndRel	British Journal of Industrial Relations
BUrlG	Bundesurlaubsgesetz
BVerfG	Bundesverfassungsgericht
BVerfGE	Entscheidungen des Bundesverfassungsgerichts
CJE	Cambridge Journal of Economics
CLP	Current Legal Problems
CMLR	Common Market Law Reports
CMLRev	Common Market Law Review
DAngVers	Die Angestelltenversicherung
DB	Der Betrieb
DÖV	Die Öffentliche Verwaltung
DVBl	Deutsches Verwaltungsblatt
EAT	Employment Appeal Tribunal
EFZG	Entgeltfortzahlungsgesetz
ELRev	European Law Review
EOC	Equal Opportunities Commission
EP(C)A	Employment Protection (Consolidation) Act
EuGH	Europäischer Gerichtshof
EuR	Europarecht

13

EuZW	Europäische Zeitschrift für Wirtschaftsrecht
EWG-Vertrag	Vertrag zur Gründung der Europäischen Wirtschaftsgemeinschaft
EzA	Entscheidungssammlung zum Arbeitsrecht
GewO	Gewerbeordnung
GG	Grundgesetz
HGB	Handelsgesetzbuch
ICLQ	The International and Comparative Law Quarterly
ICR	Industrial Court Reports
IJSL	International Journal of the Sociology of Law
ILJ	Industrial Law Journal
IRLR	Industrial Relations Law Reports
IT	Industrial Tribunal
JLS	Journal of Law and Society
JZ	Juristenzeitung
KSchG	Kündigungsschutzgesetz
LAG	Landesarbeitsgericht
LohnFG	Lohnfortzahlungsgesetz
LQR	The Law Quarterly Review
MLR	The Modern Law Review
NJW	Neue Juristische Wochenschrift
NLJ	New Law Journal
NVwZ	Neue Zeitschrift für Verwaltungsrecht
NZA	Neue Zeitschrift für Arbeits- und Sozialrecht
OJLS	Oxford Journal of Legal Studies
PersR	Der Personalrat
RabelsZ	Rabelszeitschrift für ausländisches und deutsches Privatrecht
RdA	Recht der Arbeit
RIW	Recht der Internationalen Wirtschaft
SAE	Sammlung arbeitsrechtlicher Entscheidungen
SJ	Solicitor's Journal
Streit	Streit (Feministische Rechtszeitschrift)
TVG	Tarifvertragsgesetz
ZfA	Zeitschrift für Arbeitsrecht
ZIAS	Zeitschrift für ausländisches und internationales Arbeits- und Sozialrecht
ZTR	Zeitschrift für Tarifrecht

Einleitung

Diese Dissertation untersucht den Einfluß des Europäischen Gerichtshofes auf die Urteilsfindung deutscher und britischer Gerichte. Gemäß Art. 164 EWG-Vertrag sichert der Europäische Gerichtshof das Recht bei der Auslegung und Anwendung des Vertrages. In der Wahrnehmung dieser Aufgabe hat sich der Europäische Gerichtshof nicht auf die reine Interpretation und Anwendung beschränkt, sondern aus dem teilweise rudimentär gefaßten EWG-Vertrag heraus fundamentale Prinzipien und Grundsätze entwickelt, die die Durchschlagskraft des Gemeinschaftsrechts und seine integrierende Wirkung nachhaltig fördern[1]. Adressaten des Gemeinschaftsrechts sind auch die mitgliedstaatlichen Gerichte. Ihnen kommt die Aufgabe zu, dem Gemeinschaftsrecht innerhalb des nationalen Rechts Geltung zu verschaffen. Das Vorabentscheidungsverfahren des Art.177 EWG-Vertrag berechtigt und – im Fall einer letztinstanzlichen Entscheidung – verpflichtet den nationalen Richter, sich an den Europäischen Gerichtshof zu wenden, wenn Unklarheiten über die Interpretation anzuwendenden Gemeinschaftsrechts bestehen. Eine eigenverantwortliche Auslegung des EWG-Vertrages steht dem Gericht eines Mitgliedstaates nicht zu; allein der Europäische Gerichtshof setzt die Maßstäbe über Inhalt und Anforderungen des Gemeinschaftsrechts. Der nationale Richter hat diese seiner abschließenden Entscheidung und allen weiteren Folgeentscheidungen mit gleichgelagerter Problematik zugrunde zu legen.

Die Umsetzung des Gemeinschaftsrechts durch die Gerichte innerhalb der Europäischen Union bereitet einige praktische Schwierigkeiten, die der einheitlichen Geltung des Gemeinschaftsrechts entgegenstehen. Diese Arbeit untersucht die Anwendung der Grundsätze des Europäischen Gerichtshofes über eine Lohngleichheit Teilzeitbeschäftigter durch deutsche und britische Gerichte innerhalb ihrer nationalen Rechtsordnung und geht den Hintergründen unterschiedlicher Anwendung des Gemeinschaftsrechts nach[2].

---

1 Vgl. *Ulrich Everling*, RabelsZ 1986, S.193 (206); *Stephen Weatherill, Paul Beaumont*: EC Law, S.149.
2 Eine Definition des Begriffes Teilzeitarbeit stößt insbesondere in Großbritannien auf Schwierigkeiten: während gesetzliche Vorschriften, wie z.B. der Employment Protection (Consolidation) Act, rechtliche Folgen an eine Stundenzahl unterhalb 16 Wochenarbeitsstunden anknüpfen, liegt nach anderer Betrachtung eine Teilzeitbeschäftigung bereits unterhalb von 30 Wochenarbeitsstunden vor; vgl. *Ursula Joswig-Buick*: Die arbeits- und sozialrechtliche Behandlung von Teilzeitarbeitnehmern in Großbritannien, S.105. Deutsche Einschätzungen setzen als Teilzeitarbeit eine Tätigkeit an, deren Arbeitsumfang hinter dem üblichen Vollzeitarbeitsverhältnis in Betrieb, Tarifvertrag oder Gesetz zurückbleibt. Zu den verschiedenen Formen der Teilzeitarbeit vgl. *Peter Schüren*, MünchArbR, Band 2, § 157, Rn.1; *Günther Schaub*, BB 1990, S.1069.

Die Untersuchung befaßt sich in den ersten drei Abschnitten mit den dogmatischen Grundlagen auf Gemeinschaftsebene. Eine kurze Eingangsdarstellung ist den Hintergründen und Voraussetzungen der Anwendung des Gemeinschaftsrechts durch die mitgliedstaatlichen Gerichte gewidmet. Anschließend werden die rechtlichen Grundsätze der Entgeltgleichheit für Teilzeitarbeitnehmer erörtert, die – aufgrund des Scheiterns einschlägiger Gesetzesinitiativen – auf der Rechtsprechung des Europäischen Gerichtshofes zur mittelbaren Diskriminierung aufgrund des Geschlechtes gemäß Art.119 EWG-Vertrag basieren. Es handelt sich um die richterliche Begründung eines umfassend wirkenden Lohngleichheitsgebots für Teilzeitbeschäftigte, das sich aus der überproportionalen Besetzung des Teilzeitarbeitssektors mit weiblichen Arbeitskräften ergibt. Im statistischen Vergleich sind Deutschland und Großbritannien durch dieses Gebot in ähnlichem Umfang betroffen[3].

Der Europäische Gerichtshof weist die Hauptlast der Ermittlung und Beurteilung den nationalen Gerichten zu und begnügt sich mit einigen wenigen ergebnisorientierten Vorgaben. Der Akteur der einheitlichen Anwendung ist der mit dem Einzelfall befaßte nationale Arbeitsrichter. Für diesen kann die Pflicht zur gemeinschaftskonformen Rechtsanwendung die Einbringung neuer dogmatischer Ansätze in herkömmliche Konstruktionen, die Rückstellung nationalen Rechts hinter Gemeinschaftsrecht und den Bruch mit traditioneller Systematik beinhalten. Die Verwirklichung einer einheitlichen Anwendung hängt von der Fähigkeit und Bereitschaft der Gerichte ab, Gemeinschaftsrecht innerhalb und erforderlichenfalls entgegen nationalem Recht und herrschender Rechtsauffassung durchzusetzen. Der zweite Teil der Arbeit befaßt sich daher detailliert mit der Frage, ob und wie das Lohngleichheitsgebot durch deutsche und britische Gerichte umgesetzt wird. Eine kurze Bestandsaufnahme des Status Quo vor ersten einschlägigen Urteilen des Europäischen Gerichtshofes weist eine unterschiedliche Behandlung der Problematik aus: in Deutschland anhand allgemeiner Gleichbehandlungsgrundsätze, in Großbritannien im Rahmen eines Lohngleichheitsgebotes für Frauen, die gleiche Arbeit wie Männer verrichten. Die Grundsätze der mittelbaren Diskriminierung werden von deutschen Arbeitsgerichten erst anläßlich der Rechtsprechung des Europäischen Gerichtshofes aufgegriffen und weiterentwickelt. In Großbritannien hingegen trifft der Beobachter auf einen Mitgliedstaat, der bereits über ein ausdrücklich kodifiziertes Verbot der mittelbaren Diskriminierung verfügte, bevor der Europäische Gerichtshof sich mit der Thematik befaßte. Britische Arbeitsgerichte, die erstinstanzlichen Industrial Tribunals sowie die Berufungsinstanz des Employment

---

3 Vgl. die statistischen Angaben in *Brian Bercusson*: Working Time in Britain, Volume II, S.27. Großbritanniens Teilzeitbeschäftigte setzen sich demnach zu ca. 85% aus Frauen zusammen, während in Deutschland der Anteil von Frauen an der Teilzeitbeschäftigung um ca. 90% liegt.

Appeal Tribunal[4], wandten selbiges jedoch nicht auf die Entgeltgleichheit Teilzeitbeschäftigter an. Wenngleich in diesem Punkt dogmatische Änderungsansätze infolge der Rechtsprechung des Europäischen Gerichtshofes zu beobachten sind, so bleibt eine Weiterentwicklung der Rechtsprechung in der Intensität, wie sie in Deutschland zu beobachten ist, aus. Die wenigen vorhandenen Entscheidungen indizieren eine Abweichung von den Maßstäben des Europäischen Gerichtshofes anstelle einer Annäherung an dieselben. Verantwortlich für diese Stagnation sind in der Struktur des britischen Rechtssystems angelegte Ursachen, die eine stärkere Einflußnahme des Gemeinschaftsrechts im Vereinigten Königreich behinderten. Positiv ist jedoch ein umwälzendes höchstgerichtliches Urteil aus dem Jahre 1994 zu bewerten, das eine traditionelle gesetzliche Ungleichbehandlung Teilzeitbeschäftigter für gemeinschaftswidrig erklärt.

Anhand des deutschen Beispiels stellt sich auch die Frage der Konkurrenz zwischen der mittelbaren Diskriminierung und dem Gebot der allgemeinen Gleichbehandlung von Teilzeitbeschäftigten. Die Methodik der allgemeinen Gleichbehandlung von Teilzeitbeschäftigten ist in Deutschland als zweite Alternative einer gerichtlichen Beurteilung anhand des arbeitsrechtlichen Gleichbehandlungsgrundsatzes und des § 2 BeschFG zugänglich. Entsprechende Gebote existieren hingegen derzeit weder im britischen noch im Europäischen Rechtssystem. Dieser Ansatz ist in dem dritten und letzten Teil dieser Untersuchung hinsichtlich seiner Wertigkeit dem Verbot der mittelbaren Diskriminierung gegenüberzustellen. Zu klären ist, ob ein dogmatisch geschlechtsneutrales Lohngleichheitsgebot zur Erreichung eines angemessenen Ergebnisses ausreicht oder ob es der mittelbaren Diskriminierung bedarf, deren strengere Rechtfertigungsanforderungen im Kollisionsfalle vorgehen. Jüngste Vorlagen vor dem Europäischen Gerichtshof weisen darauf hin, daß Europarecht gegenüber dem Konzept einer allgemeinen Gleichbehandlung in manchen Fallgestaltungen nicht zu einer anderen Beurteilung der Situation Teilzeitbeschäftigter führen wird. Die Frage der ungleichen Vergütung bei der Leistung von Überstunden und Nebentätigkeit in Teilzeit verdeutlichen die Grenzen der Rechtsangleichung über Art.119 EWG-Vertrag.

---

4 Die Beurteilung arbeitsrechtlicher Streitigkeiten liegt in der Zuständigkeit der Industrial Tribunals, die durch den Industrial Relations Act 1964 eingeführt worden sind. Industrial Tribunals sind keine Arbeitsgerichte im herkömmlichen Sinne, sondern stellen eine unabhängige Schlichtungsinstanz dar. Der Employment Protection Act 1975 führte die Berufungsinstanz des Employment Appeal Tribunal in das Verfahren ein; die Revision wiederum erfolgt innerhalb der ordentlichen Gerichtsbarkeit an den Court of Appeal und von diesem an die „Superrevisionsinstanz" des House of Lords.

Teil I:
Gemeinschaftsrechtliche Grundsätze

A. Die gerichtliche Durchsetzung des Gemeinschaftsrechts in den Mitgliedstaaten – allgemeine Grundlagen

I. Der unzureichende Rechtsschutz des Bürgers über die zentrale Kontrolle gemeinschaftskonformen Verhaltens

Grundsätzlich nimmt der einzelne Bürger der Gemeinschaft dadurch am Gemeinschaftsrecht teil, daß die Mitgliedstaaten ihr nationales Recht an das Gemeinschaftsrecht anpassen oder entsprechendes Recht erlassen. Der Kontrolle gemeinschaftskonformen Verhaltens auf der Gemeinschaftsebene dienen die Art.169 ff. EWG-Vertrag, wonach die Kommission ein Vertragsverletzungsverfahren gegen einen Mitgliedstaat einleitet, der seinen Verpflichtungen nicht oder unzulänglich nachkommt bzw. der Europäische Gerichtshof, sofern im Vorverfahren keine Beilegung der Angelegenheit erfolgt, ein feststellendes Verletzungsurteil gegen den Mitgliedstaat gem. Art.171 EWG-Vertrag erläßt[5].

Die Durchsetzung des Gemeinschaftsrechtes auf diesem Wege ist aus mehreren Gründen unzureichend: Zum einen kann die Kommission der Europäischen Gemeinschaft aus kapazitätsbedingten Ursachen heraus nicht alle Fälle eines Vertragsverstoßes feststellen oder gegenüber einem Mitgliedstaat durchsetzen[6]. Zum anderen sind feststellende Urteile des Europäischen Gerichtshofes hinsichtlich eines Verstoßes gegen das Gemeinschaftsrecht gegenüber dem Mitgliedstaat nicht vollstreckbar. Das durch den Vertrag von Maastricht eingeführte Zwangsgeld gegen einen säumigen Mitgliedstaat unterliegt derselben Beschränkung[7]. Sofern nationales Recht gegen Grundsätze der Gemeinschaft verstößt, hängt daher die Änderung der betreffenden Normen von der Bereitschaft des jeweiligen Mitgliedes ab, die nicht durch rechtlichen Zwang, sondern durch politischen Druck zu erreichen ist.

---

5 Ein Antragsrecht auf Überprüfung eines bestimmten mitgliedstaatlichen Verhaltens kann auch von einem anderen Mitgliedstaat gestellt werden. Diese Möglichkeit wird in geringem Maße genutzt. Nur ca. 5% aller Anträge werden von den Mitgliedstaaten gestellt. Zumeist führen Beschwerden von Unternehmen an die Kommission, ca. 85 %, zur Einleitung eines Vertragsverletzungsverfahrens. Vgl. *Francis Snyder*, MLR 1993, S.19 (27).
6 Vgl. *Deirdre Curtin*, CMLRev 1990, S.709 (710/711); *Meinhard Hilf*, EuR 1993, S.1 (16); *Samuel Krislov, Claus-Dieter Ehlermann, Joseph Weiler*, Integration through Law, Volume 1, Book 2, S. 3 (86).
7 Vgl. *Deirdre Curtin*, ELRev 1993, S.17 (34); *Joachim Karl*, RIW 1992, S.440.

Der einzelne Bürger hat sich grundsätzlich ohne eine Möglichkeit, gegen die Gemeinschaftsrechtswidrigkeit der betreffenden Gesetze oder sonstigen Praktiken vorzugehen, an nationalem Recht zu orientieren. Die Individualperson kann sich nicht unmittelbar an den Europäischen Gerichtshof wenden, wenn das Verhalten ihres Staates gegen geltende Regelungen des Gemeinschaftsrechts verstößt. Dem deutschen EG-Bürger ist ferner die Anrufung des Bundesverfassungsgerichts verwehrt, da der Europäische Gerichtshof das Entscheidungsmonopol für Fragen hinsichtlich der Auslegung des Gemeinschaftsrechts innehat[8]. Somit entsteht die unbefriedigende Situation, daß die Individuen mancher Staaten über nationales Recht in den Genuß des Gemeinschaftsrechts gelangen, während dies in anderen Ländern nicht der Fall ist. Die Europäische Union ist jedoch auf Integration hin angelegt, d.h. auf die Erreichung der Gemeinschaftsziele durch einheitliche Anwendung des Gemeinschaftsrechts in den Mitgliedstaaten.

II. Erweiterung des Individualrechtsschutzes durch den Europäischen Gerichtshof

Es ist dem Europäischen Gerichtshof und den nationalen Gerichten zuzuschreiben, daß die mangelnde Kontrolle einheitlicher Rechtsanwendung und der lückenhafte individuelle Rechtsschutz innerhalb der Gemeinschaft zu einem großen Teil ausgeglichen werden konnten. Den Ansatzpunkt hierfür bildete das Vorabentscheidungsverfahren gemäß Art.177 EWG-Vertrag[9]. Der Europäische Gerichtshof nutzte die zunehmende Zahl von Anfragen nationaler Gerichte über die Anwendung und Auslegung des Gemeinschaftsrechtes, um einen „judiziellen Dialog" zu schaffen, innerhalb dessen einige der wichtigsten vereinheitlichenden Prinzipien des Gemeinschaftsrechts entwickelt wurden[10]. Gleichzeitig erhöhte sich über das Vorabentscheidungsverfahren die Durchschlagskraft des Gemeinschaftsrechts. Die passive Verweigerung eines Mitgliedstaates gegenüber Feststellungsurteilen im Vertragsverletzungsverfahren des Art.171 EWG-Vertrag geht fehl, wenn die eigene innerstaatliche Rechtsprechung in Nachvollzug der Auslegungsgrundsätze des Europäischen Gerichtshofes nationales Recht entweder gemeinschaftskonform auslegt oder auch für unanwendbar erklärt und die gemeinschaftliche Rechtsnorm selbst anwendet. Der einzelne Gemeinschaftsbürger erreicht über das Vorlageverfahren eine gerichtliche Überprüfung des in seinem Fall anwendbaren nationalen gegenüber Europäi-

---

8 Vgl. *Thomas von Dannewitz*, NJW 1993, S.1108 (1109); BVerfG vom 31.5.1990 – 2 BvL 12, 13/88; 2 BvR 1436/87, BVerfGE 82, S.159 (195) = NVwZ 1991, S.53.
9 Vgl. zum Ablauf der Vorabentscheidungsverfahrens *Pierre Pescatore*, BayVBl.1987, S.33, 68.
10 Vgl. zum Bedeutungswechsel von Art.169 zu Art.177 die kritische Betrachtung von *Hjalte Rasmussen*: On Law and Policy in the European Court of Justice, S.244; demgegenüber *Mauro Cappelletti*, ELRev 1987, S.3 (17).

schem Recht und wird gleichzeitig Kontrollinstrument für das Gemeinschaftsrecht[11].

Die konkrete Reichweite des Individualrechtsschutzes bestimmt sich nach der Wirkungsweise des zugrundeliegenden Rechtssystems. Das Gemeinschaftsrecht hat in dieser Hinsicht eine Sonderstellung inne, da es anders als sonstige internationale oder völkerrechtliche Verträge eine unabdingbare Bindungswirkung gegenüber nationalem Recht entfaltet. Dieser Effekt ist vornehmlich auf die durch den Europäischen Gerichtshof entwickelten Prinzipien zurückzuführen, die das Gemeinschaftsrecht in mehrfacher Hinsicht auf eine verfassungsgleiche Ebene gehoben haben.

Eine der grundlegenden Aussagen des Europäischen Gerichtshofes findet sich in dem Urteil Van Gend en Loos, wonach die Bestimmungen des Vertrages und die sonstigen Rechtsnormen der Gemeinschaft eine eigenständige Rechtsordnung, unabhängig von den jeweiligen mitgliedstaatlichen Ordnungen, verkörpern[12]. Das Gemeinschaftsrecht muß nationalem entgegenstehenden Recht vorgehen, da ansonsten die zur Erreichung des gemeinsamen Marktes erforderliche Einheit der Gemeinschaftsordnung zerstört würde[13]. Die Mitgliedstaaten haben die nationalstaatliche Regelungsgewalt durch die Zustimmung zu den Verträgen teilweise an die Gemeinschaft übertragen und damit ihre Souveränität, entgegenstehendes Recht in einem der in den Verträgen erfaßten Themenfelder zu erlassen, begrenzt[14]. Innerstaatlich ist der Vorrang Europäischen Rechts in der Bundesrepublik Deutschland durch ein Zustimmungsgesetz gemäß Art.24 GG und im Vereinigten Königreich durch den European Communities Act 1972[15] festgelegt[16].

Der Anwendungsvorrang des Gemeinschaftsrechts ist für den einzelnen Bürger über das Prinzip der unmittelbaren Geltung individuell zugänglich. Normen des EWG-Vertrages können unmittelbare Rechte des Bürgers gegen den Staat begründen, ohne daß es einer umsetzenden Maßnahme durch einen Mitgliedstaat bedarf, wenn die jeweilige Bestimmung eine klare Unterlassungspflicht des

---

11 Vgl. *Curtin*, ELRev 1993, S.30/31.
12 EuGH vom 5.2.1963, Rs.26/62, Van Gend en Loos, amtl.Slg. 1963, S.1.
13 EuGH vom 15.7.1964, Rs. 6/64, Costa ./. ENEL, amtl. Slg. 1964, S.585; Vgl. *Ulrich Everling*, DVBl.1985, S.1201; *Derrick Wyatt and Alan Dashwood*: European Community Law, S.56.
14 EuGH vom 15.7.1964, Rs.6/64, Costa ./. ENEL, amtl. Slg. 1964, S.585; vgl. *Monika Schlachter*: Wege zur Gleichberechtigung, S.98, mit einer Darstellung der verfassungs- und völkerrechtlichen Problematik; *Weatherill, Beaumont*: EC Law, S.33, 150-152.
15 Vgl. *Walsh Clifford, Peter Allsop, Trevor Javis*: Current Law Statutes annotated 1972, Nr.68.
16 Vgl. für die Bundesrepublik Deutschland BVerfG vom 28.1.1992 – 1 BvR 1052/82; 1 BvL 16/83 und 10/91, BVerfGE 85, S.191 (204) = JZ 1992, S.913; *Schlachter*: Wege zur Gleichberechtigung, S.101/102; für Großbritannien *Colin Mungo*: Studies in Constitutional Law, S.125.

Staates zugunsten der Einzelperson enthält[17]. Sofern Rechtsnormen ausreichend klar und präzise gefaßt sind, kann der einzelne sich vor den nationalen Gerichten auf die in diesen Vorschriften enthaltenen Rechte berufen. Auch im Bereich der Bürger untereinander gelten die unmittelbaren Rechte aus dem EWG-Vertrag, soweit damit ein generell verpflichtendes Verbot durchgesetzt wird. Individualrechte sind auch aus sekundären Rechtsnormen ableitbar, vorausgesetzt, diese sind hinreichend bestimmt gefaßt, um einen Anspruch des einzelnen zu begründen. Neben der durch den EWG-Vertrag in Art.189 Abs.2 angeordneten unmittelbaren Geltung von Verordnungen der Gemeinschaft hat der Europäische Gerichtshof diese Wirkung auch Richtlinien zugesprochen. Auch wenn sich Richtlinien grundsätzlich nach Art.189 Abs. 3 des EWG-Vertrages an die Mitgliedstaaten wenden, kann ihnen nach Ablauf der Umsetzungsfrist unmittelbare Wirkung für den Bürger gegen den Staat zukommen. Diese Rechtsschutzvariante gilt nur gegenüber der öffentlichen Hand, nicht im Verhältnis der Bürger untereinander[18]. Die Wirkung von Richtlinien ist im Bereich der Entgeltgleichheit für Teilzeitbeschäftigte von untergeordneter Bedeutung und soll daher nicht weiter vertieft werden. Die Richtlinie 75/117/EWG[19] über die Anwendung der Grundsätze des gleichen Entgelts für Männer und Frauen stellt nur eine Konkretisierung des Art.119 des EWG-Vertrages dar, welcher für die Entgeltgleichheit von Teilzeitarbeitnehmern ausschlaggebender Maßstab ist[20]. Für manche Aspekte der Lohngleichheit, insbesondere für den Entgeltbegriff, kann die Richtline 76/207/EWG, die eine mittelbare Diskriminierung in den Lebens- und Arbeitsbedingungen verbietet, Bedeutung erlangen[21].

Nicht nur der Gesetzgeber und die Exekutive sind verpflichtet, dem Gemeinschaftsrecht eine weitestgehende Wirkung zu verschaffen; auch die mit der Anwendung nationalen Rechtes befaßten Gerichte sind mit der Wahrnehmung des Gemeinschaftsrechts betraut. Art.5 EWG-Vertrag verpflichtet die Mit-

---

17 EuGH vom 15.7.1964, Rs.6/64, Costa ./. ENEL, amtl. Slg. 1964, S.585. Vgl. *Schlachter*: Wege zur Gleichberechtigung, S.109/110 m.w.N. aus der Rechtsprechung.
18 Vgl. im einzelnen *Joswig-Buick*: Die arbeits- und sozialrechtliche Behandlung von Teilzeitarbeitnehmern, S.18; *Schlachter*: Wege zur Gleichberechtigung, S.111-116, *Weatherill, Beaumont*: EC Law, S.293-301.
19 Richtlinie 75/117/EWG vom 10.Februar 1975 zur Angleichung der Rechtsvorschriften der Mitgliedstaaten über die Anwendung des Grundsatzes des gleichen Entgeltes für Männer und Frauen, Abl.EG 1975, L 45/19 vom 19.2.1975.
20 EuGH vom 8.4.1976, Rs.43/75, Defrenne II, amtl.Slg.1976, S.455 = NJW 1976, S.2068; vgl. *Manfred Zuleeg*, RdA 1992, S.133 (137).
21 Richtlinie 76/207/EWG vom 9.Februar 1976 zur Verwirklichung des Grundsatzes der Gleichbehandlung von Männern und Frauen hinsichtlich des Zugangs zur Beschäftigung, zur Berufsbildung und zum beruflichen Aufstieg sowie in bezug auf die Arbeitsbedingungen, Abl.EG 1976, L 39/40 vom 14.2.1976; vgl. zu den weiteren Richtlinien *Joswig-Buick*: Die arbeits-und sozialrechtliche Behandlung von Teilzeitarbeitnehmern, S.14.

gliedstaaten, und mit ihnen die nationalen Gerichte, zur Gemeinschaftstreue[22]. Der nationale Richter ist gleichzeitig auch Gemeinschaftsrichter[23]. Sofern Gemeinschaftsrecht Individualpersonen unmittelbare Rechte verleiht, müssen diese von nationalen Gerichten geschützt werden[24]. Entspricht der durch nationales Recht gewährte Schutz den Anforderungen aus Gemeinschaftsrecht, kann die nationale Norm angewandt werden. Trifft dies nicht zu, ist entweder die betreffende Gesetzesvorschrift so auszulegen, daß sie den gemeinschaftsrechtlichen Anforderungen entspricht, oder der Bürger kann sich abweichend von der nationalen Rechtsvorschrift auf den unmittelbaren Anspruch aus dem Gemeinschaftsrecht berufen. Die besondere Funktion der Gerichte im Hinblick auf Richtlinien, die Berücksichtigung der unmittelbaren Wirkung von Richtlinien sowie die Pflicht zur richtlinienkonformen Interpretation kann hier wegen ihrer fehlenden Auswirkung auf die gerichtliche Behandlung der Entgeltgleichheit für Teilzeitbeschäftigte dahingestellt bleiben[25].

Ein weiterer Aspekt des effektiven Rechtsschutzes, der sich insbesondere auf das Ausmaß der Normenkontrolle in Großbritannien auswirkt, ist das Verbot, die Wirkung des Gemeinschaftsrechtes durch verfahrensrechtliche Beschränkungen zu verhindern. Der Europäische Gerichtshof hat in seinem Urteil zu Factortame[26] dargelegt, daß das Prinzip des effektiven Rechtsschutzes einem Gericht auferlegen kann, sich über verfahrensrechtliche Beschränkungen des innerstaatlichen Rechts hinwegzusetzen, wenn andernfalls die Durchsetzung des Gemeinschaftsrechts zum Schutze des einzelnen behindert würde. Diese Rechtsprechung wirkte sich unmittelbar auf die traditionell eng begrenzte gerichtliche Überprüfbarkeit britischer Parlamentsgesetze aus und ermöglichte das später zu behandelnde Urteil des House of Lords vom März 1994.

---

22 Vgl. *Peter Oliver*, MLR 1987, S.881 (882).
23 Vgl. *John Temple Lang*, CMLRev 1990, S.645 (646); *Manfred Zuleeg*, JZ 1994, S.1 (2).
24 EuGH vom 5.2.1963, Rs.26/62, Van Gend en Loos, amtl. Slg.1963, S.1.; vgl. *Oliver*, MLR 1987, S.881.
25 Vgl. die einschlägigen Urteile des EuGH in diesem Bereich, insbesondere EuGH vom 10.4.1984, Rs. 14/83, van Colson und Kamann, amtl. Slg. 1984, S.1891 = AP Nr.1 zu § 611a BGB = NJW 1984, S.2021; EuGH vom 13.11.1990, Rs. 1606/89, Marleasing, amtl. Slg. 1990, S.4135. Die Literatur in diesem Bereich ist zahlreich. Vgl. zur unmittelbaren Wirkung von Richtlinien *Albrecht Bach*, JZ 1990, S.1108; *Albert Bleckmann*, RIW 1984, S.774; *Deirdre Curtin*, ELRev 1990, S.195; *Volkmar Götz*, NJW 1992, S.1849; *Josephine Steiner*, LQR 1990, S.144; *Reiner Weymüller*, RIW 1991, S.325. Zur richtlinienkonformen Auslegung vgl. *Claus Dieter Classen*, EuZW 1993, S.83; *Grainne de Búrca*, MLR 1992, S.215; *Christopher Docksey & Barry Fitzpatrick*, ILJ 1991, S.113; *Udo Di Fabio*, NJW 1990, S.947; *Hans Jarass*, EuR 1991, S.211; *Marcus Lutter*, JZ 1992, S.593; *Schlachter*: Wege zur Gleichberechtigung, S.119.
26 EuGH vom 19.6.1990, Rs.213/89, Factortame (2), amtl.Slg.1990, S.2433.

B. Rechtsgrundlagen zur Teilzeitarbeit im Europarecht

I. Das Scheitern eines Erlasses einschlägiger Regelungen

Die anteilige Teilhabe von Teilzeitarbeitnehmern an Entgeltleistungen ist bereits seit längerem ein Bestandteil der politischen Agenda der Gemeinschaft. Bei Gründung der Europäischen Gemeinschaft vertraten die Mitgliedstaaten die These, daß die wirtschaftliche Integration auch ein Fortschreiten der sozial- und arbeitspolitischen Integration bewirken werde. Daher wurde auf mehr als nur bruchstückhafte Aussagen im EWG-Vertrag zu dieser Problematik verzichtet. Mit dem Ausbleiben dieser automatischen Wechselwirkung wurde die Problematik der sozialen Entwicklung für einige Bereiche wie die rechtliche Behandlung Teilzeitbeschäftigter innerhalb der Gemeinschaft jedoch akut[27]. Der Ministerrat sprach sich im Jahre 1979 für eine Ausweitung der Rechte von Vollzeitarbeitnehmern auf Teilzeitkräfte unter Berücksichtigung der spezifischen Besonderheiten aus[28]. Anschließend daran erarbeitete die Kommission einen Richtlinienentwurf zur freiwilligen Teilzeitarbeit, in dem eine Gleichstellung hinsichtlich gesetzlicher und betrieblicher Systeme der sozialen Sicherung sowie das Recht auf proportional gleiches Arbeitsentgelt, Urlaubsgeld und Abfindungen vorgesehen war[29]. Mit dem Erlaß der Richtlinie sollte dem stetigen Zuwachs von Teilzeitarbeitnehmern, deren geringe Entlohnung als Quelle wettbewerbsverzerrender Wirkungen angesehen wurde, angemessen begegnet werden. Aufgrund des britischen und dänischen Vetos konnte die Richtlinie die gemäß Art.100 EWG-Vertrag notwendige Annahme in Einstimmigkeit nicht erreichen[30]. Ein weiterer Versuch zur Regelung einer Gleichbehandlung von Teilzeitarbeitnehmern aus dem Jahre 1990 ist vor dem Hintergrund der politischen Erkenntnis der Gemeinschaft in den 80er Jahren zu sehen, daß eine Vollendung des Binnenmarktes nicht nur dessen wirtschaftliche Komponente, sondern auch die „soziale Dimension" berücksichtigen muß[31]. Die zu diesem Zweck verabschiedete Gemeinschaftscharta über soziale Grundrechte von Arbeitnehmern[32] forderte zu einem Schutz atypischer Arbeitsverhältnisse auf, der auf der Gemeinschaftsebene durch drei Richtlinienentwürfe verwirklicht werden sollte[33]. Inhaltlich wird die Regelung des Entwurfs von 1982 nur abgeschwächt wie-

---

27 Vgl. *Meinhard Heinze*, ZfA 1992, S.331 (332).
28 Entschließung des Rates vom 18.Dezember 1979, Abl.EG 1979, C 2/1 vom 4.1.1980; vgl. *Richard Disney, Erika Szyszczak*, BritJIndRel. 1984, S. 78 (78).
29 Vorschlag für eine Richtlinie des Rates zur Regelung der freiwilligen Teilzeitarbeit, Abl.EG 1982, C 62/7 vom 12.3.1982; geänderte Fassung Abl.EG 1983, C 18/5 vom 22.1.1983.
30 Vgl. *Joswig-Buick*: Die arbeits-und sozialrechtliche Behandlung von Teilzeitarbeitnehmern, S.159.
31 Vgl. *Heinze*, ZfA 1992, S.335/336; *Heinz Lampert*: Europäischer Binnenmarkt und Harmonisierung des Arbeitsrechts, S.27 (28/29).
32 KOM (89) 248 (endgültig).
33 Abl.EG 1990, C 224/4 vom 8.9.1990.

deraufgenommen; insbesondere sollte die mit gleichem Entgelt befaßte Richtlinie Arbeitsverhältnisse unter 8 Stunden in der Woche ausschließen[34]. Auch dieser Versuch war hinsichtlich der Entgeltgleichheit erfolglos[35].

Politisch ist das Scheitern der Entwürfe durch die gespaltene Auffassung im Ministerrat über die geeignete Methode zur Bekämpfung der Arbeitslosigkeit zu erklären. Während eine Fraktion sich im Rahmen der Flexibilisierung der Arbeit für einen rechtlichen Schutz atypischer Arbeitsverhältnisse und deren Gleichstellung mit dem Vollzeitarbeitsverhältnis ausspricht, verfolgt die Ideologie der „deregulation", die insbesondere durch die damalige britische Premierministerin Thatcher vertreten wurde, eine andere Auffassung. Eine übermäßige Intervention in den Arbeitsmarkt ist in den Augen ihrer Anhänger eher geeignet, Arbeitsplätze zu zerstören denn zu schaffen, da der Arbeitgeber auf eine Gleichstellungspflicht gegenüber Teilzeitbeschäftigten mit dem Abbau von Arbeitsplätzen reagieren wird[36].

II. Art.119 EWG-Vertrag – allgemeine Grundlagen

1. Unmittelbare Anwendbarkeit des Art.119 EWG-Vertrag

Der Europäische Gerichtshof hat, da speziellere Rechtsgrundlagen in der Gemeinschaft fehlen, die Vorschrift des Art.119 EWG-Vertrag über das Lohngleichheitsgebot zwischen Männern und Frauen zum Ansatzpunkt seiner Rechtsprechung über die Teilzeitarbeit genommen. Nach den Aussagen des Europäischen Gerichtshofs in den Rechtssachen Defrenne II und Defrenne III regelt Art.119 EWG-Vertrag nur einen Ausschnitt eines Diskriminierungsverbotes gegenüber Frauen bzw. eines Gleichberechtigungsgebots für Frauen, welches den Rang eines Grundrechtes der Gemeinschaft einnehme[37]. Somit diene diese Vertragsnorm der Durchsetzung eines Grundrechts der Gemeinschaftsordnung, das über den vordergründig erkennbaren Normzweck hinausgehe. Die Zweckbestimmung des Art.119 EWG-Vertrag erschöpfe sich daher nicht in der Verhinderung wettbewerbswirtschaftlicher Nachteile zwischen den Mitgliedstaaten, sondern beinhalte zusätzlich eine sozialpolitische Komponente. Die Europäische Gemeinschaft sei nicht nur eine Wirtschaftsunion, sondern ziele darüber hinaus auf die Sicherung des sozialen Fortschritts und die Verbesserung

---

34 Vgl. *Klaus Lörcher*, Der Personalrat 1991, S.75, zu den näheren Details der Richtlinienentwürfe.
35 Nur die Richtlinie über Gesundheits- und Sicherheitsmaßnahmen wurde im Ministerrat beschlossen, Abl.EG 1991, L 206/19 vom 29.7.1991.
36 Vgl. *Roger Blanpain, Elisabeth Klein*: Europäisches Arbeitsrecht, S.55 mit einer näheren Erläuterung der Krise in der EG-Sozialpolitik; *Bob Hepple*, ILJ 1987, S.77 (80-82).
37 EuGH vom 8.4.1976, Rs.43/75, Defrenne II, amtl. Slg. 1976, S.455 = NJW 1976, S.2068; EuGH vom 15.6.1978, Rs.149/77, Defrenne III, amtl. Slg. 1978, S.1365. Vgl. *Christopher Docksey*, ILJ 1991, S.258 (259, 265-267); *Schlachter*: Wege zur Gleichberechtigung, S.124.

der Lebens- und Arbeitsbedingungen ab. Dies ergebe sich aus der systematischen Stellung des Art.119 EWG-Vertrag im Vertrag in den Bestimmungen über die gemeinschaftliche Sozialpolitik. Die Verknüpfung des Art.119 EWG-Vertrag mit dem Ziel der Verbesserung der Lebens- und Arbeitsbedingungen der Arbeitskräfte beinhalte einen unmittelbar anwendbaren Anspruch des Rechtsbürgers auf gleiches Entgelt. Die Adressierung des Art.119 EWG-Vertrag nur an die Mitgliedstaaten stehe dieser unmittelbaren Anwendbarkeit oder subjektiven Wirkung[38] nicht entgegen. Den einzelnen Staaten werde durch Art.119 EWG-Vertrag eine Ergebnispflicht auferlegt, den Grundsatz des gleichen Entgelts innerhalb einer bestimmten Frist zu erfüllen. Diese Pflicht beinhalte keine funktionelle Beschränkung nur auf die Legislativorgane der Mitgliedstaaten, sondern erstrecke sich auf die Tätigkeit all derjenigen staatlichen Institutionen, die einen nützlichen Beitrag leisten können, also auch der Gerichte. Bei fehlender Erfüllung dieser Pflicht würde die Wirksamkeit des Art.119 EWG-Vertrag erheblich beeinträchtigt, wenn dem einzelnen ein unmittelbares, vor den nationalen Gerichten einklagbares Recht versagt würde. Der zwingende Charakter des Art.119 EWG-Vertrag gebiete eine Anwendung auf alle abhängige Erwerbstätigkeit regelnden Vereinbarungen der öffentlichen Behörden, der Tarifparteien und der Arbeitgeber[39]. *Gamillscheg* unterstützt demgegenüber die Idee eines nachträglichen Entfallens der subjektiven Wirkung des Art.119 EWG-Vertrag in der Bundesrepublik Deutschland infolge des Erlasses des § 611 a BGB; die weitere Geltung der unmittelbaren Anwendbarkeit stünde der föderalen Organisationsidee entgegen[40]. Dem ist entgegenzuhalten, daß Art.119 auch dann korrigierend eingreift, wenn der Maßstab der nationalen Norm den europarechtlichen Anforderungen nicht genügt. Allein der Erlaß eines nationalen Gesetzes zum Zwecke der Erfüllung gemeinschaftsrechtlicher Anforderungen führt nicht zu dessen materieller Konformität mit dem Gemeinschaftsrecht. Die Rechtsprechung des Europäischen Gerichtshofes verdeutlicht vielmehr, daß über die materiellen Anforderungen des Art.119 EWG-Vertrag zuweilen erheblich abweichende Auffassungen vorherrschten und weiterhin existieren.

2. Anwendungsbereich des Art.119 EWG-Vertrag

2.1 Der Entgeltbegriff

Die weite Auslegung des Entgeltbegriffes ist vor dem Hintergrund der extensiven Rechtsprechung des Europäischen Gerichtshofes zu sehen, die dem Grund-

---

38 Vgl. *Ninon Colneric*, AuA 1991, S.76 (77).
39 Grundlegend EuGH vom 8.4.1976, Rs. 43/75, Defrenne II, amtl. Slg. 1976, S.455 = NJW 1976, S.2068; ebenso EuGH vom 27.3.1980, Rs. 129/79, Macarthys ./. Smith, amtl. Slg 1980, S.1275 = NJW 1980, S.1275; EuGH vom 11.3.1980, Rs. 69/80, Worringham, amtl.Slg. 1981, S.767 = NJW 1981, S.2637; EuGH vom 31.3.1981, Rs.96/80, Jenkins, amtl. Slg. 1981, S.911 = AP Nr. 2 zu Art.119 EWG-Vertrag = NJW 1981, S.2639.
40 Vgl. *Franz Gamillscheg*, Festschrift Floretta, S.171 (174).

recht der Geschlechtergleichberechtigung einen möglichst weiten Wirkungskreis einräumen will. Die Begrenzung des Art.119 EWG-Vertrag auf gehaltsbezogene Fragen wird richterrechtlich ausgeweitet, indem der Europäische Gerichtshof unter Art.119 EWG-Vertrag nicht nur die eigentlichen Grund- oder Mindestlöhne sowie sonstigen Vergütungen subsumiert, die der Arbeitgeber auf Grund des Dienstverhältnisses dem Arbeitnehmer mittelbar oder unmittelbar in bar oder in Sachleistungen zahlt. Vielmehr ist jede Art von Entgelt, ob gegenwärtig oder zukünftig, die der Arbeitnehmer in Anbetracht seines Arbeitsverhältnisses von seinem Arbeitgeber erhält, durch die Vertragsnorm erfaßt, auch wenn die Zuwendung nur indirekt erfolgt[41].

Die Reichweite des Begriffes zeigt sich insbesondere anhand von Leistungen, die der sozialen Absicherung des Arbeitnehmers dienen sollen. Übergangsgeld bei Beendigung des Arbeitsverhältnisses (severance pay)[42], Abfindungszahlungen bei einer wirtschaftlich bedingten (betriebsbedingten) Kündigung aus Arbeitsmangel (redundancy pay)[43], Lohnfortzahlung im Krankheitsfalle[44] und betriebliche Versorgungszahlungen[45] sind Entgeltleistungen anläßlich des Arbeitsverhältnisses. In den letzteren zwei Fällen ist der Zusammenhang mit dem Arbeitsverhältnis anzunehmen, auch wenn die Pflicht zur Lohnfortzahlung gesetzlich angeordnet (LohnFG) oder die Ausgestaltung der betrieblichen Altersversorgung gesetzlich geregelt ist (BetrAVG).

Die Auffassung des Europäischen Gerichtshofes, wann von einer Entgeltleistung anläßlich des Arbeitsverhältnisses auszugehen sei, wirkt sich in erheblichem Maße auf einige Sozialleistungen an britische Arbeitnehmer aus. Staatliche Leistungen an den Arbeitnehmer zum Zwecke der sozialen Sicherung, die gesetzlich vorgesehen sind, werden von Art.119 EWG-Vertrag nicht erfaßt, da sie mehr von sozialpolitischen Erwägungen als vom Arbeitsverhältnis abhängen[46]. Die staatliche Lohnfortzahlung im Krankheitsfall (statutory sick pay, SSP) wurde in Großbritannien bis 1983 durch das Department of Housing and Social Security (DHSS) durchgeführt. Der Social Security and Housing Benefits Act 1982 erlegte die Zahlung als Verwaltungsangelegenheit dem Arbeitgeber auf; dieser konnte das entgoltene SSP mit Sozialversicherungsbeiträgen verrechnen[47]. Der Zusammenhang mit dem Arbeitsverhältnis wird durch diese Maß-

---

41 EuGH vom 9.2.1982, Rs.12/81, Garland, amtl. Slg. 1982, S.359.
42 EuGH vom 27.6.1990, Rs.33/89, Kowalska, amtl. Slg. 1990, S.2591 = AP Nr.21 zu Art.119 EWG-Vertrag = EzA Art.119 EWG-Vertrag Nr.3 = NZA 1990, S.771.
43 EuGH vom 17.5.1990, Rs.262/88, Barber, amtl. Slg. 1990, S.1889 = AP Nr.20 zu Art.119 EWG-Vertrag = NZA 1990, S.775.
44 EuGH vom 13.7.1989, Rs.177/88, Rinner-Kühn, amtl.Slg. 1989, S.2743 = AP Nr.23 zu Art.119 EWG-Vertrag = EzA § 1 Lohnfortzahlungsgesetz Nr.107 = DB 1989, S.1574 = Streit 89, S.87.
45 EuGH vom 13.5.1986, Rs.170/84, Bilka, amtl. Slg. 1986, S.1607 = AP Nr.10 zu Art.119 EWG-Vertrag = NZA 1986, S.599.
46 Vgl. *Schlachter*: Wege zur Gleichberechtigung, S.125.
47 Vgl. *Rolf Birk, Roland Abele, Corinne Kasel-Seibert, Helmut Maurer*, ZIAS 1987, S.45

nahme selbst noch nicht hergestellt, da der Arbeitgeber nur als Amtswalter des Staates handelt. Die Rückerstattung der Kosten wurde jedoch zunehmend beschränkt und die endgültige Abschaffung ab dem Jahre 1994 durch die Regierung betrieben[48]. Der infolge der unvollständigen Rückerstattung bereits zweifelhafte Charakter einer rein staatlichen sozialen Sicherung fällt mit deren Aufhebung fort, so daß auch das SSP in den Anwendungsbereich des Art.119 EWG-Vertrag rücken wird. Die daneben übliche Zahlung betrieblichen Krankengeldes durch den Arbeitgeber (occupational sick pay, OSP) stellt problemlos Entgelt im europäischen Sinne dar.

Als staatliche Sozialleistung ist die gesetzliche Altersversicherung ebenfalls nicht vom Anwendungsbereich des Art.119 EWG-Vertrag erfaßt[49]. Großbritannien eröffnet hierbei den Unternehmern eine Möglichkeit, das staatliche Altersversorgungssystem teilweise oder völlig durch betriebliche (contracted-out) Systeme zu ersetzen. Da der Arbeitgeber in diesem Fall an Stelle des Staates steht, war die Anwendung von Art.119 EWG-Vertrag auf diese Leistungsform zweifelhaft. Der Europäische Gerichtshof stellte jedoch in Barber klar, daß ungeachtet ihrer Zwecke alle betrieblich ausgestalteten Altersversorgungen den Maßstäben des Art.119 EWG-Vertrag unterliegen[50].

Die Tendenz, den Entgeltcharakter einer Leistung im Falle gesetzlicher Anordnung zu verneinen, ist auch in anderen Fällen als den oben angesprochenen zu beobachten. Im Jahre 1989 hatte ein britisches Employment Appeal Tribunal den Entgeltcharakter von Abfindungen bei wirtschaftlich bedingten Kündigungen im Sinne des Art.119 EWG-Vertrag abgelehnt, da sie eine gesetzlich angeordnete Leistung nach dem Employment Protection (Consolidation) Act darstellen[51]. Nach den Entscheidungen des Europäischen Gerichtshofes in Barber und Rinner-Kühn wurde diese Meinung nicht mehr aufrechterhalten[52]. Das jüngste Beispiel einer Auseinandersetzung zwischen dem Europäischen Gerichtshof und nationalen Gerichten um die weite Auslegung des Entgeltbegriffs ist der deutsche Fall Bötel, anhand dessen das Bundesarbeitsgericht den

---

(63, 67); *Joswig-Buick*: Die arbeits- und sozialrechtliche Behandlung von Teilzeitarbeitnehmern, S.251, 308; *Roy Lewis:* Labour Law in Britain, S.3 (17).

48 Vgl. *Colin Bourn, John Whitmore*: Race and Sex Discrimination, S.171; *Linda Dickens*: Whose Flexibility ?, S.26; *Incomes Data Services (IDS)*: Employment Law Handbook, Equal Pay, S.10; *Joswig-Buick*: Die arbeits- und sozialrechtliche Behandlung von Teilzeitarbeitnehmern, S.75.

49 EuGH vom 15.6.1978, Rs.149/77, Defrenne III, amtl. Slg. 1978, S.1365; vgl. *Joswig-Buick*: Die arbeits- und sozialrechtliche Behandlung von Teilzeitarbeitnehmern, S.177.

50 EuGH vom 17.5.1990, Rs. 262/88, Barber, amtl. Slg. 1990, S.1889 = AP Nr.20 zu Art.119 EWG-Vertrag = NZA 1990, S.775.

51 Secretary of State for Employment v Levy, Employment Appeal Tribunal, IRLR 1989, S.469.

52 McKechnie v UBM Building Supplies (Southern) Ltd., Employment Appeal Tribunal, IRLR 1991, S.283; ebenso R. v Secretary of State for Employment ex parte Equal Opportunities Commission, House of Lords, AllER 1994, S.910.

Entgeltcharakter des Lohnausgleichs nach § 37 BetrVG gegenüber der Interpretation des Europäischen Gerichtshofes bestreitet[53].

2.2 Gleiche Arbeit von Männern und Frauen – Verbot einer Ungleichbehandlung

Art.119 EWG-Vertrag gebietet gleiches Entgelt für Frauen und Männer bei gleicher Arbeit. In Abs.3 des Art.119 EWG-Vertrag sind genauere Angaben für die Bemessung des Arbeitslohnes enthalten. Danach ist für Akkordarbeit dieselbe Maßeinheit anzuwenden und bei Arbeit nach Zeit gleiches Entgelt für den gleichen Arbeitsplatz zu zahlen. Die Frage der Gleichwertigkeit von Arbeit ist durch die Richtlinie 75/117/EWG in Artikel 1 konkretisiert worden. Gleiche Arbeit kann nicht nur bei gleichem, d.h. identischem Arbeitsplatz vorliegen, sondern auch dann, wenn anhand eines Einstufungssystems Arbeiten als gleich gewertet werden oder wenn Arbeiten als gleichwertig anerkannt sind. Die Frage der Gleichwertigkeit von Arbeitsplätzen, obwohl bedeutsam für die Herstellung der Lohngleichheit zwischen den Geschlechtern, hat keine größere Auswirkung für die Frage der Gleichbehandlung von Teilzeitbeschäftigten. Der Europäische Gerichtshof selbst hat sich mit diesem Problem in seinen Entscheidungen zur Teilzeitarbeit nicht beschäftigt, da die Gleichheit bei unterschiedlichem Arbeitsumfang von den vorlegenden Gerichten jeweils bereits bejaht worden war. In der nationalen Rechtsprechung ist zu beobachten, daß deutsche Gerichte eine Gleichheit trotz unterschiedlichen Arbeitsumfanges zumeist konkludent voraussetzen und britische Gerichte eine solche ausdrücklich bejahen. In diesem Zusammenhang ist darauf hinzuweisen, daß der ausschlaggebende Problempunkt nicht die Frage der Gleichheit von Sachverhalten ist, die zwar nicht identisch, wenngleich in ihrem Wesen als gleich zu werten sind. Entscheidend ist vielmehr, wann eine Ungleichbehandlung von derartigen gleichen Sachverhalten zulässig ist. Diese Frage, ohne deren Beantwortung die Tatsache der Gleichheit selbst keinen Rückschluß auf das Ausmaß des gleichen Entgeltes ermöglicht, stellt auf den eine abweichende Behandlung rechtfertigenden Grund ab.

Eine Ungleichbehandlung von Frauen ist bei gleicher Arbeit verboten. Nachteilige Entgeltregelungen für Teilzeitbeschäftigte knüpfen jedoch nicht an dem Geschlecht des Beschäftigten, sondern an der Tatsache des verkürzten Arbeitsumfanges an. Art.119 EWG-Vertrag bezieht sich hingegen nach seinem Wortlaut auf die Ungleichbehandlung auf Grund des Geschlechts, die unmittelbare Diskriminierung. Die Auslegung dieser Norm in einer auch Teilzeitkräfte erfassenden Art und Weise wurde durch den Europäischen Gerichtshof nach anfäng-

---

53 EuGH vom 4.6.1992, Rs.360/90, Bötel, amtl. Slg. 1992, S.3589 = AP Nr.39 zu Art.119 EWG-Vertrag = EzA § 37 BetrVG Nr.108 = NZA 1992, S.687 = EuZW 1992, S.483 = DB 1992, S.1481 mit Anm. *Bernd Schiefer/Walter Erasmy* = AiB 1992, S.527 mit Anm. *Hartmut Kuster*; vgl. dazu den erneuten Vorlagebeschluß des BAG vom 20.10.1993 – 7 AZR 581/92, AP Nr.90 zu § 37 BetrVG 1972 = NZA 1994, S.278 = SAE 1994, S.308 mit Anm. *Hansjörg Otto*.

lichem Zögern vorgenommen, indem er die Rechtsfigur der mittelbaren Diskriminierung unter das Lohngleichheitsgebot subsumierte und gleichzeitig Vorgaben hinsichtlich der Erfordernisse eines Rechtfertigungsgrundes aufstellte.

C. Die Erfassung der Teilzeitarbeit durch Art.119 EWG-Vertrag

I. Die Ungleichbehandlung Teilzeitbeschäftigter als eine Form mittelbarer Diskriminierung

Die ersten Ausführungen des Europäischen Gerichtshofes zu den Begriffen der Diskriminierung im Bereich der Lohngleichheit der Geschlechter waren zurückhaltend. Der Europäische Gerichtshof bewertete als offene Diskriminierung eine Ungleichbehandlung, die Frauen gegenüber eindeutig wegen ihres Geschlechtes vorgenommen wird. Im Fall Defrenne II[54] erfolgte dies in Form einer Klausel, die das Arbeitsverhältnis einer Frau früher beendete als das eines männlichen Kollegen und zur finanziellen Einbuße hinsichtlich des Arbeitsentgelts und der Abfindung führte. Solche Arten von Diskriminierung seien unmittelbar und von Art.119 EWG-Vertrag erfaßt, da sie infolge der Merkmale gleiche Arbeit und gleiches Entgelt durch eine rein rechtliche Untersuchung festgestellt werden könnten.

Sonstige Diskriminierungen hingegen beruhten nach der damaligen Ansicht der Richter auf der generellen Unterbewertung der Frauenarbeit, die sich in den Bewertungsmechanismen in Industrie und Wirtschaft auswirke. Der Europäische Gerichtshof verfolgte die Ansicht, daß all diese Formen der Ungleichbehandlung erst durch innerstaatliche Maßnahmen und Initiativen auf Gemeinschaftsebene wie die der Lohngleichheitsrichtlinie angegriffen werden müssen und nicht einer gerichtlichen Prüfung unterliegen können. Der Richter könne bei der Bewertung der Gegebenheiten in einem einzelnen Unternehmen nicht die Gesamtsituation in dem Wirtschaftszweig erforschen. Eine Berufung auf Art.119 EWG-Vertrag sei in solchen Fällen nicht möglich.

Der Europäische Gerichtshof wich jedoch von der Beschränkung des Art.119 EWG-Vertrag auf unmittelbare Diskriminierungsformen zugunsten des einzelnen Bürgers in der Entscheidung vom 31.März 1981 zu Jenkins ab[55]. Soweit das innerstaatliche Gericht anhand der Merkmale „gleiche Arbeit" und „gleiches Entgelt" ohne die Notwendigkeit gemeinschaftlicher oder nationaler Maßnahmen feststellen könne, daß die Gewährung eines geringeren Stundenlohnes für Teilzeitarbeit als für Vollzeitarbeit eine Diskriminierung aufgrund des

---

54 EuGH vom 8.4.1976, Rs.43/75, Defrenne II, amtl. Slg. 1976, S.455 = NJW 1976, S.2068.
55 EuGH vom 31.3.1981, Rs. 96/80, Jenkins, amtl. Slg. 1981, S.911 = AP Nr. 2 zu Art.119 EWG-Vertrag = NJW 1981, S.2639.

Geschlechtes darstellt, sei Art.119 EWG-Vertrag auf eine solche Sachlage unmittelbar anwendbar. Inhaltlich erkennt die Entscheidung an, daß es auch bei den Fällen mittelbarer Diskriminierungen Situationen geben kann, die einer gerichtlichen Beurteilung zugänglich sind, wenn sie sich in einer von generellen Markteinflüssen abgrenzbaren Handlungsweise des Arbeitgebers manifestieren und Frauen zu einem erheblich höheren Anteil benachteiligen. Jenkins war der erste Fall, in dem sich der Europäische Gerichtshof eingehend mit der Frage einer mittelbaren Diskriminierung auseinandersetzen mußte, da in dem zuvor behandelten Fall Defrenne II nur eine unmittelbare Diskriminierung Gegenstand der Entscheidungsfindung gewesen war. Vor dem Europäischen Gerichtshof hatte sich jedoch bereits der anglo-amerikanische Rechtskreis mit der Problematik auseinandergesetzt. Der amerikanische U.S. Supreme Court hatte sich in Fragen der Rassen- und später der Geschlechterdiskriminierung dahingehend geäußert, daß Praktiken des Arbeitgebers rechtswidrig seien, wenn sie auf einen prozentual größeren Teil von Schwarzen bzw. Frauen eine „nachteilige Auswirkung" (adverse impact) hätten, die sogenannte Griggs-Betrachtungsweise[56]. In Großbritannien wurde anhand der amerikanischen Rechtsprechung das Verbot der mittelbaren Diskriminierung als erste europäische Kodifikation gesetzlich durch den Sex Discrimination Act 1975 erfaßt[57].

Der Europäische Gerichtshof konnte sich anhand des britischen Sex Discrimination Act[58], der zum Zeitpunkt der Entscheidung seit 6 Jahren in Kraft war, davon überzeugen, daß eine gesetzliche und richterliche Kontrolle mittelbarer Diskriminierungen möglich ist. Obwohl eine ausdrückliche Bezugnahme des Europäischen Gerichtshofes auf die gesetzliche Regelung des Sex Discrimination Act in seinen Entscheidungsgründen fehlt[59], ist das Konzept des Europäischen Gerichtshofes eng an die in Section 1 (b) des Sex Discrimination Act enthaltene Definition[60] angelehnt, die die Anwendung einer neutralen Bedingung verbietet, welche proportional weniger Männer als Frauen erfüllen können und

---

56 Fall Griggs v Duke Power Co., 401 U.S., S.424 (1971), dieser Ansatz wurde auch auf die Geschlechterdiskriminierung ausgedehnt in Dothard v Rawlinson, 433 U.S., S.321 (1977); vgl. *Georgios Kyriazis*: Die Sozialpolitik der Europäischen Wirtschaftsgemeinschaft, S.85; *Erika Szyszczak*, MLR 1981, S.672 (677).
57 Vgl. *Bob Hepple*, CLP 1983, S.71 (74); *Kyriazis*: Die Sozialpolitik der Europäischen Wirtschaftsgemeinschaft, S.87; *Michael Rubenstein*, Women, Employment and European Equality Law, S.74 (82).
58 Vgl. Halsbury´s Statutes of England and Wales, Band 6, London 1992.
59 *Gamillscheg*, Festschrift Floretta, S.174, nimmt an, daß der Sinneswandel des Europäischen Gerichtshofes auf die Erwägungen des Generalanwalts im Fall Worringham, EuGH vom 11.3.1980, Rs.69/80, amtl. Slg. 1981, S.767 (802/803), zurückzuführen ist. Die betreffenden Erwägungen betreffen jedoch nur die Problematik der Begrifflichkeit von verdeckter und mittelbarer bzw. offener und unmittelbarer Diskriminierung, ohne weitere Andeutungen zu geben, wann von einer durch Art.119 EWG-Vertrag erfaßten mittelbaren Diskriminierung ausgegangen werden kann.
60 Section 1 (b) des Sex Discrimiation Act lautet wie folgt (Übersetzung durch Verfasserin):

die sich deswegen nachteilig auf eine Frau auswirkt[61]. Die Voraussetzung einer bestimmten Wochenstundenzahl (die neutrale Bedingung) für den höheren Stundenlohn stellte nach der Auffassung des Europäischen Gerichtshofes eine von Art.119 EWG-Vertrag erfaßte Diskriminierung dar, wenn sich herausstellen sollte, daß ein erheblich geringerer Prozentsatz der weiblichen Arbeitnehmer als der männlichen Arbeitnehmer die Mindeststundenzahl der Wochenarbeitsstunden leisten könne. Der Europäische Gerichtshof hat es bisher versäumt, Maßstäbe für die Ermittlung eines erheblichen Nachteils für Frauen zu setzen, was darauf zurückzuführen ist, daß die vorlegenden nationalen Gerichte eine solche Beeinträchtigung annahmen und dem Europäischen Gerichtshof diese Frage daher nicht vorlegten. Anhand des Falles Bötel[62] läßt sich jedoch annehmen, daß der statistisch exakte Nachweis im Einzelfall gegenüber der theoretischen Möglichkeit bzw. Gefahr einer erheblichen Beeinträchtigung hintanzustellen ist[63]. In dieser Entscheidung hatte der Gerichtshof nicht auf die tatsächliche, zahlenmäßige Benachteiligung von Frauen durch die Regelung des § 37 Abs. 6 BetrVG hingewiesen, sondern auf dessen potentiell abschreckende Wirkung auf Teilzeitbeschäftigte, ein Betriebsratsamt zu ergreifen[64].

II. Die Rechtfertigungsproblematik

Art.119 EWG-Vertrag enthält kein unbegrenztes Verbot einer Ungleichbehandlung von Teilzeitkräften. Unter bestimmten Voraussetzungen ist eine geringere Entgeltleistung an Teilzeitkräfte gerechtfertigt.

1. Rechtfertigung durch den Arbeitgeber

In Jenkins äußerte sich der Europäische Gerichtshof zur Rechtfertigung wie folgt:

> Eine Person behandelt eine Frau in diskriminierender Weise...(..).. wenn ...
> (b) sie auf die Frau ein Erfordernis oder eine Bedingung anwendet, die ebenso auf einen Mann Anwendung findet, aber
> (i) die so beschaffen ist, daß der Anteil der Frauen, die sie erfüllen können, erheblich kleiner ist als der Anteil der Männer,
> (ii) die sie (die Person) nicht als durch einen geschlechtsunabhängigen Faktor gerechtfertigt nachweisen kann,
> (iii) die zu ihrem (der Frau) Nachteil ist, weil sie sie nicht erfüllen kann.

61 Vgl. *Kyriazis*: Die Sozialpolitik der Europäischen Wirtschaftsgemeinschaft, S.94; *Heide Pfarr, Klaus Bertelsmann*: Gleichbehandlungsgesetz, S.92, Rn.192.
62 EuGH vom 4.6.1992, Rs. 360/90, Bötel, amtl. Slg. 1992, S.3589 = AP Nr.39 zu Art.119 EWG-Vertrag = EzA § 73 BetrVG Nr.108 = NZA 1992, S.687 = EuZW 1992, S.483 = DB 1992, S.1481 mit Anm. *Schiefer/Erasmy* = AiB 1992, S.527 mit. Anm: *Kuster*.
63 Vgl. *Sacha Prechal*, Legal Issues of European Integration 1993, S.81 (85/86).
64 EuGH vom 4.6.1992, Rs. 360/90, Bötel, amtl. Slg. 1992, S.3589 = AP Nr.39 zu Art.119 EWG-Vertrag = EzA § 73 BetrVG Nr.108 = NZA 1992, S.687 = EuZW 1992, S.483 = DB 1992, S.1481 mit Anm. *Schiefer/Erasmy* = AiB 1992, S.527 mit. Anm: *Kuster*.

„Hat die Ungleichbehandlung der Teilzeitarbeitnehmer faktisch einen nachteiligen Effekt auf einen erheblich größeren Anteil von Frauen, ist Art.119 EWG-Vertrag nur dann nicht verletzt, wenn eine Diskriminierung aufgrund des Geschlechtes auszuschließen ist"[65].

Der Europäische Gerichtshof überließ die Feststellung dieser Umstände dem nationalen Gericht, ohne seinerseits nähere Anhaltspunkte zu geben, wie solche Ausschlußtatbestände beschaffen sein müssen. Das nationale Gericht habe zur Ermittlung des Ausschlusses die tatsächlichen Umstände des Falles, die Vorgeschichte und die Beweggründe des Arbeitgebers zu erforschen. Die unzureichende Angabe eines Rechtfertigungsmaßstabes von seiten des Europäischen Gerichtshofes läßt sich damit erklären, daß das vorlegende britische Gericht seinerseits auf in Großbritannien bereits bestehende Beurteilungskriterien zurückgreifen konnte. Der britische Sex Discrimination Act, dessen Anwendbarkeit in der Sache Jenkins in Frage stand, verlangte in der damaligen richterlichen Auslegung ein tatsächliches Bedürfnis des Arbeitgebers für eine diskriminierende Maßnahme, das gegenüber dem nachteiligen Effekt der Ungleichbehandlung abzuwägen war. Der Richter hatte hierbei zu ermitteln, ob der Arbeitgeber nicht andere Maßnahmen zur Erreichung seines Zieles verwenden könne, die nicht zu einer Ungleichbehandlung von Frauen führen würden[66].

Erst die spätere Vorlage des Bundesarbeitsgerichts zum Fall Bilka[67] richtete sich explizit darauf, welche Rechtfertigungsgründe für eine mittelbare Diskriminierung vorgetragen werden können. Der Europäische Gerichtshof schuf daraufhin einen Rechtfertigungsmaßstab, der auf das Prinzip der Verhältnismäßigkeit abstellt[68]: Die vom Arbeitgeber gewählten Mittel müßten einem wirklichen Bedürfnis des Unternehmens dienen und zur Erreichung dieses Ziels geeignet und erforderlich sein[69]. Der Europäische Gerichtshof orientierte sich damit nicht an der Argumentation der Europäischen Kommission, die sich dafür ausgesprochen hatte, aufgrund der schwächeren Stellung der Frau im Arbeitsleben eine Schlechterbehandlung generell zu verbieten und dem Arbeitgeber keine Rechtfertigungsmöglichkeit an die Hand zu geben. Vielmehr ließ der Europäische Gerichtshof unter strikten Anforderungen objektive Gründe einschließlich wirtschaftlicher Erwägungen zu. Beweispflichtig für das Vorliegen der objektiven Faktoren ist der Arbeitgeber[70]. Pfarr leitet aus diesen Vorgaben des

---

65 EuGH vom 31.3.1981, Rs. 96/80, Jenkins, amtl. Slg.1981, S.911 = AP Nr. 2 zu Art.119 EWG-Vertrag = NJW 1981, S.2639.
66 Steel v The Union of Post Office Workers and The General Post Office, Employment Appeal Tribunal, IRLR 1978, S.198.
67 BAG vom 5.6.1984 – 3 AZR 66/83, AP Nr.3 zu Art.119 EWG-Vertrag = EzA § 242 Gleichbehandlung Nr.35.
68 Vgl. *Kyriazis*: Die Sozialpolitik der Europäischen Wirtschaftsgemeinschaft, S.98.
69 EuGH vom 13.5.1986, Rs.170/84, Bilka, amtl. Slg. 1986, S.1607 = AP Nr.10 zu Art.119 EWG-Vertrag = NZA 1986, S.599.
70 Vgl. *Thomas Hervey*, ICLQ 1991, S.807 (813); *Joswig-Buick*: Die arbeits- und sozialrechtliche Behandlung von Teilzeitarbeitnehmern, S.171/172.

Europäischen Gerichtshofes einen Maßstab für das deutsche Recht ab, der in seinen Anforderungen schärfer ist als die Kriterien des Europäischen Gerichtshofes: Die Kontrolle des nationalen Richters müsse sich darauf konzentrieren, ob das durch die diskriminierende Maßnahme zu erreichende Ziel durch zwingende objektive wirtschaftliche Gründe gerechtfertigt sei. Hierbei müsse die Maßnahme geeignet sein, dieses Ziel zu erreichen, und darüber hinaus den Anforderungen der Verhältnismäßigkeit genügen. Dies sei zu bejahen, wenn andere, weniger benachteiligende, aber ebenso effektive Mittel nicht zur Verfügung stehen[71].

Zusätzlich sind die Schwierigkeiten von Frauen zu berücksichtigen, mehr als eine geforderte Mindeststundenzahl zu arbeiten. Dieser Aussage des Europäischen Gerichtshofes in Jenkins fehlt es an hinreichender Klarheit. Da Teilzeitarbeit in Großbritannien und in Deutschland eine typische Arbeitsform verheirateter Frauen ist, die ihre familiären Verpflichtungen mit einer beruflichen Tätigkeit kombinieren müssen, beruht die nachteilige Wirkung einer Ungleichbehandlung von Teilzeitarbeitnehmern in den meisten Fällen auf dem Geschlecht. Mit der Aussage des Europäischen Gerichtshofes stellte sich daher die Frage, ob und in welchem Umfang der Arbeitgeber diesen außerhalb seiner Betriebssphäre liegenden Umstand ausgleichen muß[72]. Das Bundesarbeitsgericht war mit dieser Problematik in seiner Entscheidung zu Bilka konfrontiert, die sich mit der Gleichbehandlung von Teilzeitbeschäftigten im Rahmen der betrieblichen Altersversorgung befaßte. Auf die entsprechende Vorlage des Bundesarbeitsgerichts an den Europäischen Gerichtshof lehnte dieser eine umfassende Verantwortlichkeit des Arbeitgebers ab. Zwar ist es dem Arbeitgeber verwehrt, Teilzeitbeschäftigte ohne Vorliegen objektiv rechtfertigender Gründe von der betrieblichen Altersversorgung auszuschließen. Ihm kann jedoch nicht die Pflicht auferlegt werden, die besondere Situation von Frauen mit familiären Verpflichtungen bei der Ausgestaltung einer betrieblichen Versorgungsordnung zu berücksichtigen[73]. Hieraus läßt sich der Grundsatz entnehmen, daß das Gebot der Entgeltgleichheit nicht mehr als eine anteilige Teilhabe Teilzeitbeschäftigter an Entgeltleistungen fordert.

Weiteren Anlaß zur Verwirrung gab die Aussage des Europäischen Gerichtshofes zur Bedeutung der Arbeitgeberabsichten im Rahmen der Rechtfertigung. Die Feststellung, daß eine Ungleichbehandlung dann verboten sei, wenn sie „in Wirklichkeit nur ein indirektes Mittel ist, das Lohnniveau der Teilzeitarbeitnehmer aus dem Grund zu senken, weil diese Arbeitnehmergruppe ausschließlich oder überwiegend aus weiblichen Personen besteht", und der Hinweis, die

---

71 Vgl. *Heide Pfarr*, NZA 1986, S.585 (587).
72 Vgl. *Kyriazis*: Die Sozialpolitik der Europäischen Wirtschaftsgemeinschaft, S.94; *Szyszczak*, MLR 1981, S.679.
73 EuGH vom 13.5.1986, Rs.170/84, Bilka, amtl. Slg. 1986, S.1607 = AP Nr.10 zu Art.119 EWG-Vertrag = NZA 1986, S.599.

Beweggründe des Arbeitgebers zu erforschen, ließen sich als ein Verbot nur der beabsichtigten Diskriminierung verstehen.

So ging das mit der Vorlage im Fall Jenkins befaßte britische Berufungsgericht, das Employment Appeal Tribunal, von einer Anwendung des Art.119 EWG-Vertrag nur auf die beabsichtigte Ungleichbehandlung aus[74]. *Kyriazis*[75] hingegen verweist darauf, daß die Feststellung der Rechtfertigung allein beim nationalen Gericht liegt. Innerhalb dieser Ermittlung kann es entscheidungserheblich sein, die Ernsthaftigkeit der vom Arbeitgeber vorgetragenen Rechtfertigungsgründe zu prüfen. Trägt der Arbeitgeber vor, seinen Teilzeitbeschäftigten eine geringere Entlohnung zu zahlen, um dadurch einen Anreiz zu Vollzeittätigkeit zu geben und eine Auslastung seiner Maschinen zu erreichen, so geht dieses Argument fehl, wenn er tatsächlich nicht bereit ist, interessierten Teilzeitarbeitnehmern eine Vollzeitstelle anzubieten. Der Europäische Gerichtshof selbst erwähnte in seiner Entscheidung zu Bilka[76] keine subjektiven Komponenten mehr, so daß davon auszugehen ist, daß das Vorliegen einer mittelbaren Diskriminierung unabhängig von der Intention des Arbeitgebers zu beurteilen ist.

2. Rechtfertigung durch die Tarifparteien

Infolge des zwingenden Charakters des Art.119 EWG-Vertrag sind auch kollektive Vereinbarungen der Tarifvertragsparteien, die eine mittelbare Ungleichbehandlung von Frauen bzw. Teilzeitkräften infolge der Anknüpfung an die Ausübung einer bestimmten Wochenstundenzahl bewirken, vom Diskriminierungsverbot erfaßt.

Der Europäische Gerichtshof überließ die Prüfung der Rechtfertigung auch in diesen Fällen dem nationalen Gericht. Dieses hat festzustellen, daß die betreffende diskriminierende Bestimmung eines Tarifvertrages durch objektive Faktoren gerechtfertigt ist, welche nichts mit einer Diskriminierung aufgrund des Geschlechts zu tun haben[77]. Der Europäische Gerichtshof stellt hierbei zutreffend nicht auf objektive Faktoren in Form eines tatsächlichen Unternehmensbedürfnisses ab. Im Bereich tariflicher Regelungen können sich rechtfertigende Faktoren nicht nur auf ein spezifisches Unternehmensbedürfnis beziehen, da die Tarifparteien im Rahmen ihrer Regelungsbefugnis nicht allein wirtschaftliche Unternehmensinteressen, sondern darüber hinausreichende Arbeitgeber-

---

74 Jenkins v Kingsgate (Clothing Productions) Ltd., Employment Appeal Tribunal, IRLR 1981, S.388; so auch *Szyszczak*, MLR 1981, S.680.
75 Vgl. *Kyriazis*: Die Sozialpolitik der Europäischen Wirtschaftsgemeinschaft, S.97.
76 EuGH vom 13.5.1986, Rs. 170/84, Bilka, amtl. Slg. 1986, S.1607 = AP Nr. 10 zu Art.119 EWG-Vertrag = NZA 1986, S.599.
77 EuGH vom 27.6.1990, Rs. 33/89, Kowalska, amtl. Slg. 1990, S.2591 = AP Nr. 21 zu Art.119 EWG-Vertrag = EzA Art.119 EWG-Vertrag Nr.3 = NZA 1990, S.771.

und Arbeitnehmerbelange behandeln[78]. Die Tatsache der verringerten Arbeitszeit selbst kann als objektiver rechtfertigender Faktor allerdings nicht zugelassen werden, da die Teilzeitarbeit bereits Voraussetzung der benachteiligenden Wirkung einer Regelung, mithin Tatbestandsmerkmal der Diskriminierung ist und nicht erneut im Rahmen der Rechtfertigung angesiedelt werden kann[79]. Eine Lockerung des Rechtfertigungsmaßstabes infolge der speziellen Stellung der Tarifparteien als Repräsentanten der Arbeitnehmer- und Arbeitgeberinteressen läßt der Europäische Gerichtshof nicht zu[80]. Regelungen, die sich nachteilig auf das Entgelt von Teilzeitbeschäftigten auswirken, müssen nicht nur generell, sondern auf den jeweiligen Fall bezogen verhältnismäßig und angemessen sein[81].

3. Rechtfertigung durch den Gesetzgeber

Eine Ungleichbehandlung von Teilzeitkräften kann auch durch nationale Gesetzesnormen erfolgen, die die Teilhabe von Arbeitnehmern an Leistungen infolge geringerer Arbeitszeit beschränken oder ausschließen. Generalanwalt Darmon hatte in seiner Stellungnahme gegenüber dem Europäischen Gerichtshof in der Sache Rinner-Kühn[82] im Rahmen des Rechtfertigungsmaßstabes gegenüber dem Gesetzgeber eine liberale Haltung eingenommen. Dieser habe vielfältige Aspekte im Rahmen der Gesetzgebung zu beachten, von denen das Gleichberechtigungsgebot der Geschlechter nur eine Teilerwägung ist. Daher seien nur beabsichtigte Diskriminierungen der Legislative von Art.119 EWG-Vertrag zu erfassen. Der Europäische Gerichtshof lehnte jedoch einen Rückgriff auf die bereits zuvor erwogene Absichtsdiskriminierung ab[83] und vermied dadurch die Schaffung einer "carte blanche" für den Gesetzgeber[84]. Ein Mitgliedstaat könne mittelbar diskriminierende Regeln mit dem Vortrag eines notwendigen Ziels seiner Sozialpolitik rechtfertigen. Die gesetzliche Maßnahme muß in diesem

---

78 *Colneric* will in diesem Zusammenhang in Anlehnung an die Rechtsprechung des LAG Düsseldorf darauf abstellen, ob die Tarifparteien tatsächliche Interessen der jeweiligen Gruppierung, insbesondere der Arbeitgeber, vertreten. Vgl. *Ninon Colneric*, EuZW 1991, S.75 (78).
79 Vgl. *Peter Hanau, Ulrich Preis*, ZfA 1988, S.177 (196).
80 Vgl. *Hans-Harald Sowka*, DB 1992, S.2030 (2030).
81 EuGH vom 7.2.1991, Rs.184/89, Nimz, amtl. Slg. 1991, S.297 = AP Nr.25 zu § 23a BAT = EuZW 1991, S.217= EzA Art.119 EWG-Vertrag Nr.1 mit Anm. *Ulf Berger-Delhey* (zugleich Anmerkung zu EuGH vom 27.6.1990, Rs. 33/89, Kowalska) = Der Personalrat 1992, S.171 mit Anm. *Klaus Bertelsmann*.
82 EuGH vom 13.7.1989, Rs. 177/88, Rinner-Kühn, amtl. Slg. 1989, S.2743 = AP Nr. 23 zu Art.119 EWG-Vertrag = EzA § 1 Lohnfortzahlungsgesetz Nr.107 = DB 1989, S.1574 = Streit 1989, S.87.
83 Kritisch dazu *Wolfgang Blomeyer*, NZA 1994, S.633 (634), da damit die grundsätzliche Gültigkeit angegriffener gesetzlicher Bestimmungen nicht mehr gewahrt ist.
84 Vgl. *Prechal*, Legal Issues of European Integration 1993, S.91; ebenso *Hellmut Wißmann*, DB 1989, S.1922 (1922).

Zusammenhang notwendig zur Erreichung des vorgetragenen Ziels sein und ist durch das nationale Gericht zu kontrollieren.

Dem Begriff des „sozialpolitischen Ziels", welches der Mitgliedstaat vortragen muß, um diskriminierend wirkende Gesetzesvorschriften im Arbeitsrecht zu rechtfertigen, fehlte es bis vor kurzem an Hinweisen, welche Zielsetzungen des Gesetzgebers im Rahmen der Arbeits- und Beschäftigungspolitik zulässig sind[85]. Das bisher vom Europäischen Gerichtshof anerkannte Motiv der Sicherung eines Mindesteinkommens, wonach Ungleichbehandlungen zur Bekämpfung der Armut hingenommen werden können[86], bezog sich auf Erwägungen der Sozialpolitik und ließ kaum einen Rückschluß auf gemeinschaftskonforme Ziele im Bereich des Arbeitsmarktes zu[87]. Das Gemeinschaftsrecht siedelt Arbeitsrecht allerdings systematisch im sozialpolitischen Teil des EWG-Vertrages an. Dies könnte erklären, daß der Europäische Gerichtshof von Sozial- und nicht von Beschäftigungspolitik spricht.

Zwei Urteile des Europäischen Gerichtshofes vom Dezember 1995 geben nunmehr Aufschluß. Sie befassen sich mit den Beitragsgrenzen der deutschen Sozialversicherung für geringfügig Beschäftigte. In den Streitigkeiten Megner und Scheffel gegen Innungskrankenkasse Rheinland-Pfalz[88] und Nolte gegen Landesversicherungsanstalt Hannover[89] griffen die jeweils geringfügig Beschäftigten die Regelungen des deutschen Sozialversicherungsrechtes, die die Tätigkeit geringfügig Beschäftigter mit regelmäßig weniger als 15 Stunden wöchentlicher Arbeitszeit und einem Einkommen von weniger als einem Siebtel der Bezugsgröße von der Versicherungspflicht ausschließen, wegen Verstoßes gegen das Verbot der mittelbaren Diskriminierung an. Der Europäische Gerichtshof akzeptierte in beiden Fällen die Argumente der Bundesregierung, daß die Abschaffung der Versicherungsfreigrenzen die staatlichen Versicherungssysteme über Gebühr belasten und sich zudem negativ auf ein zukünftiges Angebot geringfügiger Beschäftigungen auswirken würde. Die lapidare Feststellung des Europäischen Gerichtshofes, daß § 7 SGB V ein legitimes sozialpolitisches Ziel des deutschen Staates verfolge, das eine mögliche Diskriminierung von Frauen von vornherein rechtfertige, läßt zwar eine detailliertere Auseinandersetzung mit dem Begriff des sozialpolitischen Zieles erneut vermissen. Es läßt sich allerdings vermuten, daß die europäischen Richter Zielsetzungen akzeptieren, die günstige Bedingungen für den Arbeitsmarkt schaffen, wie dies bei einer Versi-

---

85 Vgl. *Evelyn Ellis*, CMLRev 1994, S.43 (54) zu den jeweils vorgetragenen Gründen in sozialpolitischen Fällen.
86 EuGH vom 7.5.1991, Rs.229/89, Kommission ./. Belgien, amtl. Slg.1991, S.2205; Vgl. *Ellis*, CMLRev 1994, S.56.
87 Vgl. *Bernd Waas*, EuR 1994, S.97 (100).
88 EuGH vom 14.12.1995, Rs.444/93, Ursula Megner, Hildegard Scheffel ./. Innungskrankenkasse Rheinland-Pfalz, DB 1996, S.43 mit Anm. *Sowka* = ArbuR 1996, S.39 mit Anm. *Buschmann*.
89 EuGH vom 14.12.1995, Rs.317/93, Inge Nolte ./. Landesversicherungsanstalt Hannover, DB 1996, S.44 mit Anm. *Sowka* = ArbuR 1996, S.39 mit Anm. *Buschmann*.

cherungsfreigrenze für geringfügige Beschäftigung der Fall sein mag[90]. Überlegungen dieser Art können auch aus Art.118 EWG-Vertrag herangezogen werden, der die Zusammenarbeit der Mitgliedstaaten in bestimmten Bereichen der Sozialpolitik anstrebt und in diesem Zusammenhang auch auf arbeitspolitische Faktoren eingeht.

Bei Teilzeitarbeit ist das Bedürfnis einer Verbesserung der Arbeitsbedingungen von Teilzeitarbeitnehmern durch Gleichstellung mit Vollzeitbeschäftigten gegenüber dem Anliegen abzuwägen, den Arbeitgeber zur Schaffung von mehr Arbeitsplätzen in Teilzeitarbeit durch Senkung der direkten und indirekten Kosten zu bewegen. Die EG-Kommission hat in diesem Sinne in ihren letzten Richtlinienentwürfen über eine Regelung der Teilzeitarbeit eine Begrenzung des Anwendungsbereiches auf Arbeitsverhältnisse mit mehr als 8 Arbeitsstunden in der Woche vorgeschlagen. Diese Stundenschwelle beruht allerdings nicht, wie *Oetker*[91] vorträgt, auf dem Gedanken der anderweitigen sozialen Absicherung von Arbeitnehmern mit einem geringfügigen zeitlichen Arbeitsumfang. Vielmehr sollen die Kosten dieser Arbeitsplätze nicht dem Arbeitgeber auferlegt werden. Aus einer solchen Regelung mag eine größere Benachteiligung von Frauen als Männern folgen. Angesichts der Urteile des Europäischen Gerichtshofes in Nolte und Megner/Scheffel[92] ist jedoch naheliegend, daß dieser eine solche Abgrenzung angesichts der Vermeidung negativer Auswirkungen auf den Arbeitsmarkt aufgrund höherer Kostenbelastung hinnehmen wird.

III. Ein kurzes Wort zum Urteilsstil des Europäischen Gerichtshofs

Im Rahmen des Art.119 EWG-Vertrag ist zu beachten, daß die Entscheidungen des Europäischen Gerichtshofes vornehmlich auf das Ziel der praktischen Wirksamkeit des Art.119 EWG-Vertrag abstellen. Der Gerichtshof verpflichtet die nationalen Gerichte zu einer Rechtsprechung, die dem Ziel des Art.119 EWG-Vertrag, der dynamischen Herstellung der Lohngleichheit zwischen den Geschlechtern, größtmögliche Wirksamkeit verleiht. Diese Auslegung anhand der praktischen Wirksamkeit ist nach *Blomeyer* insofern bedenklich, als die damit verbundene weite Interpretation des Art.119 EWG-Vertrag durch die Europäische Rechtsprechung zu einer unzulässigen Erweiterung der gemeinschaftsrechtlichen Kompetenzen im Sozialbereich führen kann[93]. Darüber hin-

---

90 Vgl. *Sowka*, Anmerkung zu EuGH vom 14.12.1995, Rs.444/93 und 317/93, DB 1996, S.45, 46.
91 Vgl. *Hartmut Oetker*, Anm. zum Urteil des BAG vom 9.10.1991 – 5 AZR 598/90, EzA § 1 Lohnfortzahlungsgesetz Nr.122.
92 EuGH vom 14.12.1995, Rs.317/93, Inge Nolte ./. Landesversicherungsanstalt Hannover, DB 1996, S.44 mit Anm. *Sowka* = ArbuR 1996, S.39 mit Anm. *Buschmann*; EuGH vom 14.12.1995, Rs.444/93, Ursula Megner, Hildegard Scheffel ./. Innungskrankenkasse Rheinland-Pfalz, DB 1996, S.43 mit Anm. *Sowka* = ArbuR 1996, S.39 mit Anm. *Buschmann*.
93 Vgl. *Blomeyer*, NZA 1994, S.638.

aus bestehen Bedenken gegen eine europäische Rechtsprechung, die vornehmlich auf das Ziel und weniger auf den dogmatischen Weg zur Erreichung desselben verweist.

Die Entscheidungen des Europäischen Gerichtshofes sind in den Gründen sehr knapp gefaßt. Eine detaillierte Urteilsbegründung ist im Gegensatz zu deutschen und britischen Entscheidungen nicht vorhanden. Der Europäische Gerichtshof verwendet abstrakt gefaßte Begriffe, deren Auslegung dem mit dem Einzelfall befaßten nationalen Gericht nicht näher vorgegeben wird[94]. Hierfür können einige strukturelle Gründe angeführt werden. Der Europäische Gerichtshof hat vornehmlich den französischen Urteilsstil adaptiert, der in einer kurzen Fassung der Entscheidung ohne Erörterung der Urteilsgrundlagen besteht. Damit steht er in deutlichem Gegensatz zu der Praxis deutscher bzw. britischer Gerichte, die sich in ihren Entscheidungen mit einschlägiger Rechtsprechung und Literatur zu der streitgegenständlichen Problematik auseinandersetzen[95]. Darüber hinaus entspricht die Urteilsfindung des Europäischen Gerichtshofes aufgrund der Besetzung der Kammer mit Richtern aus allen Mitgliedstaaten einem Nachvollzug der Europäischen Integration im Einzelfall. Die Auseinandersetzung innerhalb der Kammern über die korrekte Anwendung des Gemeinschaftsrechts und die dogmatische Begründung eines sachlichen Ergebnisses ist nach *Everling* zuweilen mit erheblichen Schwierigkeiten verbunden. Daher ziehe der Europäische Gerichtshof es vor, die detaillierte Diskussion einer bestimmten Problematik erst zu einem späteren Zeitpunkt, d.h. im Falle eines erneuten Verfahrens mit demselben Verfahrensgegenstand, vorzunehmen. Alternativ überlasse der Europäische Gerichtshof vorzugsweise den nationalrechtlich eingebundenen Arbeitsrichtern die ausführliche Behandlung einer rechtlichen Problematik[96].

Auch wenn die Ausführungen *Everlings* plausibel sein mögen, so helfen sie über das in den Urteilen des Europäischen Gerichtshofes anzutreffende Erklärungsdefizit nicht hinweg. Die Überzeugungskraft des Europäischen Gerichtshofes leidet unter der Kürze und lückenhaften Begründung seiner Urteile. Ferner ist diese Rechtsprechung mit dem Risiko verbunden, daß nationale Gerichte sich gegen eine Entscheidung stellen, sie unzutreffend anwenden oder als nicht repräsentativ für die jeweilige Problematik erachten. Die Schlußfolgerungen des britischen Employment Appeal Tribunal zu der Notwendigkeit einer beabsichtigten Diskriminierung in der Sache Jenkins[97] und die abweichende Auffassung des Bundesarbeitsgerichts zum Entgeltbegriff des Art.119 EWG-Vertrag in

---

94 Vgl. *Peter Clever*, DAngVers 1993, S.71 (75); *Heinze*, ZfA 1992, S.344.
95 Vgl. *Ulrich Everling*, EuR 1994, S.127 (132). Kritisch zu den Auslegungsmethoden *Blomeyer*, NZA 1994, S.636.
96 Vgl. *Ulrich Everling*: Der Europäische Gerichtshof als Verfassungsgericht und Rechtsschutzinstanz, S.137 (155).
97 Jenkins v Kingsgate (Clothing Productions) Ltd., Employment Appeal Tribunal, IRLR 1981, S.388.

Bötel[98] veranschaulichen diese Gefahr divergierender Auffassungen nationaler Gerichte.

Für eine abstrakte Rechtsprechung spricht wiederum der Gedanke, daß der Europäische Gerichtshof durch eine detailbezogene und am Einzelfall orientierte Rechtsprechung nationales Recht durch europäisches Recht ersetzen könnte. Die Gemeinschaftsordnung steht jedoch neben den nationalen Rechtsordnungen und darf nur insofern berichtigend eingreifen, als ihre Grundsätze durch die jeweilige Anwendung nationalen Rechts verletzt werden. Eine detaillierte Auseinandersetzung anhand einer im konkreten Fall betroffenen nationalen Regelung birgt daher die Gefahr in sich, daß der Europäische Gerichtshof mit einer Entscheidung über die Auslegung deutschen Rechts im Lichte des Art.119 EWG-Vertrag die Besonderheiten einer anderen nationalen, beispielsweise dänischen Rechtsordnung von vornherein negieren und damit als Ersatzgesetzgeber seine funktionellen Kompetenzen überschreiten könnte. Daher ist ein Europäischer Gerichtshof, dessen kurz gefaßte Urteile dem nationalen Richter Raum zur Umsetzung seiner Grundsätze innerhalb der nationalen Regelung belassen, einem Europäischen Gerichtshof vorzuziehen, der nationales Recht durch ausführliche Entscheidungen aktiv verändern und die Gerichte zu eng an sich binden würde.

---

98 BAG vom 20.10.1993 – 7 AZR 581/92, AP Nr.90 zu § 37 BetrVG 1972 = NZA 1994, S.278 = SAE 1994, S.308 mit Anm. *Hansjörg Otto*.

Teil II:
Umsetzung der Grundsätze des Europäischen Gerichtshofes durch britische und deutsche Gerichte

A. Ungleichbehandlung Teilzeitbeschäftigter durch Arbeitgeber und Tarifparteien

I. Strukturelle Unterschiede in der traditionellen richterlichen Beurteilung

Die Rechtsprechung des Europäischen Gerichtshofes über das Lohngleichheitsgebot für teilzeitbeschäftigte Frauen traf in Großbritannien und Deutschland auf zwei unterschiedliche Ansatzpunkte richterlicher Beurteilung.

Im Vereinigten Königreich beurteilt sich die Frage des Lohngleichheitsgebots nach dem Equal Pay Act[99], der vordergründig ebenso wie Art.119 EWG-Vertrag auf gleiches Entgelt bei der Verrichtung gleicher Arbeit von Männern und Frauen abstellt, gleichzeitig aber das Verbot der mittelbaren Diskriminierung nicht berücksichtigt[100]. Selbiges Verbot ist in dem britischen Sex Discrimination

---

99 Vgl. Halsbury's Statutes of England and Wales, Band 16, London 1990.
100 Der Equal Pay Act sieht folgende Regelung vor (Übersetzung durch Verfasserin):
Section 1(1): Wenn die Bedingungen eines Vertrages, nach dem eine Frau in einem Betrieb in Großbritannien beschäftigt ist, keine Gleichbehandlungsklausel beinhalten, sollen sie beurteilt werden, als ob eine solche vorläge.
Section 1(2): Eine Geichbehandlungsklausel ist eine Vorschrift, die sich auf die Bedingungen (gleich ob Entgelt oder nicht) eines Vertrages einer Frau bezieht mit der Wirkung, daß
(a) falls die Frau in der gleichen Tätigkeit wie ein Mann in demselben Betrieb beschäftigt ist –
(i) eine weniger günstige Bedingung des Vertrages der Frau im Vergleich zu dem Vertrag des Mannes so gelesen wird, als ob sie nicht weniger begünstigend sei –
(ii) eine begünstigende Leistung an den Mann, die nicht in dem Vertrag der Frau enthalten ist, als in dem Vertrag der Frau enthalten zu sehen ist.
(b) falls die Frau eine als der Tätigkeit eines Mannes gleich eingestufte Beschäftigung in demselben Betrieb innehat ...(...)...
(c) falls die Frau eine Tätigkeit innehat, auf die (a) oder (b) keine Anwendung finden, die als gleichwertig zu der eines Mannes in demselben Betrieb zu werten ist ...(...)...
Section 1(3): Eine Gleichbehandlungsklausel soll nicht hinsichtlich eines Unterschiedes zwischem dem Vertrag einer Frau und dem Vertrag eines Mannes wirken, wenn der Arbeitgeber darlegt, daß der Unterschied tatsächlich auf einen sachlichen Grund zurückzuführen ist, der nicht in dem Geschlechtsunterschied besteht ...(...)...

Act kodifiziert, der wiederum auf Entgeltfragen keine Anwendung findet. Das Prinzip, eine generelle Gleichheit zwischen Personen oder Arbeitnehmern trotz unterschiedlichen Arbeitsumfanges zu beachten, ist dem britischen Recht unbekannt. Großbritannien verfügt weder über eine geschriebene Grundrechts- bzw. Verfassungsordnung, der ein allgemeines Gleichbehandlungsgebot entnommen werden könnte, noch existieren sonstige gesetzliche oder richterrechtliche Common Law-Prinzipien über ein den Arbeitgeber verpflichtendes Gleichbehandlungsgebot. Das in Großbritannien vorherrschende Common Law hat im individuellen Arbeitsrecht nur einen geringen Einfluß, da es von dem Prinzip der Vertragsfreiheit in gleichwertiger Verhandlungsposition ausgeht, anhand dessen die Vertragsparteien ihre Rechte und Pflichten selbst definieren. Soziale Aspekte, insbesondere die Tatsache, daß der abhängige Arbeitnehmer infolge seiner schwächeren Stellung den Arbeitgeber nicht zu einer Gleichbehandlung gegenüber anderen Beschäftigten verpflichten kann, werden vom Common Law ignoriert[101].

Im Gegensatz zu Großbritannien sind in Deutschland grundsätzlich zwei Bewertungsmaßstäbe für die Behandlung von Teilzeitbeschäftigten verwertbar. Das Lohngleichheitsgebot zwischen Männern und Frauen wird aus dem die Tarifparteien und den Gesetzgeber bindenden Gleichberechtigungsgebot des Art.3 Abs.2 GG abgeleitet und ist auf der Gleichordnungsebene zwischen Bürgern untereinander Gegenstand der §§ 611a, 612 Abs. 3 BGB, eingefügt durch das EG-Anpassungsgesetz vom 13.8.1980. Frauen ist bei gleicher und gleichwertiger Arbeit derselbe Lohn zu zahlen wie Männern[102]. Gleiche Arbeit liegt vor, wenn an verschiedenen Arbeitsplätzen die gleiche Tätigkeit verrichtet wird[103].

Die deutsche Rechtsprechung wandte das Gebot der Geschlechtergleichbehandlung bis zur Entscheidung in Bilka nicht auf die Frage der Gleichbehandlung Teilzeitbeschäftigter im Entgeltbereich an. Vielmehr zogen die Gerichte im Privatrecht den allgemeinen Gleichbehandlungsgrundsatz heran, um die Frage zu beurteilen, ob Teilzeitarbeitnehmern ein Anspruch auf anteiliges Entgelt gegenüber Vollzeitbeschäftigten zusteht. Der arbeitsrechtliche Gleichbehandlungsgrundsatz räumt Arbeitnehmern einen Anspruch auf Gleichbehandlung mit einer Gruppe anderer, vergleichbarer Arbeitnehmer ein, wenn für die Ungleichbehandlung kein sachlicher Grund von seiten des Arbeitgebers vorgetragen werden kann. Er kommt jedoch nur zur Anwendung, wenn die Leistung des Arbeitgebers nicht auf einer kollektiven oder vertraglichen Regelung

---

101 Vgl. *Joswig-Buick*: Die arbeits- und sozialrechtliche Behandlung von Teilzeitarbeitnehmern, S.164; *Otto Kahn-Freund*: Arbeit und Recht, S.22; *Christopher Docksey*, RIW 1991, S.722 (722); *Lord William Wedderburn of Charlton*, MLR 1991, S.1 (13).
102 Vgl. beispielhaft die Entscheidungen des BAG vom 23.9.1992 – 4 AZR 30/92, AP Nr.1 zu § 612 BGB Diskriminierung = DB 1993, S.737; BAG vom 25.8.1982 – 5 AZR 107/80, AP Nr.53 zu § 242 BGB Gleichbehandlung; BAG vom 9.9.1981 – 5 AZR 1182/79, AP Nr.117 zu Art.3 GG mit Anm. *Heide Pfarr*; siehe auch LAG Hamm vom 21.9.1976 – 3 Sa 1/76, BB 1977, S.1450 mit Anm. *Alexander Dix*.
103 Vgl. Staudinger – *Richardi*, § 612, Rn.53; MünchKomm – *Schaub*, § 612, Rn.262.

beruht, so daß er nur einen beschränkten Wirkungsradius besitzt. Darüber hinaus kann der Arbeitnehmer sich mit einer Ungleichbehandlung vertraglich einverstanden erklären, so daß die vertragliche Absprache dem Gleichbehandlungsgrundsatz vorgeht[104]. Seit 1985 ist für Teilzeitbeschäftigte ein spezielles Gleichbehandlungsgebot in § 2 BeschFG niedergelegt, der Vorrang vor der Vertragsfreiheit hat[105]. Der Arbeitgeber unterliegt weiterhin dem Billigkeitsgebot, das von dem arbeitsrechtlichen Gleichbehandlungsgrundsatz strikt zu trennen ist und der Kontrolle des Gleichgewichts zwischen Leistung und Gegenleistung im Arbeitsverhältnis dient[106]. Der Gesetzgeber und die Tarifparteien sind im Rahmen ihrer Normsetzungsbefugnis ebenfalls an den allgemeinen Gleichheitssatz des Art.3 Abs.1 GG gebunden, der die Ungleichbehandlung von Sachverhalten, die in ihrem Wesen gleich sind, verbietet.

II. Wahrnehmung der Europäischen Rechtsprechung durch deutsche Gerichte im Einzelarbeitsverhältnis

Die richterliche Anwendung des arbeitsrechtlichen Gleichbehandlungsgrundsatzes oder die Prüfung anhand des Billigkeitsgebotes hatte dem Arbeitgeber keine strikten Rechtfertigungsanforderungen für eine Ungleichbehandlung Teilzeitbeschäftigter auferlegt. So sah der 3. Senat des Bundesarbeitsgerichts 1978 den Ausschluß der Anrechnung von Teilzeitarbeit auf Wartezeiten im Rahmen der betrieblichen Altersversorgung als ein Verhalten an, das nicht gegen die Grundsätze von Recht und Billigkeit verstößt[107]. Der 4. Senat hatte bereits 1976 einen Verstoß von Tarifvereinbarungen gegen das Gebot des Art.3 Abs.1 GG in einem Fall abgelehnt, in dem nach der tariflichen Vereinbarung des § 62 Bundesangestelltentarifvertrag (BAT) nur an Vollzeitbeschäftigte ein Übergangsgeld gezahlt wurde, da eine unsachliche Differenzierung nicht vorgelegen habe[108].

1. Aufnahme des Prinzips der mittelbaren Diskriminierung im Bereich der betrieblichen Altersversorgung

Das Urteil des Europäischen Gerichtshofes in der Sache Jenkins[109] veranlaßte den 3. Senat des BAG im Jahre 1982, seine bisherige Einstellung zu überden-

---

104 Vgl. *Richardi*, MüArbR, Band I, § 14, Rn.1 ff.
105 BAG vom 25.10.1994 – 3 AZR 149/49, AP Nr.40 zu § 2 BeschFG = NZA 1995, S.730; BAG vom 23.6.1993 – 10 AZR 127/92, AP Nr.1 zu § 34 BAT = NZA 1994, S.41; BAG vom 26.5.1993 – 5 AZR 184/92, AP Nr.42 zu Art.119 EWG-Vertrag = NZA 1994, S.413; BAG vom 25.1.1989 – 5 AZR 161/88, AP Nr. 2 zu § 2 BeschFG mit Anm. *Ulf Berger Delhey* = BB 1989, S.1271.
106 Vgl. *Richardi*, MüArbR, Band I, § 14 Rn. 1 ff.
107 BAG vom 1.6.1978 – 3 AZR 79/77, BB 1979, S.1403.
108 BAG vom 18.8.1976 – 4 AZR 284/75, AP Nr.2 zu § 62 BAT mit Anm. *Hans Spiertz*.
109 EuGH vom 31.3.1981, Rs. 96/80, Jenkins, amtl. Slg.1981, S.911 = AP Nr. 2 zu Art.119 EWG-Vertrag = NJW 1981, S.2639.

ken und die Grundsätze der mittelbaren Diskriminierung im Bereich der betrieblichen Altersversorgung auf die Gleichbehandlung von Teilzeitbeschäftigten zu übertragen. Der Senat nahm den Faden im Fall des Kaufhausunternehmens Bilka auf[110]. In besagter Rechtsstreitigkeit klagte eine Teilzeitbeschäftigte gegen die betriebliche Versorgungsordnung eines Unternehmens, welches Teilzeitbeschäftigten nur dann einen Anspruch auf Altersversorgung gewährte, wenn sie innerhalb der erforderlichen 20 Jahre Betriebszugehörigkeit mindestens 15 Jahre in Vollzeit für den Betrieb tätig gewesen waren. Die unteren Instanzen sahen in der Beschränkungsklausel der Beklagten entgegen dem Vortrag der Klägerin keinen Verstoß gegen allgemeine Billigkeits- oder Gleichbehandlungsgrundsätze. Das Bundesarbeitsgericht hingegen legte die Entscheidung des Europäischen Gerichtshofes zugrunde und sprach die Möglichkeit eines Verstoßes gegen den Grundsatz der Lohngleichheit zwischen Männern und Frauen gemäß Art.119 EWG-Vertrag an. In seinem rückverweisenden Urteil erlegte es dem LAG Frankfurt die Prüfung dieses neuen Maßstabes auf. Nach dessen unbefriedigendem zweiten Urteil legte der 3. Senat dem Europäischen Gerichtshof Auslegungsfragen über den Anwendungsbereich des Art.119 EWG-Vertrag hinsichtlich unbeabsichtigter Diskriminierungen und der Rechtfertigungsproblematik vor[111]. Die knappen Äußerungen des Europäischen Gerichtshofes wurden durch den 3. Senat in der abschließenden Entscheidung zu Bilka in allgemeine dogmatische Prüfungsgrundsätze für eine mittelbare Diskriminierung im Entgeltbereich umgesetzt[112] und in dieser und weiteren Folgeentscheidungen[113] angewandt.

1.1 Vorliegen einer mittelbaren Diskriminierung – Tatbestand

Erster Ansatzpunkt ist die Existenz einer geschlechtsneutralen Vergütungsregelung, die bestimmte Gruppen von Arbeitnehmern ausschließt. Eine solche kann die Form verschiedener rechtstechnischer Mittel annehmen und beispielsweise als Erfordernis einer Arbeit in Vollzeittätigkeit generell oder als Bedingung der Erfüllung einer mehrjährigen Wartezeit in Vollzeitarbeit ausgestaltet sein. Bei einer solchen Differenzierung ist das Lohngleichheitsgebot dann

---

110 BAG vom 6.4.1982 – 3 AZR 134/79, AP Nr.1 zu § 1 BetrAVG Gleichbehandlung mit Anm. *Heide Pfarr* = Eza 1 BetrAVG Gleichberechtigung Nr.16 = SAE 1982, S.257 mit Anm. *Karl Sieg.*
111 BAG vom 5.6.1984 – 3 AZR 66/83, AP Nr. 3 zu Art.119 EWG-Vertrag = EzA § 242 BGB Gleichbehandlung Nr. 35.
112 BAG vom 14.10.1986 – 3 AZR 66/83, AP Nr.11 zu Art.119 EWG-Vertrag mit Anm. *Heide Pfarr* (gleichzeitig Anmerkung zum Urteil des EuGH vom 13.5.1986, Rs. 170/84, Bilka) = EzA § 1 BetrAVG Gleichberechtigung Nr.1.
113 BAG vom 14.3.1989 – 3 AZR 490/87 und BAG vom 23.1.1990 – 3 AZR 58/88, AP Nr.5 und 7 zu § 1 BetrAVG Gleichberechtigung = EzA § 1 BetrAVG Nr.4 und 6 mit gem. Anm. *Heinz-Dietrich Steinmeyer*; BAG vom 20.11.1990 – 3 AZR 613/89, AP Nr. 8 zu § 1 BetrAVG Gleichbehandlung = EzA zu Art.119 EWG – Vertrag Nr.2 mit Anm. *Winfried Boecken.* Vgl. zum Prüfungsschema der deutschen Rechtsprechung *Hellmut Wißmann*, ZTR 1994, S.223 (224).

verletzt, wenn wesentlich mehr Frauen als Männer – aufgrund ihrer Teilzeittätigkeit – nicht in der Lage sind, die neutral gefaßte Bedingung zu erfüllen, und die Gründe hierfür auf dem Geschlecht beruhen[114].

1.1.1 Die nachteilige Betroffenheit von wesentlich mehr Frauen als Männern

Der Auswirkungsradius bestimmt die Grenzen der Ermittlung: bei gesetzlichen Maßnahmen ist die gesamte nationale Teilzeitarbeitnehmerschaft zu berücksichtigen, bei Tarifverträgen die Arbeitnehmer, auf die der Tarifvertrag Anwendung findet, bei betrieblichen Regelungen die Arbeitnehmer des jeweiligen Betriebes[115].

Im zugrundeliegenden Fall hatte die Tatsacheninstanz eine erhebliche Benachteiligung von Frauen durch den Arbeitgeber als nicht zwingend angesehen. Zwar seien unter den Teilzeitbeschäftigten 38,5% Frauen gegenüber 10% Männern ausgeschlossen. Diese Benachteiligung werde jedoch durch den hohen Anteil von Frauen in Vollzeitbeschäftigung und eine dementsprechende hohe Beteiligung von Frauen insgesamt an der Ruhegeldzusage wieder ausgeglichen[116]. Diese Fehlermittlung, der auch britische Gerichte erlagen, nimmt eine Eliminierung der diskriminierenden Umstände dort an, wo in Wahrheit nur eine Milderung vorliegt. Die wesentliche Betroffenheit ist nicht durch Vergleich der absoluten Zahlen zu ermitteln, sondern durch einen Vergleich der Prozentsätze, zu denen Männer und Frauen durch die Regelung ausgeschlossen sind[117]. Hinsichtlich der strittigen Versorgungsordnung ergab die Prüfung im Fall Bilka bei dem Vergleich der Prozentzahlen innerhalb der Gesamtbelegschaft einen Ausschluß von zehnmal soviel Frauen gegenüber Männern[118], mithin eine erheblich höhere Benachteiligung von Frauen. Das Bundesarbeitsgericht hat sich allerdings noch nicht damit auseinandergesetzt, wann eine wesentliche Betroffenheit abzulehnen ist, da im Fall Bilka wie auch in anderen entschiedenen Sachverhalten eine wesentlich höhere prozentuale Beteiligung von Frauen an der Teilzeitbeschäftigung vorlag. Aus dem Urteil des Bundesarbeitsgerichts vom 2.12.1992, in dem ein weniger starker Kontrast vorlag (unter den Begünstigten

---

114 Die Ansicht von *Lubnow*, daß auch die Bedingung der Erreichung des 35. Lebensjahres eine Diskriminierung von Teilzeitbeschäftigten bewirken kann, ist abzulehnen. In einem solchen Fall wird nicht infolge der Teilzeitarbeit, sondern anhand der Seniorität abgegrenzt, was zu einer Benachteiligung von Frauen, aber nicht von Teilzeitarbeitnehmern führt. Vgl. *Michael Lubnow*, Festschrift für Peter Ahrend, S.273 (287).
115 Vgl. *Hanau, Preis*, ZfA 1988, S.187/188.
116 LAG Frankfurt vom 5.11.82 – 6 Sa 664/82, BB 1983, S.966.
117 Vgl. zur Ermittlungsmethodik *Heide Pfarr, Klaus Bertelsmann*: Diskriminierung im Erwerbsleben, S.252; *Heide Pfarr*, DB 1983, S.1763 (1765).
118 Vgl. die Kritik des BAG an der Ermittlungsmethodik des LAG in BAG vom 5.6.1984 – 3 AZR 66/83, AP Nr. 3 zu Art.119 EWG-Vertrag, unter II.3 der Gründe: zur Feststellung einer mittelbaren Diskriminierung durch Bildung und Vergleich der relevanten Gruppen vgl. BAG vom 14.10.1986 – 3 AZR 66/83, AP Nr. 11 zu Art.119 EWG-Vertrag mit Anm. *Pfarr*, unter II.3.a) (2) der Gründe; BAG vom 5.6.1984, ebenda.

befanden sich 10 % Frauen, unter den Benachteiligten 50 %) leitet *Wißmann* das Erfordernis einer nicht allzu hohen Differenz zwischen den Gruppierungen ab[119].

1.1.2 Beruhen der nachteiligen Wirkung auf dem Geschlecht

Der 3. Senat des Bundesarbeitsgerichts fordert zur Erfüllung dieses Kriteriums den Ausschluß von Gründen, die sich nicht aus dem Geschlecht oder den Geschlechterrollen ergeben. Damit wird der Bezugspunkt des Europäischen Gerichtshofes, daß das nationale Gericht die Schwierigkeiten von Frauen zu berücksichtigen hat, eine bestimmte Mindeststundenzahl zu arbeiten, verallgemeinert. Ein solcher Grund wäre beispielsweise anzunehmen, wenn Teilzeit prozentual hälftig von Männern und Frauen wahrgenommen würde und die nachteilige Wirkung der Ausschlußregelung die Folge einer zufälligen Konzentration weiblicher Teilzeitbeschäftigter in dem Betrieb des Arbeitgebers wäre. Teilzeit ist jedoch Frauenarbeit; der Anteil weiblicher Arbeitnehmer in Deutschland an der Gesamtzahl der in Teilzeit beschäftigten Arbeitnehmer beträgt ca. 90%. Die gesellschaftlichen Verhältnisse und die Verteilung der Geschlechterrollen machen es verheirateten Frauen nach der Auffassung von *Pfarr/Bertelsmann* schwer bzw. unmöglich, neben ihren familiären Verpflichtungen eine Vollzeittätigkeit wahrzunehmen. Daher greifen sie auf die Möglichkeit der Teilzeitarbeit zurück[120].

Im Ergebnis wird damit eine Ungleichbehandlung von Teilzeitbeschäftigten praktisch immer eine mittelbare Diskriminierung aufgrund des Geschlechts darstellen, solange die gesellschaftlichen Verhältnisse konstant bleiben. Das Bundesarbeitsgericht hat in seinen Entscheidungen eine Diskriminierung aufgrund des Geschlechts bei der Teilzeitarbeit entsprechend bestätigt, da damit die Nachteile der Frauen auf dem Arbeitsmarkt und ihre gesellschaftlich bedingte schwache Position zur Durchsetzung ihrer Interessen ausgenutzt würden[121]. Andere Gründe für die Ergreifung von Teilzeitarbeit fielen gegenüber der Benachteiligung der Gesamtgruppe nicht ins Gewicht[122].

---

119 Vgl. *Wißmann*, ZTR 1994, S.224; BAG vom 2.12.1992 – 4 AZR 152/92, AP Nr. 28 zu § 23a BAT = ArbuR 1993, S.225 mit Anm. *Helmut Richter* = DB 1993, S.503 = EuZW 1993, S.227.
120 Vgl. *Pfarr, Bertelsmann*: Diskriminierung im Erwerbsleben, S.260.
121 BAG vom 14.10.1986 – 3 AZR 66/83, AP Nr. 11 zu Art.119 EWG-Vertrag in II.3.a) (3) der Gründe; ebenso BAG, vom 14.3.1989 – 3 AZR 490/87, AP Nr.5 zu § 1 BetrAVG Gleichberechtigung = EzA zu § 1 BetrAVG Nr.4 mit Anm. *Heinz-Dietrich Steinmeyer*; und BAG vom 20.11.1990 – 3 AZR 613/89, AP Nr.8 zu § 1 Gleichberechtigung = EzA zu Art.119 EWG – Vertrag Nr.2 mit Anm. *Winfried Boecken*. In dem Urteil vom 23.1.1990 geht das BAG nicht näher auf eine Prüfung dieses Umstandes ein, BAG vom 23.1.1990 – 3 AZR 58/88, AP Nr.7 zu § 1 BetrAVG Gleichberechtigung.
122 BAG vom 14.3.1989 – 3 AZR 490/87, AP Nr.5 zu § 1 BetrAVG Gleichberechtigung = EzA § 1 BetrAVG Nr.4, in II.2 b) der Gründe.

Hanau/Preis[123] mahnen dennoch eine besonders sorgfältige Beurteilung dieser Problematik an. Da die mittelbare Diskriminierung keine subjektive Komponente enthalte, sei die Frage der geschlechtsspezifischen Benachteiligung, mithin die Kausalität der mittelbaren Diskriminierung, entscheidend für die Haftungsreichweite des Arbeitgebers. Eine Pflicht zur sachlichen Rechtfertigung könne dem Arbeitgeber nur dann auferlegt werden, wenn ihm die benachteiligende Wirkung der Regelung gegenüber Frauen auch zuzurechnen sei[124]. In diesem Zusammenhang dürften ihm nicht stellvertretend gesellschaftliche Defizite hinsichtlich der Gleichstellung der Frau angelastet werden, für die nicht einmal der Gesetzgeber zur Verantwortung gezogen werden kann. Dies sei auch dem Urteil des Europäischen Gerichtshofes zu Bilka zu entnehmen, der eine Verpflichtung des Arbeitgebers aus Art.119 EWG-Vertrag zur Berücksichtigung familiärer Schwierigkeiten von Arbeitnehmern bei der Ausgestaltung von Betriebsversorgungsordnungen ablehnt.

Ebenso spricht *Wank* sich dagegen aus, den Arbeitgeber zum Funktionär der Gesellschaft zu machen, und fordert eine Einstandspflicht nur für Nachteile, die auf das Arbeitsverhältnis bezogen sind[125]. Das Gebot des § 612 Abs.3 BGB, welches eine Geringervergütung aufgrund von Schutzvorschriften zugunsten der Frauen als nicht gerechtfertigt erklärt, führt *Wank* hierbei als Beispiel einer Mindestgrenze an, nicht jedoch, wie das BAG annimmt, als Höchstgrenze[126]. Der von *Wank* geforderte Bezug zum Arbeitsverhältnis ist bereits dann gegeben, wenn der Arbeitgeber die schlechte Arbeitsmarktsituation der Frauen durch geringere Vergütung von Teilzeitkräften verstärkt, da er einen zusätzlichen Tatbeitrag leistet[127]. Ein fehlender Tatbeitrag des Arbeitgebers zu einer Benachteiligung von Frauen wäre hingegen beispielsweise für das Kriterium der Berufserfahrung als Vergütungsfaktor zu verneinen. Dies läßt sich auch dem Urteil des Europäischen Gerichtshofes in Danfoss entnehmen[128]. Obwohl Frauen im allgemeinen infolge von Unterbrechungen zur Kindererziehung oder wegen der Leistung von weniger Arbeitsstunden nicht soviel Berufserfahrung ansammeln können wie vergleichbare männliche oder Vollzeitarbeitskräfte, kann dem Arbeitgeber diesbezüglich keine Ausgleichspflicht auferlegt werden. Stellt eine Vergütungsregelung auf das Kriterium der Berufserfahrung ab und setzt die

---

123 Vgl. *Hanau, Preis*, ZfA 1988, S.188.
124 Vgl. *Kyriazis*: Die Sozialpolitik der Europäischen Wirtschaftsgemeinschaft, S.94, der das Problem einer Abgrenzung des Verantwortungsbereichs des Arbeitgebers im Zusammenhang mit der Entscheidung des Europäischen Gerichtshofes in Jenkins anspricht.
125 Vgl. *Rolf Wank*, RdA 1985, S.1 (21).
126 BAG vom 14.10.1986 – 3 AZR 66/83, AP Nr.11 zu Art.119 EWG-Vertrag mit Anm. *Heide Pfarr* (gleichzeitig Anmerkung zum Urteil des EuGH vom 13.5.1986, Rs. 170/84, Bilka) = EzA § 1 BetrAVG Gleichberechtigung Nr.1, unter II.3.a) (3) der Gründe.
127 Vgl. *Hanau, Preis*, ZfA 1988, S.189.
128 EuGH vom 17.10.1989, Rs.109/88, Danfoss, amtl. Slg. 1989, S.3199 = AP Nr.19 zu Art.119 EWG-Vertrag; *Monika Schlachter*, NZA 1995, S.393 (397).

jeweilige Tätigkeit eine solche Erfahrung tatsächlich auch voraus, beruht diese Ungleichbehandlung nicht zurechenbar auf dem Geschlecht. Auf die Frage der Berufserfahrung ist im Zusammenhang mit tariflichen Regelungen detaillierter einzugehen.

Zweifel an der systematischen Stellung der Kausalität zwischen Nachteil und Geschlechtsbezug innerhalb der Prüfung der mittelbaren Diskriminierung wurden 1992 durch den 4. Senat des Bundesarbeitsgerichts geäußert[129]. In den Gründen des Europäischen Gerichtshofes zum Urteil von Bilka sei die Geschlechtsbezogenheit der mittelbaren Diskriminierung nicht als eigenständiges Merkmal, sondern im Rahmen der Verhältnismäßigkeitsprüfung aufgeführt. Die Problematik der Schwierigkeiten für Frauen, eine Vollzeittätigkeit wahrzunehmen, könne daher als ein zusätzlich erschwerender Umstand im Rahmen der Rechtfertigung verstanden werden. Ein Bestreben des Unternehmens, Teilzeitarbeit zu vermindern, sei aufgrund der praktischen Benachteiligung von erheblich mehr Frauen nicht ohne weiteres geschlechtsneutral und könne daher nicht von vornherein als verhältnismäßig angesehen werden. Die Verminderung der Teilzeitbeschäftigung innerhalb eines Betriebes müsse daher einem tatsächlichen Bedürfnis des Unternehmens dienen[130].

1.2 Sachliche Rechtfertigung einer mittelbaren Diskriminierung

Anhand der vom Europäischen Gerichtshof vorgegebenen Maßstäbe in seiner Vorabentscheidung zu Bilka[131] muß der Arbeitgeber vortragen, mittels der gewählten Maßnahme einem tatsächlichen Unternehmensbedürfnis Rechnung zu tragen. Die Maßnahme muß zur Erreichung dieses unternehmerischen Ziels geeignet und erforderlich sein. Das Fehlen einer Diskriminierungsabsicht hat keine rechtfertigende Wirkung. Der rechtfertigende sachliche Grund wird nur akzeptiert, wenn er auch einer Verhältnismäßigkeitsprüfung standhält[132]. Der Prüfungsmaßstab ist nach *Hanau/Preis* nicht starr, sondern fließend je nach dem Ausmaß des betroffenen Rechtsgutes zu beurteilen. Je stärker die Benachteiligung und die Betroffenheit eines Geschlechts durch eine mittelbar diskriminierende Regelung oder Maßnahme sind, um so gewichtiger müssen die Gründe sein, die diese Regelung rechtfertigen[133].

---

129 BAG vom 2.12.1992 – 4 AZR 152/92, AP Nr.28 zu § 23a BAT = ArbuR 1993, S.225 mit Anm. *Helmut Richter* = DB 1993, S.503 = EuZW 1993, S.227.
130 Vgl. *Wißmann*, ZTR 1994, S.225.
131 EuGH vom 13.5.1986, Rs.170/84, Bilka, amtl. Slg. 1986, S.1607 = AP Nr.10 zu Art.119 EWG-Vertrag = NZA 1986, S.599.
132 Die Anforderungen an den sachlichen Grund sind im Rahmen der mittelbaren Diskriminierung höher als diejenigen, die sich im arbeitsrechtlichen Gleichbehandlungsgrundsatz und § 2 BeschFG finden. Auf diese Problematik ist später im Detail einzugehen. Vgl. *Hanau, Preis*, ZfA 1988, S.189/190; *Steinmeyer*, gemeinsame Anm. zu den Urteilen des BAG vom 14.3.1989 und 23.1.1990, EzA zu § 1 BetrAVG Nr. 6.
133 Vgl. *Hanau, Preis*, ZfA 1988, S.192.

Die bisher im Bereich der betrieblichen Altersversorgung von den Arbeitgebern vorgetragenen Rechtfertigungsgründe konnten das Bundesarbeitsgericht nicht zufriedenstellen. Eine Anreizwirkung zur Vollzeittätigkeit durch geringere Vergütung von Teilzeitbeschäftigten könne nur dann ein tatsächliches Unternehmensbedürfnis widerspiegeln, wenn einerseits Vollzeitkräfte auf dem Arbeitsmarkt knapp wären und andererseits Teilzeitarbeit wirtschaftlich nicht rentabel. Ein angespannter Arbeitsmarkt liege jedoch nicht vor. Zusätzlich würden die wirtschaftlichen Nachteile der Teilzeitarbeit durch ihre Vorteile ausgeglichen[134]. Gegenteilige Behauptungen der Beklagten konnten bisher nicht durch hinreichende Angaben bewiesen werden. Insbesondere im Wirtschaftssektor des Einzelhandels habe sich der Einsatz flexibler Arbeitskräfte zur Abdeckung unüblicher Arbeitszeiten an Wochenenden oder zu verkaufsintensiven Stoßzeiten besonders bewährt. Ein allgemeiner Vortrag fehlender Motivation und Unternehmensbindung von Teilzeitkräften sei ohne detaillierten Nachweis unzulässig. Ebenso könne nicht allgemein von der verringerten Arbeitszeit auf eine geringere Erfahrung der Arbeitnehmer und eine daraus folgende geringere Verwendbarkeit geschlossen werden. Unterstelle man ferner die von dem Unternehmen behauptete Unwilligkeit von Teilzeitbeschäftigten zur Samstagsarbeit, so sei eine Versorgungsordnung keine geeignete Maßnahme zum vermehrten Arbeitseinsatz von Teilzeitbeschäftigten an Samstagen, wenn sie diesen auch bei Aufnahme der Tätigkeit an Sonnabenden keinen Zugang zur Altersversorgung gewährt.

Der 3. Senat des Bundesarbeitsgerichtes hat sich dem Argument der anderweitig sichergestellten Versorgung geringfügig beschäftigter Teilzeitarbeitnehmer gegenüber nicht völlig ablehnend gezeigt, ohne allerdings bisher eine abschließende Stellungnahme abzugeben. Eine pauschale Antwort, ab welchem Arbeitsumfang regelmäßig von einer ausreichenden anderweitigen Versorgung ausgegangen werden könne, existiere nicht. Dem ist zuzustimmen. Eine einheitliche Bewertung der ausreichenden Versorgung ist angesichts der unterschiedlichen Hintergründe des jeweiligen Arbeitsverhältnisses, das sowohl eine alleinstehende Mutter mit mehreren Kindern als auch eine verheiratete Frau mit Vermögen innehaben können, gerichtlich wohl nicht zu geben[135]. Der 5. Senat ließ allerdings die Berufung des Arbeitgebers auf einen fehlenden Versorgungsbedarf der Teilzeitbeschäftigten in einer späteren Entscheidung zur

---

134 Vgl. GK-TzA – *Lipke*, Einl., Rn. 37; *Gabriele Peter*: Frauendiskriminierung durch Teilzeitbeschäftigung, S.12; *Pfarr, Bertelsmann*: Diskriminierung im Erwerbsleben, S.254/255; *Klaus Bertelsmann, Ursula Rust*, RdA 1985, S.146 (147); *Pfarr*, DB 1983, S.1764; die Abwägung, wie sie das BAG vornimmt, wurde weder von der Tatsacheninstanz, dem LAG Frankfurt, noch in einem gleichgelagerten Fall durch das LAG Baden-Württemberg vorgenommen; vgl. LAG Baden-Württemberg vom 20.5.1983 – 2 Sa 13/83, DB 1983, S.2315. Zur europaweiten Einschätzung der Vor- und Nachteile von Teilzeitarbeit *Eric Diederichs, Eberhard Köhler*: Part-time Work in the European Community, The Economic and Social Dimension, S.44.
135 Vgl. *Steinmeyer*, Gemeinsame Anm. zu den Urteilen des BAG vom 14.3.1989 und 23.1.1990, EzA § 1 BetrAVG Nr.6.

Rechtmäßigkeit des § 1 Abs.3 Nr.2 LohnFG nicht zu, da diese Norm nicht der sozialen Sicherung der Arbeitnehmer diene[136]. Es ist jedoch zweifelhaft, ob diese Urteilsgründe ohne Einschränkung auf die Rechtfertigungsproblematik bei der betrieblichen Altersversorgung übertragen werden können, da der Leistungszweck nicht derselbe ist[137]. *Pfarr* hält das Rechtfertigungsargument einer ausreichenden sozialen Sicherung generell für unvereinbar mit europäischen Standards[138]. Der Europäische Gerichtshof hat jedoch in seiner Entscheidung zu der Zulässigkeit einer geringeren Vergütung von Nebentätigkeiten in Teilzeit dieses Argument nicht verworfen[139], so daß die Ansicht von *Pfarr* in ihrer umfassenden Allgemeinheit nicht zutrifft. Vielmehr ist auf den Zweck einer Leistung abzustellen, um die zulässigen Rechtfertigungsfaktoren für eine Ungleichbehandlung ausfindig zu machen. Bezweckt eine Leistung auch die soziale Absicherung neben der Vergütung, wie das Bundesarbeitsgericht für Leistungen der betrieblichen Altersversorgung annimmt, so kann im Einzelfall eine Ungleichbehandlung wegen fehlenden Versorgungsbedarfs gerechtfertigt sein.

2. **Das Verhältnis zwischen Art.119 EWG-Vertrag und Art. 3 Abs.2 GG im Rahmen der Rückwirkungsproblematik**

In einem anderen Punkt geht das Bundesarbeitsgericht über die Vorgaben des Europäischen Gerichtshofes hinaus. Unter Rückgriff auf die verfassungsrechtliche Norm des Art.3 Abs.2 GG bejaht das Gericht eine Rückwirkung seiner Rechtsprechung für den Arbeitgeber bis zum Jahre 1949, dem Zeitpunkt des Inkrafttretens des Grundgesetzes[140].

Im Rahmen der Rückwirkungsproblematik ist zwischen einer Rückwirkung infolge belastender Gesetze und der rückwirkenden Geltung von gerichtlichen Entscheidungen zu differenzieren. Die Rückwirkung eines belastenden Gesetzes verstößt regelmäßig gegen rechtsstaatliche Gebote. Höchstrichterliche Urteile hingegen stellen kein Gesetzesrecht dar und erzeugen keine vergleichbare Rechtsbindung[141]. Die Rechtsprechung setzt nicht neues Recht, sondern stellt verbesserte Rechtserkenntnis dar und kann somit auch zurückwirken. Wegen der möglichen weitreichenden finanziellen Belastungen für den Arbeit-

---

136 BAG vom 9.10.1991 – 5 AZR 598/90, AP Nr.95 zu § 1 LohnFG = EzA § 1 Lohnfortzahlungsgesetz Nr.122 mit Anm. *Hartmut Oetker* = BB 1992, S.429.
137 Vgl. *Lubnow*, FS Ahrend, S.292.
138 Vgl. *Pfarr*, gemeinsame Anm. zu den Urteilen des EuGH vom 13.5.1986 und des BAG vom 14.10.1986, AP Nr.11 zu Art.119 EWG-Vertrag.
139 EuGH vom 13.12.1994, Rs.297/93, Rita Grau-Hupka, amtl. Slg. 1994, S.5535 = EzA Nr.25 zu Art.119 EWG-Vertrag = NZA 1995, S.217.
140 BAG vom 14.10.1986 – 3 AZR 66/83, AP Nr.11 zu Art.119 EWG-Vertrag mit Anm. *Heide Pfarr* = EzA § 1 BetrAVG Gleichberechtigung Nr.1.
141 BVerfG vom 28.9.1992 – 1 BvR 496/87, AP Nr.15 zu Art.20 GG = NZA 1993, S.213 (214) m.w.N. = DB 1992, S.2511.

geber in dem von der Rechtsprechung stark geprägten Arbeitsrecht soll eine Rückwirkung allerdings beschränkt werden, wenn eine erhebliche Äquivalenzstörung aus dem Urteil folgen würde und die Betroffenen auf den Fortbestand der Rechtslage vertrauen durften. Schutzwürdiges Vertrauen kann unter anderem bei gefestigter höchstrichterlicher Rechtsprechung vorliegen[142]. Mit diesem Argument wandten sich die zur rückwirkenden Aufnahme Teilzeitbeschäftigter in die Versorgungsordnung verurteilten Arbeitgeber im Fall Bilka gegen das Urteil des 3. Senats des Bundesarbeitsgerichts und beriefen sich vor dem Bundesverfassungsgericht auf eine Verletzung des Prinzips des Vertrauensschutzes und damit des Prinzips der Rechtsstaatlichkeit[143]. Ein Verstoß gegen das Rechtsstaatsprinzip ist nach den jeweiligen sachlichen Gegebenheiten zu beurteilen. Erforderlich ist eine Abwägung zwischen dem Interesse der Arbeitgeber an der wirtschaftlichen Betätigungsfreiheit und dem Interesse der Teilzeitbeschäftigten an materieller Gerechtigkeit, um zu ermitteln, inwiefern es zumutbar und verhältnismäßig ist, eine Rückwirkung zu bejahen. Die Ansicht der Beschwerdeführer, daß es in der Angelegenheit Bilka sowohl an der Zumutbarkeit als auch an der Verhältnismäßigkeit der Rückwirkung fehle, hielt vor dem Bundesverfassungsgericht nicht stand[144].

2.1 Rückwirkung der Gleichbehandlungspflicht auf Gemeinschaftsebene

Noch in Defrenne II hatte der Europäische Gerichtshof die Subsumtion der versteckten Diskriminierung unter Art.119 EWG-Vertrag verneint, da der einzelne Richter eine solche nicht feststellen könne. Die Ungewißheit über die Begrifflichkeit von versteckter und mittelbarer Diskriminierung ist erst höchstrichterlich auf der Europäischen Ebene mit dem Jenkinsurteil beseitigt worden. Der Europäische Gerichtshof hat dennoch in zwei Urteilen vom 28.September 1994[145] über die Aufnahme Teilzeitbeschäftigter in betriebliche Altersversorgungen ausdrücklich darauf hingewiesen, daß nicht der Grundsatz der mittelbaren Diskriminierung ausschlaggebend für die Bewertung eines Vertrauensschutzes sei, sondern das Prinzip der unmittelbaren Wirkung des Art.119 EWG-Vertrag, welches seit dem Urteil in Defrenne II, dem 8.April 1976, feststehe. Damit wird deutschen Arbeitgebern keine „Erleichterung" verschafft, da die deutsche höchstrichterliche Rechtsprechung über die Resultate des Gerichtshofes hinausgeht. Das Urteil ist allerdings der entscheidende Zeitpunkt für bri-

---

142 Vgl. *Peter Hanau, Ulrich Preis*, DB 1991, S.1276 (1280) m.w.N.
143 BVerfG vom 28.9.1992 – 1 BvR 496/87, AP Nr. 15 zu Art.20 GG = NZA 1993, S.213 (214) m.w.N. = DB 1992, S.2511.
144 BVerfG vom 28.9.1992 – 1 BvR 496/87, AP Nr. 15 zu Art.20 GG = NZA 1993, S.213 (214) m.w.N. = DB 1992, S.2511.
145 EuGH vom 28.9.1994, Rs.128/93, Geertruida Catharina Fisscher ./. Voorhuis Hengelo BV und Stichting Bedrijfpensioenenfonds voor de Detailhandel, amtl. Slg. 1994. S.4583 = AP Nr.56 zu Art.119 EWG-Vertrag = EzA Nr.22 zu Art.119 EWG-Vertrag; EuGH vom 28.9.1994, Rs.57/93, Anna Adriaantje Vroege ./. NCIV Instituut voor Volhuisvesting BV, EzA Art.119 EWG-Vertrag Nr.23.

tische Arbeitgeber, da keine entsprechende nationale Rechtsnorm existiert, deren Geltung über diesen Zeitpunkt hinaus zurückreicht. In Großbritannien wurden Vorwürfe gegen das Urteil des Europäischen Gerichtshofes mit der Begründung erhoben, daß eine rückwirkende Einführung belastenden Rechts unzulässig sei[146]. Dem ist ebenso wie deutschen Kritikern entgegenzuhalten, daß es sich nicht um eine Rückwirkung durch gesetzliche Anordnung handelt, sondern um eine Folgewirkung erweiterter Rechtskenntnis über Ausmaß und Anwendungsmodus einer europarechtlich verpflichtenden Norm. Die gemeinschaftsrechtliche Verpflichtung zur Lohngleichheit besteht unabhängig von gemeinschaftswidrigen nationalen Ausschlußregelungen, die kein schutzwürdiges Vertrauen bewirken können. Im übrigen ließ der Europäische Gerichtshof in der Entscheidung Barber[147] die Berufung auf die noch nicht abgelaufenen Übergangsfristen der entsprechenden Richtlinien über die soziale Sicherheit, 7/79/EWG, und über die betrieblichen Versorgungssysteme, 86/378/EWG, zu und begrenzte die Gleichbehandlungspflicht hinsichtlich des Rentenalters auf Handlungen für die Zukunft[148].

Eine Rückwirkung für die Gleichbehandlung Teilzeitbeschäftigter ist daher mit dem Europäischen Gerichtshof auf europäischer Ebene bis zum 8.April 1976 zu bejahen. Die europäischen Richter erkannten hierbei das Problem, daß mit diesem zeitlichen Einschnitt eine Benachteiligung derjenigen Gemeinschaftsbürger erfolgte, die bereits vor der Entscheidung in Defrenne II unzulässigerweise von einer betrieblichen Altersversorgung ausgeschlossen worden waren. Da die betroffenen Arbeitgeber jedoch durch nationales Recht und nationale Praxis dazu veranlaßt worden seien, ihr gemeinschaftsrechtswidriges Verhalten beizubehalten, müßten die Wirkungen der Rechtsprechung des Europäischen Gerichtshofes für die Vergangenheit durch eine zeitliche Grenze eingeschränkt werden.

2.2 Rückwirkung im deutschen Rechtskreis

Die Prinzipien des Europäischen Gerichtshofes zu einer Begrenzung der Rückwirkung auf das zweite Defrenne-Urteil sind nach Auffassung des BAG nicht auf die Rechtslage in Deutschland übertragbar, da der Gesetzgeber mit Art.3 Abs.2 GG seine Pflicht zur Umsetzung des Lohngleichheitssatzes des Art.119 EWG-Vertrag und der einschlägigen Richtlinien zur Gleichbehandlung bereits seit dem 1. April 1953 und somit lange vor Einführung der betroffenen betrieblichen Versorgungsordnungen erfüllt habe. Ferner könne der private Arbeitgeber aus diesem Grunde auch nicht vortragen, er habe sich auf die in der Richtlinie 86/378 EWG festgehaltene Übergangsfrist verlassen können, die den Mit-

---

146 Vgl. die Vorwürfe des National Association of Pension Funds in: The Guardian vom 29.September 1994, S.1.
147 EuGH vom 17.5.1990, Rs.262/88, Barber, amtl. Slg. 1990, S.1889 = AP Nr.20 zu Art.119 EWG-Vertrag = NZA 1990, S.775.
148 Vgl. *Gert Griebeling*, Festschrift für Albert Gnade, S.589 (595).

gliedstaaten eine Frist zur Umsetzung der Gleichbehandlung bei den privaten Altersrenten bis Januar 1993 beließ[149]. Der Europäische Gerichtshof hatte diese Argumentation in dem Fall Barber hinsichtlich der Problematik der Ungleichbehandlung im Rentenalter anerkannt und aus diesem Grunde die Verpflichtung zur Gleichbehandlung auf den 17.Mai 1990, den Zeitpunkt der Urteilsverkündung, beschränkt[150]. Das Bundesarbeitsgericht hingegen beruft sich in seinem Urteil vom 20.11.1990[151] auf die bereits erfolgte Umsetzung des Gleichbehandlungsgebotes durch das deutsche Recht, die Rechtsnorm des Art.3 Abs.2 GG, um eine zeitliche Begrenzung zu unterbinden. Gleichzeitig rückt das Bundesarbeitsgericht hiermit von seiner im Urteil vom 14.10.1986 vertretenen Ansicht ab, wonach der Arbeitgeber sich deswegen nicht auf die Richtlinie bzw. eine in dieser enthaltene Übergangsfrist berufen könne, weil Art.119 EWG-Vertrag bei einer Ungleichbehandlung von Teilzeitbeschäftigten unmittelbar, ungeachtet einer in einer Richtlinie enthaltenen Frist gelte[152]. Die Begrenzungen, die der Europäische Gerichtshof aufgestellt hat, haben somit keine beschränkende Wirkung hinsichtlich einer Rückwirkung im deutschen Recht, wenn letzteres in seinem Regelungsumfang über europäisches Recht hinausgeht[153].

Erstaunlich an dieser Rechtsprechung ist, daß sie sich nicht mit dem grundlegenden Problem befaßt, ob Art.3 Abs.2 GG überhaupt das Element der mittelbaren Diskriminierung erfaßt. Der Vorlagebeschluß des BAG zu Bilka[154] befaßte sich unter anderem mit der Problematik der unterschiedlichen Reichweiten des Art.3 Abs.2 GG und Art.119 EWG-Vertrag. Das Gericht ging davon aus, daß Art.3 Abs.2 GG und das in ihm enthaltene Lohngleichheitsgebot auf den Fall der ungleichen Behandlung von Teilzeitarbeitnehmern in der betrieblichen Altersversorgung anzuwenden ist. In der an das EuGH-Urteil anschließenden Endentscheidung vom 14.10.1986[155] bezog sich der 3.Senat ausdrücklich nur noch auf Art.119 EWG-Vertrag, ohne die Stellung des Art.3 Abs.2 GG zu erwähnen. Nachfolgende Urteile erwähnen das „aus Art.3 Abs.2 und Art.119 EWG-Vertrag folgende Gleichberechtigungsgebot", das an die Rechtfertigung einer Ungleichbehandlung strenge Anforderungen stellt[156]. Ohne nähere Erör-

---

149 BAG vom 20.11.1990 – 3 AZR 613/89, AP Nr.8 zu § 1 BetrAVG Gleichberechtigung = EzA zu Art.119 EWG – Vertrag Nr.2 mit Anm. *Winfried Boecken*.
150 EuGH vom 17.5.1990, Rs.262/88, Barber, amtl. Slg. 1990, S.1889 = AP Nr.20 zu Art.119 EWG-Vertrag = NZA 1990, S.775.
151 BAG vom 20.11.1990 – 3 AZR 613/89, AP Nr.8 zu § 1 BetrAVG Gleichberechtigung = EzA zu Art.119 EWG – Vertrag Nr.2 mit Anm. *Winfried Boecken*.
152 BAG vom 14.10.1986 – 3 AZR 66/83, AP Nr.11 zu Art.119 EWG-Vertrag mit Anm. *Heide Pfarr* = EzA § 1 BetrAVG Gleichberechtigung Nr.1.
153 Vgl. *Stefan Kutsch*, BB 1991, S.2149 (2150).
154 BAG vom 5.6.1984 – 3 AZR 66/83, AP Nr.3 zu Art.119 EWG-Vertrag = EzA § 242 Gleichbehandlung Nr.35.
155 BAG vom 14.10.1986 – 3 AZR 66/83, AP Nr.11 zu Art.119 EWG-Vertrag = EzA § 1 BetrAVG Gleichberechtigung Nr.1.
156 BAG vom 14.3.1989 – 3 AZR 490/87 und BAG vom 23.1.1990 – 3 AZR 58/88, AP

terung geht der 3. Senat von der offensichtlichen Anwendbarkeit der Verfassungsnorm aus. Verwunderlich ist in diesem Zusammenhang, daß das Arbeitsgericht sich allein auf Art.3 Abs.2 GG bezieht und nicht auch den speziell einschlägigen § 612 Abs.3 BGB heranzieht, der die Lohngleichheit als zivilrechtliches Gebot ausdrücklich seit 1980 festschreibt. Die Existenz einer privatrechtlichen Norm, die sich inhaltlich auf dasselbe Ziel richtet wie Art. 119 EWG-Vertrag, sollte Anlaß sein, die Interpretation dieser Regelung im Lichte einer europarechtlichen Vorschrift der direkten Einbeziehung der Grundrechte vorzuziehen. Innerhalb einer Prüfung des § 612 Abs.3 BGB wäre es dogmatisch zweckmäßig, die Interpretation anhand des Art.3 Abs.2 GG und des Art.119 zu hinterfragen, anstatt von einer umstrittenen Anwendbarkeit des Verfassungsgebotes selbst auszugehen[157]. *Sachs* lehnt eine Einbeziehung der mittelbaren Diskriminierung in den Anwendungsbereich des Art.3 Abs.2 GG ab, da das Verbot der Geschlechterungleichbehandlung nicht die Regelungen erfasse, die nur geschlechtstypisch wirken. Nichtsdestoweniger muß nach *Sachs* die Sachgerechtigkeit geschlechtsneutral gefaßter, aber geschlechtstypisch wirkender Bedingungen überprüfbar sein. Daher sei die mittelbare Diskriminierung innerhalb des allgemeinen Gleichheitsgrundrechts des Art.3 Abs.1 unter Beachtung der Wertung des Art.3 Abs.2 GG zu prüfen[158]. Der restriktiven Ansicht von *Sachs* ist jedoch entgegenzuhalten, daß Art.3 Abs.2 GG entstehungsgeschichtlich ein weiterer Anwendungsbereich zugeordnet werden sollte als die Fälle einer unmittelbaren, finalen und kausalen Diskriminierung wegen des Geschlechts[159]. *Hanau/Preis* bejahen eine Erfassung der mittelbaren Diskriminierung durch Art.3 Abs.2 GG unter Berufung auf die Rechtsprechung des Bundesverfassungsgerichts bei der Frage der Parteienfinanzierung, die einen Verstoß gegen den Gleichheitssatz annimmt, wenn eine abstrakt-allgemeine Regelung in praktischer Anwendung eine Ungleichheit bewirkt, die gerade auf die Art der rechtlichen Gestaltung zurückzuführen ist[160]. Das Bundesverfassungsgericht selbst hat diese Schlußfolgerung als zutreffend bezeichnet[161], so daß von einer zumindest konkludenten Bejahung der Frage ausgegangen werden kann.

Das Bundesarbeitsgericht spricht sich im Rahmen des Art.3 Abs.2 GG gegen eine Schutzwürdigkeit der Arbeitgeber aus. Der Grundsatz der Lohngleichheit aus Art.3 Abs.2 GG sei richterlich bereits 1955 für den Arbeitgeber anerkannt

---

Nr.5 und 7 zu § 1 BetrAVG Gleichberechtigung = EzA zu § 1 BetrAVG Nr.4 und 6 mit gem. Anm. *Heinz-Dietrich Steinmeyer*; BAG vom 20.11.1990 – 3 AZR 613/89, AP Nr.8 zu § 1 BetrAVG Gleichberechtigung = EzA zu Art.119 EWG – Vertrag Nr.2 mit Anm. *Winfried Boecken*.
157 Vgl. *Hanau, Preis*, ZfA 1988, S.184.
158 Vgl. Handbuch des Staatsrechts – *Sachs*, Band V, § 126, S.1017 (1054).
159 Vgl. *Karl Jürgen Bieback*, ZIAS 1990, S.1 (28).
160 Vgl. *Hanau, Preis*, ZfA 1988, S.184/185; ebenso *Bieback*, ZIAS 1990, S.31 mit weiteren Hinweisen aus der Rechtsprechung des Bundesverfassungsgerichts zum allgemeinen Gleichheitssatz.
161 BVerfG vom 28.9.1992 – 1 BvR 496/87, AP Nr. 15 zu Art.20 GG = NZA 1993, S.213 (214) m.w.N. = DB 1992, S.2511.

worden[162], ohne daß alle Fragen über das Ausmaß dieses Gebots geklärt worden sind. Solange die höchstrichterliche Rechtsprechung aber nicht eindeutig feststehe, können sich die Bürger nicht auf die Erwartung einer ihnen günstigen Entscheidung berufen. Daher ließe sich ein Vertrauensschutz der Beklagten nicht darauf stützen, daß der Grundsatz der mittelbaren Diskriminierung erst später in die Rechtsprechung eingeflossen sei. Ein schutzwürdiges Vertrauen konnte auch nicht durch das Urteil des BAG vom 1.6.1978[163] entstehen, in dem die Grundsätze der mittelbaren Diskriminierung nicht angesprochen worden waren, da dieser Rechtsstreit nur die Unverfallbarkeit einer Versorgung betraf, ohne daß die betroffene Klägerin sich auf eine nachteilige Auswirkung auf Angehörige ihres Geschlechts berufen hätte. Dem Arbeitgeber sei ferner entgegenzuhalten, daß er das Risiko hinsichtlich einer unklaren Rechtslage besser als die Arbeitnehmer abschätzen und seine Versorgungsordnung entsprechend gestalten könne[164].

Lipke wendet sich dennoch gegen diese extensive Auslegung, da erst seit der Entscheidung des Europäischen Gerichtshofes in Jenkins der Begriff der mittelbaren Diskriminierung eingeführt und vom Bundesarbeitsgericht auch erst in der Entscheidung zu Bilka in das Lohngleichheitsgebot aufgenommen worden sei[165]. Die Tatsache, daß im deutschen Rechtskreis die mittelbare Diskriminierung zuvor nicht auf Teilzeitbeschäftigung angewandt wurde, hätte vom BAG entsprechend durch Beschränkung der Rückwirkung auf Zeiten nach Urteilsverkündung, dem 14.10.1986, berücksichtigt werden müssen. *Hanau/Preis* begründen eine Begrenzung der Rückwirkung damit, daß der Begriff der mittelbaren Diskriminierung europaweit seit Veröffentlichung der Gleichbehandlungsrichtlinie 207/76/EWG am 14. Februar 1976 in deren Artikel 2 existiere[166]. Das Bundesverfassungsgericht hat diese Ansichten jedoch ausdrücklich abgelehnt und die Auffassung des Bundesarbeitsgerichts voll und ganz bestätigt[167]. Das Gericht beruft sich hinsichtlich der Bekanntheit der mittelbaren Diskriminierung im deutschen Rechtskreis ausdrücklich auf sein erstes Parteienfinanzierungsurteil aus dem Jahre 1958, das das Konzept der mittelbaren Diskriminierung als Element der Verfassung feststellte[168]. Dieses Prinzip sei ohne wei-

---

162 BAG vom 15.1.1955 – 1 AZR 305/54, AP Nr. 4 zu Art.3 GG = BAGE 1, S.258. Das Lohngleichheitsgebot erfaßt auch die betriebliche Altersversorgung, da sie sowohl Versorgungs- als auch Entgeltcharakter aufweist.
163 BAG vom 1.6.1978 – 3 AZR 79/77, BB 1979, S.1403.
164 Vgl. statt aller BAG vom 20.11.1990 – 3 AZR 613/89, AP Nr.8 zu § 1 BetrAVG Gleichberechtigung = EzA zu Art.119 EWG – Vertrag Nr.2 mit Anm. *Boecken*, unter IV der Gründe.
165 Vgl. *Gert-Albert Lipke*, ArbuR 1991, S.75 (83).
166 Vgl. *Hanau, Preis*, ZfA 1988, S.184/185.
167 BVerfG vom 28.9.1992 – 1 BvR 496/87, AP Nr.15 zu Art.20 GG = NZA 1993, S.213 (214) m.w.N. = DB 1992, S.2511.
168 Kritisch dazu *Blomeyer*, NZA 1994, S.634 in Fußnote 30.

teres auf die Lohngleichheit des Art.3 Abs.2 GG übertragbar. Für das betroffene Kaufhausunternehmen sei eine Rückwirkung auch nicht untragbar, da es nicht vorgetragen habe, damit in den finanziellen Ruin getrieben zu werden.

3. Rechtfertigungsmaßstäbe nach Art.119 EWG-Vertrag und Art.3 Abs.2 GG

Das Bundesarbeitsgericht hat sich mit den konkurrierenden Rechtfertigungsmaßstäben des Art.119 EWG-Vertrag und Art.3 Abs.2 GG bis heute noch nicht auseinandergesetzt. Ein „obiter dictum" findet sich nur in dem Urteil vom 20.11.1990, in dem der 3. Senat dem verfassungsrechtlichen Gebot des Art.3 Abs.2 GG einen weiterreichenden Maßstab beimißt als Art.119 EWG-Vertrag, da Art.3 Abs.2 GG jede Art von Ungleichbehandlung verbietet außer in dem Fall, in dem eine biologische oder funktionale Verschiedenheit das zu ordnende Lebensverhältnis so entscheidend prägt, daß vergleichbare Elemente daneben vollkommen zurücktreten[169]. In der Entscheidung selbst stellte das Bundesarbeitsgericht hingegen allein auf die Rechtfertigungskontrolle anhand von Art.119 EWG-Vertrag ab. *Boecken*[170] und *Schüren*[171] werfen dem Bundesarbeitsgericht vor, durch sein Schweigen über die Anforderungen des Art.3 Abs.2 GG den Eindruck zu erwecken, daß auch diese Norm im Bereich der Rechtfertigung einer mittelbaren Diskriminierung den Vortrag objektiver Faktoren und damit wirtschaftlicher Gründe zulasse. Tatsächlich aber sei eine Diskriminierung von Teilzeitbeschäftigten nach Art.3 Abs.2 GG stets unzulässig, da keine biologisch-funktionalen Rechtfertigungsgründe denkbar seien. Diese Bedenken werden dadurch bestätigt, daß der 5. Senat in einem Urteil vom 26.5.1993 festgestellt hat, Art.3 Abs.2 und 3 GG enthielten „der Sache nach" dieselben Voraussetzungen für eine Rechtfertigung der Ungleichbehandlung der Geschlechter, wie sie der Europäische Gerichtshof im Hinblick auf Art.119 EWG-Vertrag aufstelle. Daher sei eine Diskriminierung nicht gegeben, wenn die Ungleichbehandlung durch objektive Faktoren gerechtfertigt sei[172]. Damit weicht der 5. Senat unzutreffend von den strengen Anforderungen des Art.3 Abs.2 GG ab.

---

169 BAG vom 20.11.1990 – 3 AZR 613/89, AP Nr.8 zu § 1 BetrAVG Gleichberechtigung = EzA zu Art.119 EWG – Vertrag Nr.2 mit Anm. *Boecken*, in II 4 B) aa) der Gründe unter Berufung auf die Rechtsprechung des Bundesverfassungsgerichts; vgl. *Schlachter*: Wege zur Gleichberechtigung, S.48; Maunz – *Dürig*, Band 1, Art.3 II, Rn.12.
170 Vgl. *Boecken*, Anm. zum Urteil des BAG vom 20.11.1990 – 3 AZR 613/89, EzA zu Art.119 EWG – Vertrag Nr.2.
171 Vgl. *Schüren*, MünchArbR, § 157, Rn. 103, 104; eine Gleichstellung der mittelbaren und unmittelbaren Diskriminierung vertritt *Mathias Kirsten*, RdA 1990, S.282 (285); ebenso *Barbara Degen*, AiB 1986, S.150 (152).
172 BAG vom 26.5.1993 – 5 AZR 184/92, AP Nr.42 zu Art.119 EWG-Vertrag = NZA 1994, S.413.

Im Rahmen des Zusammenspiels zwischen Europarecht und nationalem Recht ist nicht anzunehmen, daß die Verfassungsnorm des Art.3 Abs.2 GG von Art.119 EWG-Vertrag verdrängt wird. Der Anwendungsvorrang des Europarechts zum Schutze der einzelnen Bürger greift nur ein, wenn nationale Normen entweder hinter den europäischen Standards zurückbleiben oder ihnen widersprechen. Ein strengerer Maßstab des Art.3 Abs.2 GG ist daher grundsätzlich nicht vom Gemeinschaftsrecht präkludiert[173]. Zu ergänzen ist allerdings, daß das gemeinschaftsrechtliche Verbot der Diskriminierung weiblicher Arbeitnehmer nicht zu einem absoluten Gebot der Bevorzugung von Frauen fortentwickelt werden kann, um damit deren tatsächliche Gleichstellung in der Gesellschaft zu erreichen. Derartige Maßnahmen ließen sich jedoch auf den mit Gesetz vom 27.10.1994[174] eingefügten Art.3 Abs.2 Satz 2 GG gründen, der einen bindenden Auftrag an den Staat enthält, die Gleichberechtigung der Geschlechter in der Zukunft mit geeigneten Maßnahmen durchzusetzen[175]. Als geeignete Maßnahme wird hierbei auch eine Quotenregelung angesehen, die anordnet, daß weibliche Bewerberinnen bei gleicher Qualifikation männlichen Bewerbern vorzuziehen sind[176]. Der Europäische Gerichtshof hat bezüglich einer Frauenquotenregelung des Landes Bremen jedoch festgestellt, daß eine Regelung, die Frauen absolut und unbedingt den Vorrang gegenüber Männern einräumt, nicht mit Gemeinschaftsrecht vereinbar ist und die in der Richtlinie 76/207/EWG gesetzten Grenzen überschreitet[177]. Aus diesem Urteil ist ersichtlich, daß Gemeinschaftsrecht grundsätzlich diskriminierende Maßnahmen zu Lasten männlicher Arbeitnehmer im Sinne des Art.3 Abs.2 S.2 GG zum Zwecke der Beseitigung einer faktischen Benachteiligung von Frauen zulassen wird, dies jedoch nur, wenn die entsprechenden Maßnahmen auch Ausnahmen von einem absoluten Vorrang der Frauen vor Männern vorsehen.

III. Gemeinschaftsrechtliche Begrenzungen deutscher Tarifautonomie

Nach allgemeiner Auffassung sind die Tarifparteien bei der Setzung von Tarifnormen an die Grundrechte gebunden, da sie ebenso wie der staatliche Gesetzgeber in ihrem Zuständigkeitsbereich materielles Recht setzen[178]. Im Rahmen

---

173 Vgl. *Boecken*, Anm. zum Urteil des BAG vom 20.11.1990 – 3 AZR 613/89, EzA zu Art.119 EWG – Vertrag Nr.2.
174 BGBl. I, S.3146.
175 Vgl. hierzu auch das Urteil des BVerfG vom 28.Januar 1992 – 1 BvR 1025/82, 1 BvL 16/83 und 10/91, AP Nr.2 zu § 19 AZO = BVerfGE 85, S.191 (206/207).
176 Vgl. *Jarass/Pieroth*, Grundgesetz, Art.3, Rn. 60; *Monika Schlachter*, JA 1994, S.72 (73/74).
177 EuGH vom 17.10.1995, Rs.450/93, Eckhard Kalanke./. Freie Hansestadt Bremen, NZA 1995, S.1095.
178 Grundlegend BAG vom 15.1.1955 – 1 AZR 305/54, AP Nr.4 zu Art.3 GG = BAGE 1, S.258; *Wiedemann/Stumpf*: TVG, Einleitung Rn.57 ff.; *Löwisch/Rieble*: TVG, § 1, Rn.155 ff.; *Hagemeier/Kempen/Zachert/Zilius*: TVG, Einleitung Rn.129 ff.

des Schutzes der Arbeitnehmer vor Ungleichbehandlung sind die Tarifparteien durch Art.3 Abs.1 GG verpflichtet. Art. 3 Abs.1 GG verbietet den Tarifparteien in gleicher Weise wie dem Gesetzgeber, die Rechtsverhältnisse verschiedener Personen differenzierend zu behandeln, wenn zwischen ihnen keine Unterschiede von solcher Art und solchem Gewicht bestehen, daß sie die Ungleichbehandlung rechtfertigen können[179]. Anders als der einzelne Arbeitgeber sind die Tarifparteien jedoch nicht an den arbeitsrechtlichen Gleichbehandlungsgrundsatz gebunden. Insbesondere erfolgt keine richterliche Angemessenheitskontrolle von Tarifnormen, da die Gerichte nicht befugt sind, sich an die Stelle der Tarifparteien zu setzen[180]. Für Teilzeitbeschäftigte ergibt sich weiterhin seit dem Erlaß des Beschäftigungsförderungsgesetzes im Jahre 1985 eine Bindung der Tarifparteien an § 2 BeschFG, der nach der Rechtsprechung des Bundesarbeitsgerichtes nicht durch tarifvertragliche Vereinbarung abdingbar ist[181]. Darüber hinaus wird das allgemeine Gleichbehandlungsgebot durch Art. 3 Abs.2 GG, der ein spezielles geschlechterbezogenes Differenzierungsverbot enthält, verschärft.

1. Anwendung des Art.119 EWG-Vertrag durch den 4. Senat des BAG

Vor Erlaß des BeschFG orientierte sich die Rechtsprechung des Bundesarbeitsgerichts zu tariflich geregelten Ungleichbehandlungen Teilzeitbeschäftigter ausschließlich an dem allgemeinen Gleichheitsgrundsatz des Art.3 Abs.1 GG. In seinem Urteil vom 1.6.1983 über die Regelung des § 23a Nr.6 des Bundesangestelltentarifvertrags (BAT), der Teilzeitbeschäftigten unter 75 % der Wochenarbeitszeit eine doppelt so lange Bewährungszeit auferlegte als vollzeitbeschäftigten Kollegen[182], gründete der 4. Senat seine Entscheidung allein auf diese Verfassungsnorm[183]. Damit setzte er sich in Kontrast zu der damals bereits anders lautenden Rechtsauffassung des 3. Senats, der 1982 im Rahmen seiner ersten Entscheidung zu Bilka die Problematik der mittelbaren Diskriminierung von Frauen angesprochen hatte[184]. Auch eine Auseinandersetzung mit

---

179 BVerfG vom 28.1.1992 – 1 BvR 1025/82, 1 BvL 16/83 und 10/91, BVerfGE 85, S.191 (210).
180 Vgl. *Hanau, Preis*, ZfA 1988, S.201, mit Nachweisen aus der Rechtsprechung; ebenso *Löwisch/Rieble*, TVG, § 1, Rn.182, 183; *Wolfgang Däubler*: Tarifvertragsrecht, S.216 , 234.
181 BAG vom 29.9.1989 – 3 AZR 370/88, AP Nr.6 zu § 2 BeschFG mit Anm. *Schüren/Kirsten* = NZA 1990, S.37 = Streit 1990, S.138; BAG vom 28.7.1992 – 3 AZR 173/92, AP Nr.18 zu § 1 BetrAVG Gleichbehandlung = BB 1993, S.437 = EzA § 1 BetrAVG Gleichbehandlung Nr.2. Vgl. *Richardi*, NZA 1992, S.631.
182 Zu anderen Benachteiligungen Teilzeitbeschäftigter durch den Bundesangestelltentarifvertrag vgl. *Klaus Bertelsmann*, Der Personalrat 1989, S.155; *Jutta Mauer*, NZA 1991, S.501 (503).
183 BAG vom 1.6.1983 – 4 AZR 578/80, AP Nr.16 zu § 23 a BAT mit Anm. *Heide Pfarr*.
184 Vgl. *Pfarr*, Anm. zum Urteil vom 1.6.1983 – 4 AZR 578/80, AP Nr.16 zu § 23 a BAT; *Pfarr, Bertelsmann*: Diskriminierung im Erwerbsleben, S.238/239.

Art.3 Abs.2 GG, der im Rahmen der Lohngerechtigkeit zwischen den Geschlechtern ein erheblich schärferes Differenzierungsverbot für die Tarifparteien enthält, erfolgte nicht. Inhaltlich führte das Gericht vielmehr eine Rechtsprechung fort, die es bereits 1976 zu der Regelung des § 62 BAT, wonach Teilzeitbeschäftigte kein Übergangsgeld erhielten, vertreten hatte[185]: die Tatsache des geringeren Arbeitsumfanges stelle einen sachlichen Grund zur Ungleichbehandlung dar. Im Gegensatz zu der frühen Entscheidung des BAG von 1976 zu der Frage des Übergangsgeldes hatte das LAG Düsseldorf im Jahre 1988 den Ausschluß Teilzeitbeschäftigter als eine nicht durch objektive Gründe gerechtfertigte mittelbare Diskriminierung beurteilt[186]. Diese Auffassung bestätigte der Europäische Gerichtshof in seinem Urteil im Jahre 1990 in der Sache Kowalska[187], nachdem ihm das Arbeitsgericht Hamburg diese Problematik zur Vorabentscheidung vorgelegt hatte[188]. Der Ausschluß Teilzeitbeschäftigter von der Zahlung eines Übergangsgeldes ist nicht mit Art.119 EWG-Vertrag vereinbar, sofern kein objektiv rechtfertigender Grund für die Ungleichbehandlung vorhanden ist. Die Tatsache der Teilzeitarbeit selbst kann nicht als Rechtfertigungsgrund herangezogen werden, weil sie bereits Tatbestandsvoraussetzung der mittelbaren Diskriminierung ist[189].

Das Bundesarbeitsgericht beschäftigte sich fünf Jahre nach seiner ersten Entscheidung erneut mit der Frage der Rechtmäßigkeit des § 23a Nr.6 BAT im Jahre 1988[190], diesmal unter Anwendung europäischer Rechtsgrundsätze. Eine Vorlage gemäß Art.177 EWG-Vertrag an den Europäischen Gerichtshof lehnte der Senat ab, da die Frage durch die bestehende Rechtsprechung zu Jenkins und Bilka als bereits gelöst zu beurteilen sei. In den Vorinstanzen, dem ArbG und LAG Hamburg, war ein Verstoß gegen Art.119 EWG-Vertrag jedoch bejaht worden, so daß die Rechtslage nicht als zweifelsfrei geklärt anzusehen war[191]. Das Bundesarbeitsgericht ging in seinem Urteil grundsätzlich davon aus, daß das Erfordernis einer doppelten Bewährungszeit zu einer mittelbaren Diskriminierung von Frauen führte. Diese Diskriminierung sei allerdings anhand der Vorgaben des Europäischen Gerichtshofes sachlich gerechtfertigt. § 23 a Nr.6 BAT gehe nicht nur von der beanstandungsfreien Erbringung der geschuldeten Arbeitsleistung über einen bestimmten Zeitraum aus, innerhalb dessen das ver-

---

185 BAG vom 18.8.1976 – 4 AZR 284/75, AP Nr.2 zu § 62 BAT mit Anm. *Hans Spiertz*.
186 LAG Düsseldorf vom 26.1.1988 – 3 Sa 1924/87, in: *Bertelsmann*, Der Personalrat 1989, S.157.
187 EuGH vom 27.6.1990, Rs.33/89, Kowalska, amtl. Slg. 1990, S.2591 = AP Nr.21 zu Art.119 EWG-Vertrag = EzA Art.119 EWG-Vertrag Nr.3 = NZA 1990, S.771.
188 ArbG Hamburg vom 12.12.1988 – 6 Ca 187/88, Streit 1989, S.35, 36.
189 Vgl. *Hanau, Preis*, ZfA 1988, S.196; *Pfarr, Bertelsmann*: Diskriminierung im Erwerbsleben, S.243/244.
190 BAG vom 14.9.1988 – 4 AZR 132/88, AP Nr. 24 zu § 23a BAT mit Anm. *Heide Pfarr* = ZTR 1989, S.459; ebenso BAG vom 14.9.1988 – 4 AZR 351/88, AP Nr.24 zu § 23 a BAT mit Anm. *Heide Pfarr*.
191 Vgl. *Pfarr, Bertelsmann*: Diskriminierung im Erwerbsleben, S.239/240.

ringerte Arbeitspensum keine Auswirkungen zeige[192]. Die Tarifparteien würden vielmehr voraussetzen, daß der Arbeitnehmer durch den Gewinn vertiefter Fähigkeiten und Fertigkeiten eine persönlich höhere Qualifikation erlangt, die belohnt werden solle. Die Erreichung vertieften Erfahrungswissens, das ein Vollzeitbeschäftigter über einen bestimmten, von den Tarifparteien zugrunde gelegten Zeitraum erwirbt, könne ein Teilzeitbeschäftigter erst nach einer entsprechend längeren Zeit erwerben. Abgestellt werde damit nicht auf den verringerten Arbeitsumfang, sondern auf die höhere Qualifikation des Arbeitnehmers[193]. Daher habe die Differenzierung zwischen Teil- und Vollzeitarbeitnehmern nichts mit einer Diskriminierung aufgrund des Geschlechtes zu tun. Die Angemessenheit der zugrundegelegten Bewährungszeiten für Vollzeit- und Teilzeitkräfte selbst könne nicht durch das Gericht im Hinblick auf die jeweils betroffene Tätigkeit untersucht werden, da die Überprüfung der Zweckmäßigkeit einer Regelung und ihre Vereinbarkeit mit § 242 BGB dem Wesen der Tarifautonomie widerspreche.

2. Gegenteilige Auffassung des Europäischen Gerichtshofes zum Rechtfertigungsmaßstab

Die vorstehende Auffassung des Bundesarbeitsgerichts hatte vor dem Europäischen Gerichtshof keinen Bestand[194]. Die Problematik hatte Luxemburg schließlich dennoch erreicht, weil das ArbG Hamburg anläßlich einer weiteren Klage einer Verwaltungsangestellten gegen die doppelte Bewährungszeit die Rechtfertigung des § 23 a Nr.6 BAT wegen der notwendigen Erlangung eines höheren Erfahrungswissens ablehnte und die Meinung des Europäischen Gerichtshofes dazu einholte[195]. Der Gerichtshof beschäftigte sich nicht damit, ob die nationale Tarifregelung tatsächlich den Zweck der Erlangung eines höheren Erfahrungswissen beinhaltet. Dem ist beizustimmen, da es nicht Sache eines europäischen Richters sein kann, nationales Recht auszulegen[196]. Vielmehr

---

192 Vgl. *Pfarr*, Anm. zum Urteil vom 1.6.1983 – 4 AZR 578/80, AP Nr.16 zu § 23 a BAT; ebenso *Wank*, RdA 1985, S.16 unter Verweisung auf den Zweck der Belohnung der Betriebstreue durch den Bewährungszuschuß, der nicht vom Arbeitsumfang abhängig ist.
193 Vgl. *Bertelsmann*, Der Personalrat 1989, S.158, der dem Gericht entgegenhält, die Erfahrung der Beschäftigten für unwichtig zu erklären, die infolge ihrer geringen Stundenzahl überhaupt nicht unter den Geltungsbereich des BAT fallen.
194 EuGH vom 7.2.1991, Rs.184/89, Nimz, amtl. Slg. 1991, S.297 = AP Nr.25 zu § 23a BAT = EuZW 1991, S.217 = EzA Art.119 EWG-Vertrag Nr.1 mit Anm. *Ulf Berger-Delhey* (zugleich Anmerkung zu EuGH vom 27.6.1990, Rs. 33/89, Kowalska) = Der Personalrat 1992, S.171 mit Anm. *Klaus Bertelsmann*.
195 ArbG Hamburg vom 13.4.1989 – 2 Ca 435/88, Streit 1989, S.90.
196 Die Auffassungen der Gerichte weichen in dieser Hinsicht weiter voneinander ab, vgl. die Ausführungen des BAG vom 2.12.1992 – 4 AZR 152/92, AP Nr.28 zu § 23 a BAT = ArbuR 1993, S.225 mit Anm. *Helmut Richter* = DB 1993, S.503 = EuZW 1993, S.227.

wurde auf die Frage abgestellt, ob ein solcher Zweck, wenn vorhanden, die Benachteiligung eines erheblich höheren Anteils von Frauen rechtfertigen kann. Die Antwort des Europäischen Gerichtshofes ist differenzierend: die Diensterfahrung hänge zwar eng mit dem Dienstalter zusammen; jedoch müsse hinsichtlich der Art der Tätigkeiten durch das nationale Gericht stets im Einzelfall ermittelt werden, ob das Erfahrungswissen im Rahmen der betroffenen Beschäftigung ein objektiv rechtfertigendes Kriterium darstellen könne. Eine generelle Annahme, daß jede Tätigkeit über eine bestimmte Anzahl von Arbeitsstunden geleistet werden muß, bevor man von der erforderlichen Erfahrung ausgehen kann, sei unzulässig[197].

Die Auffassung des Bundesarbeitsgerichts ist daher nicht aufrechtzuerhalten. Der zutreffende Ansatz muß vielmehr darauf abstellen, welches Anforderungsprofil die jeweilige Leistung besitzt. Eine pauschale Belohnung von Qualifikationen, die für die Arbeit nicht erforderlich sind, stellt eine sachlich nicht gerechtfertigte Differenzierung dar[198]. § 23a Nr.6 BAT ist dann wirksam, wenn eine Tätigkeit ausgeübt wird, die nach gerichtlicher Beurteilung so anspruchsvoll ist, daß der Teilzeitbeschäftigte nur nach verlängerter Bewährungszeit über denselben Erfahrungsschatz verfügt wie der in Vollzeit tätige Kollege. Anhand dieser Vorgaben erklärte das Arbeitsgericht Hamburg die Vorschrift des § 23a Nr.6 BAT auf den Fall einer Verwaltungsangestellten für unanwendbar, da diese die für ihre Tätigkeit erforderlichen Vorgänge bereits vor dem Ablauf der Bewährungszeit für Vollzeitbeschäftigte kennengelernt habe[199]. Die Beurteilung des Arbeitsgerichts wurde durch das Bundesarbeitsgericht bestätigt, das nach dem Urteil des Europäischen Gerichtshofes seine bisherige Rechtsprechung im Jahre 1991 aufgab und sich dem Europäischen Gerichtshof anschloß[200]. Die Tätigkeit eines Sportlehrers ist hingegen nach Ansicht des LAG Köln ein Beruf, der ein so hohes Maß an praktischer Erfahrung im Umgang mit den Schülern erfordere, daß die Bedingung einer doppelten Bewährungszeit als angemessen zu beurteilen sei[201].

Der Europäische Gerichtshof hat mit seiner Entscheidung die tariflich zugelassene Ungleichbehandlung von Teilzeitarbeitnehmern gegenüber Vollzeitbe-

---

197 Vgl. *Mauer*, NZA 1991, S.502.
198 Vgl. *Mauer*, NZA 1991, S.502; *Pfarr, Bertelsmann*: Diskriminierung im Erwerbsleben, S.240/241.
199 ArbG Hamburg vom 16.5.1991 – 2 Ca 435/88, Der Personalrat 1992, S.173 mit Anm. *Klaus Bertelsmann*.
200 BAG vom 2.12.1992 – 4 AZR 152/92, AP Nr. 28 zu § 23a BAT = ArbuR 1993, S.225 mit Anm. *Richter* = DB 1993, S.503 = EuZW 1993, S.227. Vgl. ferner BAG vom 25.9.1991 – 4 AZR 631/90, AP Nr.13 zu § 2 BeschFG 1985; BAG vom 7.11.1991 – 6 AZR 392/88, AP Nr. 14 zu § 62 BAT = EzA § 2 BeschFG 1985 Nr.18; BAG vom 16.9.1993 – 6 AZR 691/92, AP Nr.2 zu § 9 TVG Tarifverträge: Bundespost = EzA § 2 BeschFG 1985 Nr.35; BAG vom 9.3.1994 – 4 AZR 301/93, AP Nr.31 zu § 23a BAT= DB 1994, S.2138.
201 LAG Köln vom 5.7.1991 – 13/10 Sa 72/91, LAGE § 2 BeschFG 1985 Nr.10; in diesem Fall lag eine Regelung vor, die § 23 a Nr.6 BAT nachgebildet war.

schäftigten über Art.119 EWG-Vertrag einem Kontrollmaßstab unterworfen, der gegenüber Art.3 Abs.1 GG wesentlich strengere Anforderungen stellt. Art.119 EWG-Vertrag verlangt anders als Art.3 Abs.1 GG eine Angemessenheitsprüfung durch nationale Gerichte im Einzelfall. Der Ermessens- und Gestaltungsspielraum der Tarifvertragsparteien im Rahmen der allgemeinen Gleichbehandlung wird daher wesentlich eingegrenzt. *Berger-Delhey* sieht darin einen Eingriff in den Kernbestand der verfassungsrechtlich verbürgten Koalitionsfreiheit, da das Recht der Tarifparteien, Kollektivabreden in freier Selbstbestimmung festzulegen, substantiell beschnitten werde[202]. Die Tarifparteien haben jedoch das Gleichberechtigungsgebot aus Art.3 Abs.2 GG und aus Art.119 EWG-Vertrag zu beachten. Die in Art.9 Abs.3 GG enthaltene Tarifautonomie kann nicht dazu ermächtigen, diskriminierende Bestimmungen festzulegen, ohne dafür objektiv rechtfertigende Gründe zu finden[203].

3.   Anspruch auf Gleichstellung nach Art.119 EWG-Vertrag

Ein weiterer Eingriff des Europäischen Gerichtshofes in die Tarifautonomie liegt hinsichtlich der Rechtsfolgen vor, die sich bei einem Verstoß der betreffenden Tarifnorm gegen geltendes EG-Recht ergeben. Der 4. Senat des Bundesarbeitsgerichts hatte in einem Urteil im Jahre 1985 eine tariflich festgelegte Zulage an männliche verheiratete Arbeitnehmer wegen Verstoßes gegen Art. 3 Abs.2 und Abs.3 GG für nichtig erklärt[204]. Für die Vergangenheit sei eine Gleichstellung der benachteiligten weiblichen Arbeitnehmer gegenüber den zu Unrecht bevorzugten männlichen Kollegen effektiv nur dadurch zu erreichen, daß diese ebenfalls die Zulage erhielten. Ein Anspruch der Frauen auf Zahlung der Zulage über den Zeitpunkt hinaus, zu dem die Nichtigkeit der tariflichen Regelung festgestellt wurde, stünde den Frauen hingegen nicht zu, da auch Männer aufgrund der Nichtigkeit der Tarifnorm nicht mehr zum Bezug berechtigt seien. Im Falle der Nichtigkeit einer Tarifnorm sei es den Gerichten verwehrt, die nichtige Norm durch eine andere Regelung zu ersetzen oder zu ergänzen, die beiden Gruppen einen Anspruch auf Zahlung der Zulage einräume. Eine solche Rechtsfolge würde einen unzulässigen Eingriff in die durch Art.9 Abs.3 GG geschützte Tarifautonomie darstellen, denn die Ersetzung nichtiger Abreden sei allein Angelegenheit der Tarifparteien. Art.119 EWG-Vertrag konnte nach Ansicht des Gerichts keine Gleichstellung der benachteiligten Frauen für die Zukunft begründen. Der Europäische Gerichtshof habe eine Pflicht zur positiven Gleichstellung in seiner Entscheidung zu Defrenne II[205] nur bei einer

---

202 Vgl. *Berger-Delhey*, Anm. zu den Urteilen des EuGH vom 27.6.90, Rs.33/89, Kowalska und EuGH vom 7.2.91, Rs.184/89, Nimz, EzA Art.119 EWG-Vertrag Nr.1.
203 Vgl. *Hanau, Preis*, ZfA 1988, S.199.
204 BAG vom 13.11.1985 – 4 AZR 234/84, AP Nr.136 zu Art.3 GG mit Anm. *Manfred Zuleeg* = NZA 1986, S.321.
205 EuGH vom 8.4.1976, Rs.43/75, Defrenne II, amtl. Slg.1976, S.455 = NJW 1976, S.2068; vgl. *Manfred Zuleeg*, RdA 1992, S.133 (137).

ungleichen Gewährung eines höheren Gehaltes an eine Gruppe ausgesprochen, wenn der Mitgliedstaat diese Ungleichbehandlung nicht durch eine Kürzung der widerrechtlich gewährten höheren Gehälter, sondern durch andere Regelungen ausgleichen will. Führt die Nichtigkeit einer Tarifnorm jedoch den gänzlichen Wegfall des Anspruchs für die bisher begünstigte Gruppe herbei, liege kein Grund vor, die benachteiligte Gruppe hinsichtlich dieses Anspruchs gleichzustellen.

Die Folgerung des 4. Senats widersprach nach *Colneric*[206] der Europäischen Prämisse des „effet utile", die wegen des Gebotes der wirksamen Durchsetzung des Gleichberechtigungsgebotes eine Angleichung von Bezügen nach unten verbiete. Sofern Frauen Entgelt in unzulässiger, da diskriminierender Weise vorenthalten werde, sei diese Ungleichbehandlung durch Gewährung eines Anspruchs auf Gleichbehandlung an die benachteiligte Gruppe von Frauen zu beseitigen[207]. Der Europäische Gerichtshof gelangte in den Sachen Kowalska und Nimz ebenfalls zu der Ansicht, daß Frauen ein Anspruch auf den vorenthaltenen Vergütungsteil zu gewähren sei, um das in Art.119 EWG-Vertrag mit enthaltene Grundrecht auf Gleichbehandlung der Geschlechter zu verwirklichen[208]. Die unmittelbare Geltung des Art.119 EWG-Vertrag vor nationalen Gerichten begründe einen Anspruch auf entsprechende Teilhabe der Teilzeitbeschäftigten an einer Leistung mit Art.119 EWG-Vertrag als einzigem Bezugssystem, solange eine entsprechende Umsetzung in innerstaatliches Recht nicht erfolgt sei. Ebenso wie die später zu behandelnde Befugnis der Legislative zur Setzung von Gesetzesrecht ist auch die Tarifautonomie gegenüber Gemeinschaftsrecht nicht geschützt, wenn aus dem Untätigbleiben der Gerichte keine effektive Gleichstellung auf dem einmal begründeten höheren Niveau folgen würde[209].

Kutsch befürchtet aus diesen eingrenzenden Regelungen heraus einen Rückzug der Arbeitgeberverbände aus dem Bereich zusätzlicher Leistungen an Arbeitnehmer[210]. Die unterbundene Disposition über tarifliche Normen sowie die Pflicht zur Gleichstellung benachteiligter Gruppen bedinge einen zu starken finanziellen Aufwand für die Arbeitgeber. *Bertelsmann* hingegen befürwortet

---

206 Vgl. *Ninon Colneric*, AuA 1991, S.79; *dieselbe*, EuZW 1991, S.77.
207 Vgl. *Zuleeg*, Anm. zum Urteil vom 13.11.1985 – 4 AZR 234/84, AP Nr.136 zu Art.3 GG.
208 EuGH vom 27.6.1990, Rs.33/89, Kowalska, amtl. Slg. 1990, S.2591 = AP Nr.21 zu Art.119 EWG-Vertrag = EzA Art.119 EWG-Vertrag Nr.3 = NZA 1990, S.771. EuGH vom 7.2.1991, Rs.184/89, Nimz, amtl. Slg. 1991, S.297 = AP Nr.25 zu § 23a BAT = EuZW 1991, S.217 = EzA Art.119 EWG-Vertrag Nr.1 mit Anm. *Ulf Berger-Delhey* (zugleich Anmerkung zu EuGH vom 27.6.1990, Rs. 33/89, Kowalska) = Der Personalrat 1992, S.171 mit Anm. *Klaus Bertelsmann*.
209 EuGH vom 7.2.1991, Rs.184/89, Nimz, amtl. Slg. 1991, S.297 = AP Nr.25 zu § 23a BAT = EuZW 1991, S.217 = EzA Art.119 EWG-Vertrag Nr.1 mit Anm. *Ulf Berger-Delhey* (zugleich Anmerkung zu EuGH vom 27.6.1990, Rs. 33/89, Kowalska) = Der Personalrat 1992, S.171 mit Anm. *Klaus Bertelsmann*.
210 Vgl. *Kutsch*, BB 1991, S.2151.

angesichts der weitverbreiteten Benachteiligung Teilzeitbeschäftigter eine stärkere gerichtliche Kontrolle entsprechender Regelungen[211]. Eine Unwilligkeit der Tarifparteien, den Anforderungen des Gemeinschaftsrechtes Rechnung zu tragen, müsse durch eine gerichtliche Angleichung nach oben ausgeglichen werden[212].

Mit der Änderung des BAT vom April 1991 wurden die betreffenden Vorschriften über Übergangsgeld und Bewährungszeit geändert. Gemäß § 62 BAT haben Teilzeitbeschäftigte nun ebenfalls einen Anspruch auf Übergangsgeld. Allerdings gilt dies nur für diejenigen Arbeitnehmer, deren Arbeitszeit oberhalb der Geringfügigkeitsschwelle von 15 Wochenstunden gemäß § 3 n BAT liegt. Dieser Ausschluß vom persönlichen Geltungsbereichs des BAT ist in seiner Wirksamkeit gegenüber dem Verbot des Europäischen Gerichtshofes, Pauschalierungen im Rahmen einer Abgrenzung vorzunehmen, zweifelhaft[213]. Der Ansicht des 4. Senats des BAG, daß die Tarifautonomie des Art.9 Abs.3 GG eine Beschränkung des persönlichen Geltungsbereichs eines Tarifvertrags auf bestimmte Arbeitnehmergruppen zulasse[214], ist nicht zuzustimmen, wenn hierdurch eine bestimmte Gruppe von Teilzeitbeschäftigten von tariflichen Entgeltleistungen ausgeschlossen wird. Der Rechtfertigungsgrund eines legitimen sozialpolitischen Ziels, wie es der Europäische Gerichtshof für die Versicherungsfreigrenzen bejaht hat[215], kommt für die Tarifparteien nicht in Betracht. Vielmehr ist in Anlehnung an das Urteil des Europäischen Gerichtshofes in Rinner-Kühn, das den Ausschluß geringfügig Beschäftigter von der gesetzlich angeordneten Lohnfortzahlung als mittelbare Diskriminierung ansah[216], derselbe Schluß für den Ausschluß Teilzeitbeschäftigter aus dem persönlichen Anwendungsbereich des BAT zu ziehen. Die Ausgrenzung einer bestimmten Gruppe von Teilzeitkräften aus dem Geltungsbereich eines Tarifvertrages kann sich als gleichheitswidrige Versagung von Rechten erweisen, die gegebenenfalls einschneidender ist als eine nur teilweise zugestandene Teilhabe an Rechten[217]. Der

---

211 Vgl. *Bertelsmann*, Der Personalrat 1989, S.155 f.; *Pfarr, Bertelsmann*: Diskriminierung im Erwerbsleben, S.229 f.
212 Vgl. *Bertelsmann*, Anm.zum Urteil des EuGH vom 7.2.91, Rs.184/89, Nimz, Der Personalrat 1992, S.171.
213 Vgl. *Bertelsmann*, Anm. zum Urteil des EuGH vom 7.2.91, Nimz, Der Personalrat 1992, S.171; *Rolf-Dieter Falkenberg*, ZTR 1992, S.190 (191); *Kerstin Feldhoff*, Der Personalrat 1992, S.353 (355).
214 BAG vom 24.4.1985 – 4 AZR 457/83, AP Nr.4 zu § 3 BAT mit Anm. von *Herbert Wiedemann, Gerd Lembke*; ebenso *Ulf Berger-Delhey*, ZTR 1989, S.299.
215 EuGH vom 14.12.1995, Rs.317/93 und 444/93, Nolte ./. Landesversicherungsanstalt Hannover und Megner, Scheffel ./. Innungskrankenkasse Rheinland-Pfalz, DB 1996, S.43 mit Anm. *Sowka* = ArbuR 1996, S.39 mit Anm. *Buschmann*.
216 EuGH vom 13.7.1989, Rs.177/88, Rinner-Kühn, amtl. Slg. 1989, S.2743 = AP Nr.23 zu Art.119 EWG-Vertrag = EzA § 1 LohnfortzahlungsG Nr.107 = DB 1989, S.1574 = Streit 1989, S.87.
217 Vgl. *Wißmann*, ZTR 1994, S.227, der insbesondere auf die gleichbleibende Wirkung der Ausschlußregelung des § 1 Abs. 3 Nr.2 Lohnfortzahlungsgesetz verweist; *Hanau, Preis*, ZfA 1988, S.204; *Pfarr, Bertelsmann*: Diskriminierung im Erwerbsleben, S.264,

3. Senat des Bundesarbeitsgerichts hat sich in seinem Beschluß vom 29.8.1989 im Rahmen des § 2 BeschFG gegen diese Regelungsfreiheit der Tarifparteien ausgesprochen[218]. Die Art des rechtstechnischen Mittels sei unerheblich, wenn sie in ihrer Wirkung eine Gruppe von Arbeitnehmern mit einer verringerten Arbeitsstundenzahl von der Gewährung von Leistungen effektiv ausschließe[219]. Auch ein solcher Ausschluß bedürfe eines sachlich rechtfertigenden objektiven Grundes[220]. Nichts anderes kann für ein solches Vorgehen im Rahmen der mittelbaren Diskriminierung im Sinne des Art.119 EWG-Vertrag gelten.

IV. Wahrnehmung europäischer Grundsätze in Großbritannien

Im Gegensatz zu Deutschland war das Prinzip der mittelbaren Diskriminierung im Vereinigten Königreich bereits seit längerem in Gebrauch. Allerdings konnten sich Teilzeitarbeitnehmer in Entgeltfragen auf dieses Prinzip nicht berufen. Erst die Rechtsprechung des Europäischen Gerichtshofes zu Jenkins führte zu einer einschneidenden systematischen Veränderung.

1. Die Gleichheit Teilzeitbeschäftigter nach dem Equal Pay Act

Der im Jahre 1975 in Kraft getretene Equal Pay Act fügt gemäß Section 1(1) eine Gleichbehandlungsklausel in den Vertrag einer weiblichen Arbeitnehmerin ein, wenn diese entsprechend Section 1(2)(a) nachweisen kann, gleiche Arbeit, like work, wie ein männlicher Arbeitnehmer desselben Betriebes zu verrichten. Ein Anspruch kann sich auch ergeben, wenn eine Arbeit durch ein Bewertungsverfahren als gleich eingestuft worden ist oder als gleichwertig zu behandeln ist, Sections 1(2)(b) und (c). Da die existierenden Fälle sich jedoch im Rahmen der Teilzeitbeschäftigung nur mit dem Tatbestandsmerkmal von like

---

Peter Schüren, Mathias Kirsten, Anm. zum Beschluß des BAG vom 29.8.1989 – 3 AZR 370/88, AP Nr.6 zu § 2 BeschFG 1985; *Hans-Harald Sowka, Hans Willhelm Köster*: Teilzeitarbeit und geringfügige Beschäftigung, S.16; *Wiedemann, Lembke*, Anm. zum Urteil vom 24.4.1985 – 4 AZR 457/83, AP Nr.4 zu § 3 BAT.

218 BAG vom 29.8.1989 – 3 AZR 370/88, AP Nr.6 zu § 2 BeschFG 1985 mit Anm. *Schüren/Kirsten* = NZA 1990, S.37 = Streit 1990, S.183; vgl. auch BAG vom 16.9.1993 – 6 AZR 691/92, AP Nr.2 zu § 9 Tarifverträge: Bundespost = NZA 1994, S.900.

219 Diese Auffassung ist angesichts der Möglichkeit bedenklich, daß die Tarifparteien eine bestimmte Situation nicht regeln wollen. Sofern damit im Rahmen der Rechtsprechung eine „Ungleichbehandlungshaftung" verbunden ist, entsteht für die Tarifparteien ein positiver Regelungszwang. Vgl. *Wißmann*, ZTR 1994, S.228.

220 Wie *Hanau/Preis* anmerken, kann bei der Beurteilung eines objektiven Grundes die Erwägung eines geringeren Versorgungsbedarfs oder der Anbindung des Arbeitnehmers an den Betrieb allenfalls bei betrieblichen Versorgungsleistungen oder im Rahmen eines besonderen Kündigungsschutzes eine Rolle spielen, nicht hingegen bei einem generellen Ausschluß. Vgl. *Hanau, Preis*, ZfA 1988, S.205.

work beschäftigen, kann auf eine Untersuchung dieser Varianten verzichtet werden[221].

Gleiche Arbeit ist nach Section 1(4) anzunehmen, wenn die jeweiligen Arbeiten weitgehend ähnlich sind, broadly similar nature, und tatsächlich bestehende Unterschiede angesichts einer Gesamtschau der Arbeitsbedingungen keine praktische Bedeutung haben. Teilzeitarbeitnehmer können aufgrund dieser Gesetzesnorm einen Anspruch auf Lohngleichheit geltend machen, wenn ihre Arbeit trotz geringerer Stundenzahl als like work zu behandeln ist. Die britischen Industrial Tribunals verfolgen diesbezüglich eine fast einheitliche Aussage, die Gleichheit zwischen zwei Tätigkeiten trotz unterschiedlicher Arbeitszeit bejaht. Im Fall Capper Pass[222] betrug die Differenz zwischen den wöchentlichen Arbeitspensen 5,5 Stunden, während Handley v Mono[223] eine Fallgestaltung betraf, in der die Klägerin 26 Stunden gegenüber 40 Stunden Vollzeitarbeit tätig war. Der Employment Appeal Tribunal sprach sich in Handley v Mono generell für eine Gleichheit von Tätigkeiten aus, wenn der Unterschied zwischen diesen Tätigkeiten nur in einer geringeren Stundenzahl bestehe[224]. Ebenso lag in Jenkins nach Auffassung des Gerichts gleiche Arbeit zwischen der teilzeitbeschäftigten Klägerin und ihrem männlichen Vergleichspartner trotz unterschiedlicher Arbeitszeit vor[225]. Abweichend von vorgenannter Auffassung verhielt sich ein britisches Gericht in dem Rechtsstreit Durrant[226]. Dieser Fall betraf die Klage einer Arbeitnehmerin, die von einer Teilzeit- auf eine Vollzeitstelle versetzt worden war und ihren Arbeitsort wechselte. Entstandene Umzugskosten wurden nur den Arbeitnehmern bezahlt, die vor einer Versetzung bereits in Vollzeit gearbeitet hatten, so daß die Klägerin keine Kostenerstattung erhielt. Das erstinstanzliche Gericht lehnte einen Anspruch wegen fehlender Gleichheit zwischen der Klägerin und einem männlichen Vollzeitbeschäftigten aufgrund der unterschiedlichen Stundenzahl ab. In der Berufungsinstanz befaßte sich der Employment Appeal Tribunal nicht mit der Frage, ob dieser Ausschluß zu Recht angenommen wurde, sondern stellte darauf ab, daß die Klägerin nach der Versetzung selbst Vollzeit arbeiten würde und daher grundsätzlich Gleichheit vorliege. Dieser Lösungsansatz geht an dem eigentlichen Problem vorbei, da der

---

221 Vgl. *Joswig-Buick*: Die arbeits- und sozialrechtliche Behandlung von Teilzeitarbeitnehmern, S.193.
222 Fall Capper Pass Ltd. v. B.J. Lawton, Employment Appeal Tribunal, AllER 1977-2, S.11 = IRLR 1976, S.366.
223 Handley v Mono Ltd., Employment Appeal Tribunal, ICR 1979, S.147.
224 Dabei lehnte das Gericht den Vortrag der beklagten Arbeitgeberpartei ab, daß anhand Art.1 der Lohngleichheitsrichtlinie 75/117/EWG nur diejenige Arbeit als gleich zu behandeln sei, die der Arbeitgeber als gleich bewertet. *Wallington* betrachtet die Argumentation des Arbeitgebers als symptomatisch für das tiefgehende Unverständnis in Großbritannien gegenüber den Anforderungen europäischen Rechts. Vgl. *Peter Wallington*, ILJ 1979, S.237 (238).
225 Jenkins v Kingsgate, Employment Appeal Tribunal, IRLR 1981, S.388.
226 Durrant v North Yorkshire Health Authority and Secretary of State for Social Services, Employment Appeal Tribunal, IRLR 1979, S.401.

Anspruch auf Kostenerstattung an den Arbeitsbedingungen der Arbeitnehmer vor einer Versetzung ausgerichtet war.

2. Rechtfertigung nach dem Equal Pay Act – die Bewertung des material factor vor der Entscheidung in Jenkins

2.1 Allgemeine Prinzipien

Nach dem Equal Pay Act, Sections 1(1) und (2), wird in den Vertrag der weiblichen Arbeitnehmerin automatisch eine Gleichstellungsklausel eingefügt, wenn like work vorliegt. Der Arbeitgeber kann dies jedoch nach Section 1(3)(a) verhindern, wenn er beweist, daß die Abweichung in der Behandlung tatsächlich auf einem material factor beruht, einem sachlichen Grund, der nicht auf das Geschlecht bezogen ist[227]. Angesichts der in Art.119 EWG-Vertrag verankerten Pflicht zur Gleichbehandlung bei gleicher Arbeit vertrat ein Employment Appeal Tribunal die Ansicht, daß der Arbeitgeber einer schwerer wiegenden Beweislast zur Darlegung eines sachlichen Grundes unterworfen sei, als sie im Zivilrecht gefordert wird. Abweichender Auffassung war hingegen der Court of Appeal in einem anderen Fall. Der Beweislast sei Genüge getan, wenn der Arbeitgeber wie auch sonst im Zivilrecht auf der Basis der Abwägung von Wahrscheinlichkeiten eine Rechtfertigung der Ungleichbehandlung darlegen kann[228].

Die Rechtfertigungsklausel des Equal Pay Act selbst gibt keinen Anhaltspunkt für die Art der vorzutragenden Gründe. Der Court of Appeal hatte in einer Entscheidung grundlegende Aussagen zu diesem Kriterium getroffen[229]. Nach Aussage von Lord Denning ist von folgender Prämisse auszugehen:

..."when men and women are engaged on like work in the same establishment, the women are also to be paid the same 'rate for the job' as the men. That is, usually, an hourly rate"[230].

Frauen ist mithin bei gleicher Arbeit derselbe Stundenlohn zu zahlen. Das Gericht bezog sich ferner auf den Einfluß europäischer Standards im Rahmen der Gleichbehandlung. Art.119 EWG-Vertrag des Gemeinschaftsvertrages lasse nach seinem Wortlaut grundsätzlich keine Ausnahmen von dem Grundsatz der Gleichbehandlung zu. Nach Section 1 (3) Equal Pay Act müssen jedoch rechtfertigende Gründe existieren, die vorgetragen werden können. Auch der Europäische Gerichtshof mit seiner liberalen Auffassung würde eine Ausnahmeklausel, die die Gesundheit der britischen Industrie bewahren wolle, nicht als

---

[227] A.R.W. Transformers Ltd. v Capples, Employment Appeal Tribunal, IRLR 1977, S.228.
[228] National Vulcan Engineering v Wade, Court of Appeal, ICR 1978, S.800.
[229] Shields v Coombes (Holdings) Ltd., Court of Appeal, ICR 1978, S.1159; die Entscheidung erging allerdings nicht im Rahmen des gleichen Entgelts für Teilzeitbeschäftigte.
[230] Shields v Coombes (Holdings) Ltd., Court of Appeal, ICR 1978, S.1168.

gegensätzlich zu Art.119 EWG-Vertrag ansehen. Die britischen Richter sahen in diesem und gleichgelagerten Fällen eine Vorlage an den Europäischen Gerichtshof nicht als notwendig an, da eine andere Auffassung ihrer Meinung nach nicht denkbar war[231].

Rechtfertigende Gründe im Sinne von Section 1(3) des Equal Pay Act können sich nur auf persönliche Umstände in der Person des Arbeitnehmers beziehen. Selbst wenn zwei Arbeiten als gleich zu behandeln sind, so können doch Unterschiede zwischen den die Arbeit ausführenden Personen bestehen, die eine unterschiedliche Bezahlung rechtfertigen, gleichgültig ob es sich um einen Mann oder eine Frau handelt. Der Court of Appeal sah als solche Umstände, die ein material difference darstellen, Erfahrung und Betriebstreue eines Arbeitnehmers, spezielle Kenntnisse und Qualifikationen oder einen höheren Grad an persönlicher Verantwortung an. Ebenso kann eine bessere Produktivität oder Leistungseffezienz des jeweiligen Arbeitnehmers einen rechtfertigenden Faktor darstellen. In einem weiteren Fall, Fletcher v Clay Cross, wurden veranschaulichend Rechtfertigungsfaktoren genannt, die von den Gerichten nicht anzuerkennen seien[232]. Extrinsic forces, Markteinflüsse, die nichts mit den persönlichen Eigenschaften der Arbeitnehmer zu tun haben, seien allein dem Interesse des Arbeitgebers zuzuordnen und können keinen material factor darstellen. Der Arbeitgeber könne sich daher nicht darauf berufen, eine weibliche Arbeitnehmerin aus dem Grunde geringer vergüten zu dürfen, daß der männliche Vergleichspartner nicht zu einem geringeren Gehalt angestellt werden konnte.

2.2 Anwendung der Grundsätze durch die Gerichte auf Teilzeitbeschäftigte

In der Entscheidung Durrant versäumte das Berufungsgericht eine Anwendung der oben dargestellten Grundsätze über die Rechtfertigungsanforderungen völlig[233]. Der Fall betraf eine Regelung des Gesundheitsdienstes, wonach nur Vollzeitkräften Umzugskosten zu ersetzen waren, die im Rahmen einer beruflichen Versetzung an eine andere Stelle entstanden. War die betroffene Arbeitskraft vor einer Versetzung in Teilzeit tätig, konnte sie keinen Ersatz verlangen, auch wenn sie nach der Versetzung in Vollzeit arbeitete. Das Gericht sah die daraus resultierende Ungleichbehandlung deswegen als gerechtfertigt an, weil die Beklagte Kosten sparen wollte. Würde man die Richtigkeit dieser Begründung unterstellen, könnte jede Art von Ungleichbehandlung gerechtfertigt werden, da wohl jeder wirtschaftlich denkende Arbeitgeber Ausgaben vermeiden will. Ein in der Person des Arbeitnehmers liegender Faktor, evtl. dessen geringere Produktivität, wurde von dem Gericht an keiner Stelle des Urteils erwähnt.

---

231 Vgl. *Joseph Thomson, Frank Woolridge*, Legal Issues of European Integration 1981, S.1 (14).
232 Fletcher v Clay Cross (Quarry Services) Ltd., Court of Appeal, ICR 1979, S.1
233 Durrant v North Yorkshire Health Authority and Secretary of State for Social Services, Employment Appeal Tribunal, IRLR 1979, S.401.

In Handley v Mono[234] berief sich eine Maschinistin mit einer Wochenarbeitszeit von 26 Stunden auf Zahlung des höheren Stundenlohnes, den eine männliche Arbeitskraft mit 40 Stunden Arbeitszeit erhielt. Die beklagte Firma räumte ihren Arbeitnehmern ein Wahlrecht bzgl. der zu leistenden Stunden ein und kürzte den jeweiligen Stundenlohn bei einer Unterschreitung der gewöhnlichen Wochenarbeitszeit von 40 Stunden. Für diese Art der Ungleichbehandlung berief sich die Beklagte auf den rechtfertigenden Grund einer verminderten Produktivität der Arbeitnehmerin. Die Maschinen, an denen die Klägerin tätig sei, würden infolge der verringerten Arbeitszeit nicht in ihrer vollen Kapazität ausgenutzt. Der Produktionsertrag sei daher insgesamt geringer, als er bei einer Ausnutzung in Vollzeitarbeit sein könnte. Zur Erhöhung des Ertrags werde Teilzeitbeschäftigten anteilig weniger gezahlt, um sie zu einer Vollzeitbeschäftigung anzureizen. Demgegenüber berief sich die Klägerin darauf, daß die Nutzung der Maschinerie ein außerhalb ihrer persönlichen Eignung liegender Umstand sei, der ihr nicht zuzurechnen sei. Das Gericht schloß sich dem Beklagtenvortrag an. Auch wenn eine Arbeit grundsätzlich als gleich zu werten sei, so könne ein erheblicher Unterschied in der Stundenanzahl dennoch qualitative Differenzen zeigen, die sich in dem Produktionsertrag des Arbeitgebers niederschlagen. Das Gericht übersieht hierbei, daß der Arbeitnehmer keinen Einfluß auf die Organisation des Betriebsablaufes hat. Es liegt im Interesse des Arbeitgebers, den Betriebsablauf so anzuordnen, daß eine volle Ausnutzung der Maschinen gewährleistet wird. Die Leistungseffektivität einer Arbeitskraft zeigt sich anhand ihrer stündlichen Arbeitserfüllung, für die auch der Stundenlohn gezahlt wird. Sie kann nicht von der betrieblichen Anordnung der Arbeitszeit durch den Arbeitgeber abhängen. Wie *Wallington* zutreffend feststellt, wird damit der Effekt des Ansatzes in Fletcher v Clay Cross mit der Beschränkung auf persönliche Umstände des Arbeitnehmers wieder zunichte gemacht. Eine solche Auffassung wirke sich abschreckend auf weitere Klagen von Teilzeitbeschäftigten auf effektive Gleichstellung aus[235]. Der weitere Verlauf der Klagenfrequenz, welche noch darzulegen ist, verdeutlicht die Richtigkeit von *Wallingtons* These. Zusätzlich führte das Gericht die Gewährung eines Überstundenzuschlages durch den Arbeitgeber als Argument gegen eine ungerechtfertigte Ungleichbehandlung an. Die Zahlung des Überstundenzuschlags ist jedoch als selbständige Leistung zu beurteilen und sollte nicht im Rahmen der Beurteilung einer Ungleichbehandlung beim Basisstundenlohn herangezogen werden.

3. Der Einfluß des Sex Discrimination Act im Equal Pay Act – konkurrierende Rechtfertigungsmaßstäbe

Eine ähnliche Argumentationskette wie in Handley v Mono findet sich auch in der Sache Jenkins, in der eine Teilzeitbeschäftigte mit geringerem Entgelt als

---
234 Handley v Mono, Employment Appeal Tribunal, ICR 1979, S.147.
235 Vgl. *Wallington*, ILJ 1979, S.238/239.

die männlichen Vergleichspartner trotz des Mißerfolges der teilzeitbeschäftigten Kollegin in Handley v Mono auf Zahlung eines anteilig gleichen Entgeltes klagte[236]. Der Employment Appeal Tribunal legte allerdings den Fall dem Europäischen Gerichtshof vor, da die besondere Handhabung der mittelbaren Diskriminierung in Entgeltfragen im britischen Recht von der Klägerin als unvereinbar mit den Anforderungen des Gemeinschaftsrechtes beurteilt wurde.[237]. Die Problematik betraf das Verhältnis des Equal Pay Act zum Sex Discrimination Act in den Fällen, in denen eine mittelbare Diskriminierung von Frauen im Entgeltbereich Gegenstand rechtlicher Auseinandersetzungen ist. Während der Sex Discrimination Act die mittelbare Diskriminierung außerhalb des Entgeltbereichs erfaßt, befaßt sich der Equal Pay Act mit der Vergütung gleichen Entgelts bei like work. Die mittelbare Diskriminierung Teilzeitbeschäftigter bei der Vergütung war jedoch aufgrund der fehlenden Interaktion zwischen diesen Gesetzen nicht erfaßt. Dies änderte sich erst durch die Entscheidung des Europäischen Gerichtshofes in der Sache Jenkins[238].

3.1 Verbot der mittelbaren Diskriminierung im Sex Discrimination Act und Rechtfertigung

Der Sex Discrimination Act verbietet in Section 1(b) die Verwendung einer neutralen Regelung, die weniger Frauen als Männer erfüllen können und die nicht durch Umstände gerechtfertigt werden kann, welche geschlechtsbezogene Faktoren ausschließen. Bei der Gestaltung des Gesetzes hatte sich das Parlament ursprünglich gegen den amerikanischen business necessity-Test entschieden, der dem Arbeitgeber den Vortrag eines notwendigen Unternehmensbedürfnisses auferlegte. Die Wortwahl „justifiable irrespective of the sex" in Section 1(2)(ii) des Sex Discrimination Act anstelle des Begriffs „necessary" sollte geschlechtsunabhängige Rechtfertigungsgründe unterhalb einer Notwendigkeitsschwelle zulassen. Damit waren Gerichte daran gehindert, bestimmte Praktiken des Arbeitslebens, z.B. das Last In, First Out-Verfahren (wer zuletzt kommt, geht zuerst) bei Kündigungen, das Frauen erheblich stärker als männliche Arbeitskräfte benachteiligen konnte, von vorneherein als diskriminierend zu erklären[239].

Die anschließende Interpretation der Rechtfertigung nach dem Sex Discrimination Act in dem Rechtsstreit Steel[240] führte den vom Parlament nicht aufgenommenen necessity-Test zumindest bis zur Jenkinsentscheidung durch den

---

236 Jenkins v Kingsgate (Clothing Productions) Ltd., Employment Appeal Tribunal (Vorlagebeschluß zum EuGH), CMLR 1980, S.81.
237 Vgl. *Josephine Steiner*, ICLQ 1983, S.399 (408); *Alan Lester*, Art.177 EEC, Experiences and Problems, S.164 (177).
238 EuGH vom 31.3.1981, Rs.96/80, Jenkins, amtl. Slg. 1981, S.911 = AP Nr. 2 zu Art.119 EWG-Vertrag = NJW 1981, S.2639.
239 Vgl. *Hepple*, CLP 1983, S.83.
240 Steel v The Union of Post Office Workers, Employment Appeal Tribunal, IRLR 1977, S.278.

Europäischen Gerichtshof[241] jedoch wieder in das Gesetz ein. In der Steel-Entscheidung stellte der Employment Appeal Tribunal klar, daß der Arbeitgeber ein Gericht davon überzeugen müsse, daß die Verwendung eines bestimmten Kriteriums mit nachteiligen Auswirkungen auf prozentual mehr Frauen einem tatsächlichen Unternehmensbedürfnis entspreche, welches trotz der Auswirkungen der Diskriminierung als notwendig anzusehen sei. Stelle das Gericht hingegen fest, daß kein notwendiges Unternehmensbedürfnis vorliege, sondern nur ein in den Augen des Arbeitgebers günstiges Ziel, so habe dieser darzulegen, daß eine Maßnahme nicht durch ebenso geeignete und weniger oder nicht diskriminierende Maßnahmen erreichbar sei[242]. Dieser Test ist hinsichtlich der Verhältnismäßigkeitsanforderungen weniger streng als die vom Europäischen Gerichtshof in Bilka dargelegte Prüfungsmethode, wonach der Arbeitgeber selbst bei erfolgreicher Darlegung eines notwendigen Unternehmenszieles zusätzlich die Erforderlichkeit seiner Maßnahme, der Ungleichbehandlung von Frauen, belegen muß. Ein nur günstiges oder vorteilhaftes Ziel kann eine Ungleichbehandlung von Teilzeitarbeitnehmern bzw. Frauen in keinem Fall rechtfertigen.

3.2 Gegenseitiger Ausschluß des Sex Discrimination Act und des Equal Pay Act

Die Anwendung derartiger Notwendigkeitsanforderungen hätten sich wohl bereits im Fall Handley v Mono zugunsten der Klägerin ausgewirkt, da das Ziel des Arbeitgebers, seine Maschinen voll auszunutzen, angesichts der fehlerhaften Betriebsorganisation kaum als notwendig anzusehen gewesen wäre[243]. In einem anderen Fall, Meeks, hatte das britische Gericht eine pauschale Schlechterstellung von Teilzeitarbeitnehmern infolge wirtschaftlicher Nachteile nicht anerkannt[244].

Der Sex Discrimination Act ist in seinem Anwendungsbereich jedoch gemäß Section 6(5) in Verbindung mit Section 6(1) auf Handlungen des Arbeitgebers begrenzt, die keine vertraglichen Leistungen darstellen und nicht in ein payment of money, eine Vergütungszahlung, resultieren. Derartige Leistungen sind nach dem Equal Pay Act zu beurteilen, der wiederum nicht auf die mittelbare Diskriminierung abstellt[245]. Somit liegt im Bereich der Entgeltleistungen eine gesetzliche Regelungslücke bzw. ein Schweigen des Gesetzgebers vor. Die Klage

---

241 EuGH vom 31.3.1981, Rs.96/80, Jenkins, amtl. Slg. 1981, S.911 = AP Nr.2 zu Art.119 EWG-Vertrag = NJW 1981, S.2639.
242 Steel v The Union of Post Office Workers, Employment Appeal Tribunal, IRLR 1977, S.278.
243 Vgl. *Wallington*, ILJ 1979, S.237.
244 Fall Meeks v National Union of Agricultural & Allied Workers, Industrial Tribunal, IRLR 1976, S.198.
245 Vgl. *IDS*: Equal Pay, S.9; *Erika Szyszczak*, Women, Employment and European Equality Law, S.52 (60). Siehe zum Entgeltbegriff des Equal Pay Act *Joswig-Buick*: Die arbeits- und sozialrechtliche Behandlung von Teilzeitarbeitnehmern, S.189.

von Frau Meeks war wegen dieser systematischen Konzeption des Equal Pay Act und des Sex Discrimination Act im Ergebnis erfolglos. Frau Meeks war in einem Betrieb mit ausschließlich weiblichen Arbeitnehmern in Teilzeit beschäftigt, erhielt jedoch einen geringeren Stundenlohn als ihre in Vollzeit tätigen Kolleginnen. Da sich die Klage auf die Zahlung desselben Stundenlohns richtete, den Vollzeitbeschäftigte erhielten, war der Sex Discrimination Act nicht anwendbar. Der Equal Pay Act wiederum erfordert, daß die Frau einen in dem Betrieb tatsächlich vorhandenen männlichen Vergleichspartner benennen kann, dessen Tätigkeit like work gegenüber ihrer Arbeit darstellt. Dies war Frau Meeks in einem Betrieb mit rein weiblicher Belegschaft nicht möglich. Ein hypothetischer Vergleich mit einem männlichen Kollegen reicht für die Geltendmachung eines Anspruchs nach dem Equal Pay Act nicht aus. Der hypothetische Vergleichspartner wird nur im Sex Discrimination Act zugelassen. Das britische Gericht gestand Frau Meeks zu, daß ihr grundsätzlich ein Anspruch nach dem Sex Discrimination Act zu gewähren sei, dieser jedoch daran scheitern müsse, weil es sich um einen vertraglichen Entgeltanspruch handelte.

Die obige Rechtslücke hätte sich grundsätzlich dadurch schließen lassen, daß das Konzept der mittelbaren Diskriminierung inklusive der Zulassung eines hypothetischen Vergleiches mit männlichen Arbeitnehmern auch im Rahmen der Anwendung des Equal Pay Act zur Anwendung gekommen wäre. Schließlich hatte der Court of Appeal in dem Fall Shields v Coombes festgestellt, daß sowohl der Sex Discrimination Act als auch der Equal Pay Act den gemeinsamen Zweck einer Abschaffung der Schlechterstellung von Frauen verfolgen[246]. Die britische Rechtsprechung ist jedoch im Gegensatz zu der Entwicklung von Prinzipien des Common Law[247] in der Anwendung parlamentarischer Gesetze an enge Beschränkungen gebunden. Der Richter hat sich strikt am Gesetzeswortlaut zu orientieren und kann auch nur aus der Wortwahl des Gesetzes heraus auf dessen Zielrichtung schließen. Ein Rückgriff auf parlamentarische Debatten oder auf die einleitenden Worte zu einem Gesetzestext ist untersagt[248]. Die richterliche Ausfüllung von Gesetzeslücken wurde in einem Rechtsstreit zwischen Court of Appeal und dem House of Lords von letzterem als unzulässig erklärt, da die Richter über die ergänzende Gesetzesauslegung die legislative Funktion des Parlaments an sich reißen würden[249]. Die entsprechende

---

246 Shields v Coombes, Court of Appeal, ICR 1978, S.1159; *Wallington*, ILJ 1979, S.239; *Steiner*, ICLQ 1983, S.403.
247 Bei der richterlichen Rechtsfortbildung im Common Law obliegt dem Richter die Beachtung der systematischen Vereinbarkeit seiner Entscheidung mit bereits bestehenden Grundsätzen, die Wahrung einer Verbindung zur gesellschaftlichen Wirklichkeit und die Aufrechterhaltung eines Mindestmaßes an dogmatischer Stabilität. Vgl. *Melvin Aaron Eisenberg*: The Nature of the Common Law, S.76.
248 Vgl. *Sir Carleton Allen*: The Law in the Making, S.492/493, 510.
249 Fall Mager & St.Mellons District Council v Newport Corporation, Court of Appeal, AllER, S.1226; House of Lords, AC 1952, S.198; vgl. *John Cronin*, In memoriam Sir Otto Kahn-Freund, S.417 (418).

Anwendung der Grundsätze des Sex Discrimination Act auf die Lohngleichheit im Equal Pay Act stellt den Richter somit vor funktionelle Kompetenzprobleme. Für eine solche Übertragung sprechen der gemeinsame Zweck der Gesetze, die Gleichstellung von Frauen im Berufsleben, sowie der erläuternde Titel des Equal Pay Act, der das Gesetz als einen „Act to prevent discrimination, as regards terms and conditions of employment between men and women" umschreibt. Der Begriff „discrimination" kann einen Bezug sowohl zu der unmittelbaren als auch der mittelbaren Diskriminierung herstellen. Eine Berücksichtigung der Prinzipien einer mittelbaren Diskriminierung bei Feststellung der Rechtfertigung gemäß Section 1 (3) des Equal Pay Act wäre daher nicht unmöglich gewesen.

Die britischen Richter in den Sachen Handley und Jenkins vermieden eine grundsätzliche Auseinandersetzung mit dieser Problematik durch eine Rechtsprechung, die eine mittelbare Diskriminierung ablehnte, wenn weiblichen Arbeitnehmern mit einer geringeren Arbeitszeit bestimmte Leistungen vorenthalten wurden. Die Teilhabe weiblicher Vollzeitbeschäftigter an günstigeren Leistungen würde die Diskriminierung teilzeitbeschäftigter Frauen außerhalb des Begünstigtenkreises von vornherein widerlegen. Hier liegt ein Fehler im Berechnungsansatz vor, der auch dem LAG Frankfurt in dem Fall Bilka unterlief, nachdem das BAG die Sache in seiner ersten Entscheidung an das LAG zur Prüfung einer mittelbaren Diskriminierung zurückverwiesen hatte[250]. Zutreffenderweise hätten die britischen Gerichte gemäß Section 1(b)(i) Sex Discrimination Act Vergleichsgruppen bilden und auf eine prozentual höhere Benachteiligung der Frauen abstellen müssen. Das Versäumnis einer korrekten Ermittlung durch zwei Arbeitsgerichte ist überraschend, da in dem vorhergehenden Fall Meeks[251] ein anderes Gericht problemlos zu dem Schluß gekommen war, daß die Versagung oder Kürzung einer Leistung für Arbeitnehmer mit einem geringeren Arbeitsumfang eine nachteilige Wirkung auf prozentual mehr Frauen als Männer hat. Nach *Szyszczak* läßt sich hieran der Widerstand der Gerichte erkennen, die Wertungen des Sex Discrimination Act auf den Equal Pay Act anzuwenden[252]. Erst das Urteil des Europäischen Gerichtshofes in Jenkins führte dazu, daß das Verbot der mittelbaren Diskriminierung auch auf die Fälle anzuwenden ist, die unter den Equal Pay Act fallen.

4. Die Aufhebung der Beschränkungen des Equal Pay Act durch das Jenkinsurteil des Europäischen Gerichtshofes

Der Europäische Gerichtshof stellte in seinem Urteil zu Jenkins klar, daß Art.119 EWG-Vertrag auch die mittelbare Diskriminierung im Entgeltbereich

---

250 LAG Frankfurt vom 5.11.1982 – 6 Sa 664/82, BB 1983, S.966.
251 Meeks v National Union of Agricultural & Allied Workers, Industrial Tribunal, IRLR 1976, S.198.
252 Vgl. *Szyszczak*, MLR 1981, S.676.

erfaßt[253]. Das vorlegende Employment Appeal Tribunal setzte dieses Urteil zutreffend dahingehend um, daß die bisherige Begrenzung des Sex Discrimination Act auf andere als Entgeltfragen gegen Grundsätze des Gemeinschaftsrechts verstoße[254]. In Zukunft müßten Gerichte bei der Prüfung einer material factor-Rechtfertigung unter dem Equal Pay Act berücksichtigen, ob eine Abgrenzung zwischen Arbeitnehmern mit der gleichen Arbeit zugleich eine mittelbare Diskriminierung darstellt. Sollte dies der Fall sein, könne der Arbeitgeber sich nicht mehr einfach darauf berufen, daß Teilzeitarbeit, die bereits das Kriterium für eine relativ geringere Vergütung darstellt, zusätzlich als sachlicher Rechtfertigungsgrund verwendet werden kann. Frühere Entscheidungen dieses Inhalts seien nicht mehr „good law". Das Konzept der mittelbaren Diskriminierung ist auch in Klagen auf die Gewährung gleichen Entgelts anzuwenden[255].

In der detaillierten Umsetzung dieses Grundsatzes hatte das Employment Appeal Tribunal entgegen der vereinfachenden Darstellung bei *Joswig-Buick*[256] einige Probleme. Das britische Gericht faßte die Äußerungen des Europäischen Gerichtshofes hinsichtlich der Bedeutung der Arbeitgeberabsichten mißverständlich als eine Begrenzung des Art.119 EWG-Vertrag auf willentlich vorgenommene Ungleichbehandlungen auf[257]. Der Arbeitgeber könne seine Handlungsweise mit dem Vortrag einer fehlenden Diskriminierungsabsicht rechtfertigen. Dadurch ergebe sich ein Widerspruch des Europäischen Gemeinschaftsrechtes mit dem britischen Verbot mittelbarer Diskriminierung, welches eine Rechtfertigung nicht von den Motiven des Arbeitgebers abhängig mache. Das Arbeitsgericht löste diesen Konflikt unter Berufung auf die minimum standards-Theorie. Europäisches Gemeinschaftsrecht hindere den nationalen Gesetzgeber nicht, die Stellung seiner Bürger durch eigene Schutzvorschriften über die Minimumstandards der Gemeinschaft hinaus zu verbessern. Wenn der Europäische Gerichtshof daher anordne, bei der Prüfung der Merkmale „gleiches Entgelt" und „gleiche Arbeit" eine unverhältnismäßige Schlechterstellung von Frauen durch eine neutrale Bedingung in Erwägung zu ziehen, so daß die im Sex Discrimination Act niedergelegten Grundsätze auch innerhalb des Equal Pay Act zu berücksichtigen seien, könne die britische Rechtsprechung abweichend von den Vorgaben des Europäischen Gerichtshofes strengere Maßstäbe hinsichtlich der Rechtfertigung aufstellen. Die Anwendung der britischen Prinzipien fordere vom Arbeitgeber daher, nicht nur wirtschaftliche Ziele vorzutra-

---

253 EuGH vom 31.3.1981, Rs.96/80, Jenkins, amtl. Slg. 1981, S.911 = AP Nr.2 zu Art.119 EWG-Vertrag = NJW 1981, S.2639.
254 Jenkins v Kingsgate, Employment Appeal Tribunal, IRLR 1981, S.388.
255 Vgl. *Szyszczak*, Women, Employment and European Equality Law, S.52 (57).
256 Vgl. *Joswig-Buick*: Die arbeits- und sozialrechtliche Behandlung von Teilzeitarbeitnehmern, S.199.
257 Diese irrtümliche Auffassung beseitigte der Europäische Gerichtshof erst in seiner Entscheidung zu Bilka, in der er das subjektive Element der Arbeitgeberabsichten nicht mehr ansprach. EuGH vom 13.5.1986, Rs.170/84, Bilka, amtl. Slg. 1986, S.1607 = AP Nr.10 zu Art.119 EWG-Vertrag = NZA 1986, S.559.

gen, die mit der Ungleichbehandlung von Frauen bzw. Teilzeitkräften erreicht werden sollen. Das Gericht müsse zusätzlich davon überzeugt sein, daß diese Ziele „reasonable necessary", vernunftgemäß notwendig bzw. angemessen sind. Eine aktuelle Anwendung dieses Maßstabes auf den vorgelegten Fall durch das erstinstanzliche Gericht, an welches der Fall zur Tatsachenermittlung und abschließenden Feststellung zurückverwiesen worden war, erfolgte bedauerlicherweise nicht, da die beklagte Firma während des laufenden Verfahrens in Konkurs ging und Frau Jenkins daraufhin ihre Klage zurücknahm[258].

Das Urteil des Europäischen Gerichtshofes wurde trotz fehlender Endentscheidung mit gegensätzlichen Argumenten angegriffen. Das vorlegende britische Gericht in Jenkins äußerte nicht nur Unwillen gegenüber der vermeintlichen Beschränkung des Art.119 EWG-Vertrag auf absichtliche Diskriminierungen. Die Entscheidung, auch im Bereich der Entgeltgleichheit von dem Arbeitgeber einen strengen Rechtfertigungstest zu verlangen, anstatt wie bisher eine Ungleichbehandlung infolge der geringeren Produktivität zuzulassen, habe weitreichende Konsequenzen. Die als wahrscheinlich einzustufende Folge erhöhter Arbeitskosten für Industrie und Arbeitgeber falle in eine Zeit wirtschaftlicher Rezession. Dies könne wiederum zu einem unerwünschten Kostenabbau durch Verringerung der Arbeitsplätze für Frauen führen. Einem britischen Gericht stehe es jedoch nicht an, diese negativen Folgen gegenüber dem sozialpolitischen Anliegen, das in dem Equal Pay Act und dem Sex Discrimination Act seinen Ausdruck gefunden habe, abzuwägen. Die Aufgabe des britischen Richters bestehe lediglich darin, das Recht in seiner gegenwärtigen Auslegung in Vereinbarkeit mit dem Gemeinschaftsrecht anzuwenden[259].

Während das Employment Appeal Tribunal dem Europäischen Gerichtshof damit vorwirft, mittelbar entgegen dem Sinne des Art.119 EWG-Vertrag zu einer Vernichtung von Arbeitsplätzen für Frauen in Großbritannien beizutragen, war der britischen Literatur der Europäische Gerichtshof nicht energisch genug. Mit der grundsätzlichen Zulassung objektiver wirtschaftlicher Faktoren im Rahmen einer Rechtfertigung der Ungleichbehandlung von Teilzeitarbeitnehmern habe der Europäische Gerichtshof wieder die Berufung auf die außerhalb der persönlichen Umstände des Arbeitnehmers liegenden Kräfte des

---

258 Vgl. *Sacha Prechal, Noreen Burrows*: Gender Discrimination Law, S.212.
259 „We are conscious that our decision may have far-reaching consequences. In particular it is likely to involve many industrial and other employers in increased labour costs at a time when they and the country can ill afford it. This in turn may lead to a decrease in the total number of women employed. But it is not our function to weigh these factors ... against the merits of the social policy reflected in the Acts of 1970 and 1975. Our function is simply to seek to apply the law as it now is." Jenkins v Kingsgate, Employment Appeal Tribunal, IRLR 1981, S.394; vgl. auch *Lester*, Art.177 EEC, Experiences and Problems, S.182.

Marktgeschehens zugelassen[260]. Diese habe der Court of Appeal jedoch zuvor im Fall Fletcher ausdrücklich ausgeschlossen[261].

Dieser Kritik ist angesichts der vorhergehenden Interpretation zumindest für den Bereich der Teilzeitarbeit nicht zuzustimmen. Der Court of Appeal hatte mit seinem Ansatz den offensichtlichen Fall der Ausnutzung billiger weiblicher Arbeitskraft erfassen wollen. Ebenso sind geringere Produktivitätsraten durch ein Versäumnis des Arbeitgebers, seine Maschinerie auszunutzen, Umstände außerhalb der persönlichen Sphäre des Arbeitnehmers. Die britische Rechtsprechung hatte diese jedoch unzutreffend dem Arbeitnehmer angerechnet. Der Europäische Gerichtshof hat in dieser Hinsicht den Bewertungsmaßstab weder verschärft noch weiter gelockert. *Prechal/Burrows* verstehen das Konzept des Gerichtshofes falsch, wenn sie annehmen, daß dieselben objektiven Rechtfertigungsgründe auch in den Fällen einer mittelbaren Diskriminierung ausreichend sind. Der Europäische Gerichtshof hat allerdings zu dem Rechtfertigungsmaßstab der mittelbaren Diskriminierung in Jenkins keine Aussage getroffen, und dies ist ihm auch vorzuwerfen, auch wenn nach den britischen Gegebenheiten die Entscheidung, Grundsätze der mittelbaren Diskriminierung auch in Fragen der Entgeltgleichheit anzuwenden, für ein angemessenes Ergebnis ausreichte.

5. Anschließende Aufweichung des Rechtfertigungstests der mittelbaren Diskriminierung im Sex Discrimination Act

Anders als die Europäische Gemeinschaft und Deutschland kennt Großbritannien den Grundsatz der Verhältnismäßigkeit nicht als ein grundlegendes verfassungs- bzw. verwaltungsrechtliches Prinzip gerichtlicher Kontrolle[262]. Daher kann dieser Grundsatz auch nicht als Wesenselement des Sex Discrimination Act begriffen werden, worauf auch der Wortlaut der einschlägigen Rechtfertigungsklausel schließen läßt. Tatsächlich wurde in Großbritannien die strenge Rechtfertigungsprüfung nach dem Sex Discrimination Act in den Folgejahren nach Jenkins bis zur Entscheidung des Europäischen Gerichtshofs in Bilka erheblich gelockert. In Klagen britischer Teilzeitbeschäftigter in den Sachen Clarke und Kidd gegen gewerkschaftlich gebilligte Unternehmensstrategien, wonach Teilzeitbeschäftigte vorrangig vor Vollzeitkräften zu kündigen waren, schwenkten die Employment Appeal Tribunals von dem vormals strikten Notwendigkeitstest des Sex Discrimination Act, der in der Sache Steel geschaffen worden war, zu einem mehr oder weniger stringenten Billigkeitstest um[263]. Der

---

260 Vgl. *Sandra Fredman*, ILJ 1992, S.119 (130); *Prechal, Burrows*: Gender Discrimination Law, S.210; *Thomson, Wooldridge*, Legal Issues of European Integration 1980, S.189.
261 Fletcher v Clay Cross, Court of Appeal, IRLR 1978, S.361 = ICR 1979, S.1.
262 Vgl. *Georg Nolte*, MLR 1994, S.191 (191).
263 Clarke and Powell v Eley (IMI) Kynoch Ltd., Employment Appeal Tribunal, IRLR 1982, S.482; Kidd v D.R.G., Employment Appeal Tribunal, IRLR 1985, S.180; ICR

Court of Appeal schraubte den Maßstab in anderen Entscheidungen ebenfalls herunter. Zur Begründung führte das britische Gericht an, daß es unbillig sei, dem Arbeitgeber die Beweislast für ein notwendiges Bedürfnis seines Unternehmens aufzuerlegen. Ausreichend sei vielmehr ein unternehmerisches Ziel, das von dem Gericht als „right und proper" beurteilt werden könne[264]. Dieser Begriff umschreibt die Darlegung einer nach der Verkehrsanschauung als vernünftig oder als recht und billig aufzufassenden unternehmerischen Entscheidung. Die Auffassung dessen, was vernünftig bzw. recht und billig ist, läßt sich in vielerlei Richtungen hin auslegen und ist letztendlich nicht abgrenzbar.

So ist es nicht verwunderlich, daß ein Employment Appeal Tribunal 1985 in dem oben erwähnten Fall Kidd[265] eine Rechtfertigung der vorrangigen Kündigung Teilzeitbeschäftigter bejahte. Das beklagte Unternehmen hatte hinsichtlich seiner Kündigungspolitik wirtschaftliche Belastungen in Zusammenhang mit der Beschäftigung von Teilzeitkräften vorgetragen. Der Employment Appeal Tribunal sah selbst marginale Nachteile als ausreichend an, um das Ziel des Arbeitgebers, Teilzeitbeschäftigte vorrangig zu entlassen, zu rechtfertigen. Die Kumulation dieser Nachteile könne für den Unternehmer zu erheblichen Wettbewerbsnachteilen führen. Als Nachteil galten hierbei folgende Umstände: Für Teilzeitarbeitnehmer müssen relativ mehr Unterlagen geführt, abgeheftet und gestapelt werden, mehr Arbeitskleidung ist zu waschen, der Schichtwechsel der Teilzeitbeschäftigten führt leicht zu Ablenkungen anderer Arbeitnehmer und andere Nachteile dieser Art. Derartige Umstände beeinträchtigen die Konkurrenzfähigkeit eines Unternehmens allerdings nicht in einem Ausmaß, das eine vorrangige Entlassung der Teilzeitkräfte rechtfertigen könnte. *Rubinstein* sah diese Entscheidung vielmehr als symptomatisch für die vorherrschende Rezession in Großbritannien, die dazu führte, daß Kostenerwägungen des Arbeitgebers ohne strengere Nachprüfung durch die Gerichte zugelassen würden[266]. In einem Vergleich ist die Urteilsbegründung des britischen Gerichts in Kidd erheblich toleranter als das Bundesarbeitsgericht gegenüber dem Kostenargument des Arbeitgebers in seiner Entscheidung zur betrieblichen Altersversorgung in Bilka[267], in der die finanziellen Nachteile der Teilzeitarbeit gegenüber ihren Vorteilen für den Arbeitgeber in einigem Detail abgewogen werden. Das

---

1985, S.405; vgl. *Rubenstein*, Women, Employment and European Equality Law, S.86; *Hervey*, ICLQ 1991, S.819, 820.

264 Der Ausgangsfall für die Änderung der Rechtsprechung betraf einen Fall der Rassendiskriminierung: Ojukitu und Oburoni v Manpower Services Commission, Court of Appeal, ICR 1982, S.661 = IRLR 1982, S.418; der Rechtfertigungsmaßstab wurde daraufhin auch auf die Beurteilung der Geschlechterdiskriminierung übertragen. Vgl. *Bourn, Whitmore*: Race and Sex Discrimination, S.78, 79 zu den jeweiligen begrifflichen Darlegungen durch die einzelnen Gerichte, die im Endeffekt auf einen Billigkeitstest hinauslaufen.

265 Kidd v D.R.G. Employment Appeal Tribunal, IRLR 1985, S.180; ICR 1985, S.405.

266 Vgl. *Rubinstein*, Women, Employment and European Equality Law, S.87.

267 BAG vom 14.10.1986 – 3 AZR 66/83, AP Nr.11 zu Art.119 EWG-Vertrag mit Anm. *Pfarr* = EzA § 1 BetrAVG Gleichberechtigung Nr.1.

entscheidende britische Gericht in Kidd plagte jedoch mancher Selbstzweifel, da es in einem „obiter dictum" anführte, daß flexible Arbeitsverhältnisse auch flexible Entscheidungen hervorbrächten und jedes Arbeitsgericht nach den Umständen des Einzelfalles zu einem anderen Ergebnis kommen könne.

Diese Auflockerung des Rechtfertigungsmaßstabes, wie sie bei den britischen Gerichten auftrat, wich erheblich von den gemeinschaftsrechtlichen Grundsätzen ab. Der Europäische Gerichtshof hatte in seinem Bilkaurteil im Rahmen des unmittelbar geltenden Art.119 EWG-Vertrag erheblich strengere gemeinschaftsrechtliche Maßstäbe für die Rechtfertigung einer Ungleichbehandlung von Frauen eingeführt. Das höchste britische Gericht des House of Lords stellte daher in einer Entscheidung in der Angelegenheit Rainey aus dem Jahre 1987 zutreffend fest, daß der Rechtfertigungsmaßstab des Sex Discrimination Act eine Notwendigkeitsprüfung enthalten muß[268]. Ergänzend führte das oberste Gericht aus, daß zwischen den Maßstäben des Sex Discrimination Act und des Equal Pay Act in Section 1(3) kein Unterschied bestehen dürfe. Hiermit schloß sich der Kreis wieder hin zu einer Anwendung des Notwendigkeitstestes bei einer ungleichen Entgeltleistung an Teilzeitarbeitnehmer[269]. Gleichzeitig ist allerdings negativ anzumerken, daß das House of Lords selbst in seiner Entscheidung die Berufung auf „administrative necessities", sogenannte notwendige Verwaltungsgründe wie den des „red-circling" zuließ. Red-circling liegt vor, wenn infolge einer Umstufung der Lohngruppen ein Arbeitnehmer zwar formell in eine Gruppe mit niedrigerem Gehalt eingruppiert wird, sein ursprünglich höheres Gehalt jedoch weiterhin erhält. Kenntlich gemacht wird dies durch Hervorhebung innerhalb der Lohngruppe mittels einer roten Einkreisung, dem „red circle". Im Fall Rainey hatte der National Health Service beschlossen, die Herstellung von Prothesen als eigene Leistungsbranche aufzubauen, um die Kosten durch private und teurere selbständige Prothesenhersteller zu vermeiden. Da allerdings nur solche privaten Hersteller angestellt werden konnten, wurde den Betroffenen, alle männlichen Geschlechts, bei Annahme des Vertragsangebotes trotz niederer Einstufung ihr übliches Durchschnittsverdienst als Gehalt garantiert. Nach Beseitigung des ersten Notstandes wurden spätere Bewerber, diesmal weiblichen Geschlechts, nur zu der vorgesehenen Gehaltsstufe eingestellt. Diese Ungleichbehandlung ließ das House of Lords als durch einen Verwaltungsnotstand gerechtfertigt unangetastet. Mag diese Einstellung

---

268 Rainey v Greater Glasgow Health Board, House of Lords, ICR 1987, S.129.
269 Für andere als Entgeltfälle lehnte das House of Lords einen entsprechend strengen Maßstab ab, da der Sex Discrimination Act nicht im Lichte der später nachfolgenden Gleichbehandlungsrichtlinie ausgelegt werden müsse; vgl. Duke v. Reliance Systems, House of Lords, IRLR 1988, S.118 Der Europäische Gerichtshof hingegen erstreckte die Pflicht, Gesetzgebung im Sinne von Richtlinien anzuwenden, auch auf nicht umsetzende Gesetze, so daß dem Streit damit höchstrichterlich ein Ende gesetzt wurde. EuGH vom 13.11.1990, Rs. 106/89, Marleasing, amtl. Slg. 1990, S.4135. Zu dieser Problematik vgl. *Bourn, Whitmore*: Race and Sex Discrimination, S.80, 81; weiterhin zu der Frage des Rechtfertigungsmaßstabes *Joswig-Buick*: Die arbeits- und sozialrechtliche Behandlung von Teilzeitarbeitnehmern, S.221.

in dem zugrundeliegenden Fall zwar verständlich sein, so ist auf lange Sicht zweifelhaft, ob diese Rechtsprechung im Einzelfall den gemeinschaftsrechtlichen Erfordernissen des notwendigen Unternehmenszieles und der Verhältnismäßigkeit genügen kann[270].

6. Richterliche Überprüfung von Tarifverträgen

6.1 Fehlende rechtliche Verbindlichkeit von Tarifverträgen

Wie bereits dargestellt, bezogen sich mehrere der vom Europäischen Gerichtshof vorab entschiedenen Rechtsstreitigkeiten auf die Unvereinbarkeit von Tarifverträgen mit Art.119 EWG-Vertrag. In Großbritannien konnte ein Tarifvertrag, collective agreement, unmittelbar nicht mit einer Klage angegriffen werden bzw. durch ein Gericht auf seine Rechtmäßigkeit hin überprüft werden. Der Grund dafür liegt in der allgemeinen Verneinung der rechtlichen Verbindlichkeit von Tarifverträgen. Section 179 des Trade Union and Labour Relations (Consolidation) Act geht von einer fehlenden Einklagbarkeit aus, wenn die Tarifparteien nicht ausdrücklich durch eine schriftliche Klausel die Verbindlichkeit vereinbart haben. Collective agreements begründen keine einklagbaren oder angreifbaren rechtlichen Beziehungen, sondern wirken auf den Arbeitgeber in Form einer „sozialen" Verpflichtung. Die Bindung an den Verbands- oder Firmentarifvertrag, die in Deutschland im Tarifvertragsgesetz geregelt ist, ist dem Rechtssystem Großbritanniens unbekannt. Vereinbarungen aus Absprachen zwischen dem Arbeitgeber und der zuständigen Gewerkschaft sind daher im Regelfall nur mittelbar als einzelvertragliche Vereinbarung überprüfbar, sofern sie durch Aufnahme der Vereinbarung in den Einzelarbeitsvertrag zu Vertragsbedingungen umgewandelt wurden[271].

Großbritannien war 1982 durch europäische Intervention[272] gezwungen, seine gesetzliche Regelung zu ergänzen, die keine gerichtlichen Maßnahmen hinsichtlich diskriminierender Tarifverträge vorsah[273]. Abgeschafft wurde durch die Gesetzesänderung die bisher bestehende Kompetenz der außergerichtlichen Schiedsstelle des Central Arbitration Comittee (CAC) nach Section 3 (1) des Equal Pay Act, bei dem Beschwerden gegen Tarifverträge eingebracht werden konnten und dessen geänderte Fassung an die Stelle der bisherigen Regelung

---

270 Vgl. *Hervey*, ICLQ 1991, S.820; *Kyriazis*: Die Sozialpolitik der Europäischen Wirtschaftsgemeinschaft, S.168, 169.
271 Vgl. *Lord William Wedderburn of Charlton*: The Worker and the Law, S.318; *Docksey*, RIW 1991, S.723; *Bob Hepple*, Legal and contractual limitations to working-time in the European Community member states, S.419 (425, 426).
272 EuGH vom 6.7.1982, Rs.61/81, Kommission ./. Großbritannien, amtl. Slg. 1981, S. 2601 = ICR 1982, S.578.
273 Nach der Ansicht von *Lord Wedderburn* liegt hierin ein Beweis für das Unverständnis des Europäischen Gerichtshofes gegenüber den Mechanismen von britischen Tarifvereinbarungen. Vgl. *Lord Wedderburn*: The Worker and the Law, S.323, 324; *Bourn, Whitmore*: Race and Sex Discrimination, S.10.

trat. An die Stelle einer effektiven außergerichtlichen Kontrolle trat eine begrenzte gerichtliche Kontrolle[274]. Die eingeführte Section 77 des Sex Discrimination Act sieht nach der jüngsten Änderung durch den Trade Union Reform und Employment Rights Act 1993 eine Befugnis der Gerichte zur Nichtigerklärung von Tarifverträgen, aber nicht zur Änderung oder zur Ergänzung vor[275].

6.2 Gleichstellungsanspruch entgegen tariflichen Abreden

Trotz fehlender rechtlicher Verbindlichkeit entfalten Tarifverträge praktisch diskriminierende Wirkungen, wenn eine Absprache zwischen Gewerkschaften und Arbeitgeber den Ausschluß Teilzeitbeschäftigter bzw. eine anteilig geringere Teilnahme an betrieblichen Leistungen vorsieht. In derartigen Fällen hat sich der Teilzeitbeschäftigte unmittelbar gegen den Arbeitgeber zu wenden und eine Gleichstellung infolge des Equal Pay Act, gegebenenfalls unter Anwendung des Rechtfertigungstests des Sex Discrimination Act, oder infolge Art.119 EWG-Vertrag zu beantragen. Ein einschlägiger Rechtsstreit über diese Thematik liegt im Bereich der Entgeltzahlung an Teilzeitbeschäftigte noch nicht vor. In dem bereits erwähnten britischen Fall Meeks ließ das entscheidende Industrial Tribunal eine Berufung des Arbeitgebers auf eine abweichende tarifliche Vereinbarung nicht zu, da das Verbot der mittelbaren Diskriminierung nicht durch Kollektivabreden abdingbar ist[276], mußte jedoch die Klage wegen der damals noch angenommenen Ausschlußwirkung von Sex Discrimination Act und Equal Pay Act im Ergebnis abweisen. Die britische Entscheidung in der Rechtssache Barber vom 12.Januar 1993[277] behandelt wiederum einen Fall, der nicht unmittelbar unter die Rubrik diskriminierender Tarifvereinbarungen eingeordnet werden kann, da Klagegegenstand nicht die Überprüfung einer beeinträchtigenden Tarifabrede zuungunsten Teilzeitbeschäftigter war, sondern eine ungleiche Behandlung durch den Arbeitgeber aufgrund gescheiterter Tarifverhandlungen für eine Arbeitnehmergruppe mit verkürzter Arbeitszeit. In Barber and others v NCR wandten sich Teilzeitbeschäftigte mit einem Arbeitsumfang von 35 Stunden gegen einen relativ niedrigeren Stundenlohn im Vergleich zu den Vollzeitbeschäftigten, die 38 Stunden in der Woche arbeiteten. Die Ursache des verringerten Entgelts lag in vorausgegangenen Tarifverhandlungen des Arbeitgebers mit der zuständigen Gewerkschaft. Dabei war es gelungen, eine

---

274 Vgl. *Bourn, Whitmore*: Race and Sex Discrimination, S.10, 11; *Dieter Martiny*, RabelsZ 1978, S.116 (151), wonach 1976 zwanzig derartige Anträge gestellt worden waren.
275 Dazu eingehend *Joswig-Buick*: Arbeits- und sozialrechtliche Behandlung von Teilzeitarbeitnehmern, S.281.
276 Meeks v National Union of Agricultural & Allied Workers, Industrial Tribunal, IRLR 1976, S.198. in Kidd v D.R.G. Employment Appeal Tribunal, IRLR 1985, S.180; ICR 1985, S.405, beurteilte das Employment Appeal Tribunal allerdings die vorrangige Entlassung von Teilzeitarbeitnehmern vor Vollzeitbeschäftigten als sachlich gerechtfertigt.
277 Barber and others v NCR (Manufacturing) Ltd., Employment Appeal Tribunal, IRLR 1993, S.95.

Kürzung der vormals 39-Stundenwoche vollzeitbeschäftigter Arbeitnehmer auf 38 Stunden bei Beibehaltung des Gehalts zu erreichen, während eine Vereinbarung für die sonstigen Beschäftigten nicht erreicht werden konnte. Das Gericht urteilte zutreffend, daß das teilweise Scheitern von Tarifvereinbarungen eine daraus folgende diskriminierende Wirkung einer Vergütungspraxis nicht rechtfertigen kann.

Eine vergleichbare Argumentation findet sich in dem Urteil des Europäischen Gerichtshofes in der Sache Enderby[278]. In dieser Rechtsstreitigkeit wandte sich die Klägerin gegen die Vergütung ihrer Tätigkeit als Logopädin, die geringer war als die Vergütung für vergleichbare Berufe, die von wesentlich mehr Männern als Frauen ausgeübt wurden. Der britische Court of Appeal hatte dem Europäischen Gerichtshof diesen Fall unter anderem mit der Frage vorgelegt, ob die Tatsache, daß die unterschiedlichen Gehälter auf unterschiedlichen Tarifabschlüssen beruhen, als eine objektive Rechtfertigung für eine derartige mittelbare Diskriminierung bewertet werden könne. Dies lehnte der Europäische Gerichtshof ab. Die Tatsache, daß die Entgelte für zwei Tätigkeiten von denselben Tarifparteien in unterschiedlichen Tarifverhandlungen festgesetzt wurden, stelle keinen sachlichen Grund für eine Ungleichbehandlung dar, selbst wenn jede Tarifvereinbarung für sich betrachtet keine diskriminierende Wirkung habe. Eine ungleiche Behandlung von Frauen kann daher weder allein mit dem Scheitern von Tarifverhandlungen noch mit der Existenz unterschiedlicher Tarifvereinbarungen objektiv gerechtfertigt werden.

Generell unterliegen Tarifvereinbarungen im Rahmen des Equal Pay Act einer Überprüfung, sofern der Arbeitgeber eine diskriminierende Tarifvereinbarung als sachlichen Grund, material factor, einer Ungleichbehandlung vorträgt. Die Rechtmäßigkeit der tariflichen Abrede unterliegt einer inzidenten Prüfung anhand der unabdingbaren Anforderungen des Sex Discrimination Act. Infolge eines Verstoßes der Tarifvereinbarung gegen den Sex Discrimination Act entfällt auch der material factor des Equal Pay Act, sofern der Arbeitgeber keine anderen Gründe geltend machen kann. Daher sind Teilzeitbeschäftigte gemäß Section 1 (2) Equal Pay Act gegenüber ihren männlichen Arbeitskollegen gleich zu behandeln, sofern Entgeltfragen im Sinne des Equal Pay Act betroffen sind. Darüber hinaus kann sich ein Anspruch aus Art.119 EWG-Vertrag ergeben. In dieser Hinsicht sind britische Teilzeitbeschäftigte nach der heute herrschenden Auffassung der britischen Gerichte befugt, eine Klage auf Gleichbehandlung unter Berufung auf einen unmittelbaren Anspruch aus Art.119 EWG-Vertrag zu erheben.

---

278 EuGH vom 27.10.1993, Rs.127/92, Dr. Pamela Enderby ./. Frenchay Health Authority and Secretary of State for Health, EzA Art.119 EWG-Vertrag Nr.20 = NZA 1994, S.797.

6.3 Gerichtliche Durchsetzung des Art. 119 EWG-Vertrag

In Großbritannien war es längere Zeit trotz der Rechtsprechung des Europäischen Gerichtshofes zur unmittelbaren Wirkung und effektiven Durchsetzung des Gemeinschaftsrechts streitig, ob Industrial Tribunals Art.119 EWG-Vertrag unmittelbar anwenden können, wenn das nationale Gesetz nicht einschlägig ist. Nach Section 2 (1) des European Communities Act 1972 sollten unmittelbar einklagbare Gemeinschaftsrechte auch im Vereinigten Königreich gerichtlich durchsetzbar sein. Fraglich war dabei nur das Forum der Durchsetzbarkeit, ob vor einem Industrial Tribunal oder vor dem für sonstige Angelegenheiten zuständigen High Court. Die frühere Ansicht entschied sich gegen die Tribunals. Deren Zuständigkeit sei streng durch Einzelgesetze eingegrenzt; eine Erweiterung mittels des European Communities Act auf europarechtliche Fragen sei nicht beabsichtigt gewesen[279]. Demgegenüber sprach sich der Court of Appeal für die Anwendung des Art.119 EWG-Vertrag durch die Industrial Tribunals in den Fällen aus, in denen das Gemeinschaftsrecht seine Bedeutung entfalte[280]. Wenn das Parlament die Institution der Tribunals gebraucht, muß es ihm auch die Kompetenz zugestehen, über relevantes Gemeinschaftsrecht zu entscheiden.

Auch vom gemeinschaftsrechtlichen Standpunkt aus ist dies die einzig zutreffende Lösung, da der Europäische Gerichtshof stets die Durchsetzung des Gemeinschaftsrechts durch sämtliche nationalen Gerichte und diesen gleichgestellte Institutionen unterstützt[281]. Anhand des Gerichtsurteils des Europäischen Gerichtshofes in Nimz kann eine auf Art.119 EWG-Vertrag gestützte Klage sowohl die Nichtigkeit von Tarifvereinbarungen als auch die Verpflichtung des Arbeitgebers zur Gleichstellung erreichen[282]. Dies stellte das Employment Appeal Tribunal in der Sache Wright und Hannah ebenfalls ausdrücklich klar[283]. Die teilzeitbeschäftigten Arbeitnehmerinnen Wright und Hannah wandten sich gegen die Tarifvereinbarung der kommunale Gesundheitsbehörde des Whitley Council mit der zuständigen Gewerkschaft, wonach ein Anspruch auf Abfindung bei wirtschaftlich bedingter Kündigung nur den Arbeitnehmern mit 104 Wochen durchgehender Beschäftigung von mindestens 16 Stunden zusteht,

---

279 Amies v Inner London Education Authority, Employment Appeal Tribunal, ICR 1977, S.308; vgl. auch *Joswig-Buick*: Die arbeits- und sozialrechtliche Behandlung von Teilzeitarbeitnehmern, S.23
280 Shields v Coombes, Court of Appeal, ICR 1978, S.1158 = IRLR 1978, S.263; vgl. auch Nachweise bei *Joswig-Buick:* Die arbeits- und sozialrechtliche Behandlung von Teilzeitarbeitnehmern, S.23.
281 Vgl. *Derrick Wyatt*, ILJ 1989, S.197 (207).
282 Vgl. *Bourn, Whitmore*: Race and Sex Discrimination, S.225/226. Diese Kompetenz erstreckt sich allerdings nicht auf die Überprüfung nationaler Gesetze. Wie noch zu erörtern ist, liegt diese Befugnis nicht bei einem Industrial Tribunal, sondern beim High Court.
283 Secretary of State for Scotland and Greater Glasgow Health Board v Wright and Hannah, Employment Appeal Tribunal, IRLR 1991, S.187.

während die Klägerinnen, die mehr als 8 Stunden pro Woche tätig waren, zum Erwerb dieses Rechts 5 Jahre durchgehend beschäftigt sein mußten[284]. Die Arbeitnehmerinnen konnten gegen diese Vereinbarung nicht nach dem Equal Pay Act vorgehen, da ihre Klage einen von dem Gesetz nicht erfaßten Anspruch anläßlich der Beendigung des Arbeitsverhältnisses betraf. Die Beklagten hatten die Zulässigkeit der Klage abgelehnt, da ein Industrial Tribunal kein Urteil auf Gleichstellung gemäß der europarechtlichen Norm des Art.119 EWG-Vertrag erklären könne. Im vorliegenden Fall wurde der Rechtsstreit unter Hinweis auf die gegebene Kompetenz des Industrial Tribunal zurückverwiesen[285]. Die materiellrechtliche Begründetheit der Klage steht bisher noch aus. Allerdings kann, unter Beachtung des Urteils des House of Lords vom März 1994, das die identisch gefaßte gesetzliche Bestimmung als unvereinbar mit Art.119 EWG-Vertrag erklärt hat, ein entsprechendes Ergebnis in der Klage gegen entsprechende Tarifvereinbarungen erwartet werden.

Die Kompetenz der Industrial Tribunals erstreckt sich nicht nur auf einen Gleichstellungsanspruch, wenn diskriminierende Tarifvereinbarungen im Spiel sind. Auch für sonstige, nicht durch den Equal Pay Act oder Sex Discrimination Act erfaßte Ansprüche, insbesondere für die Gleichstellung hinsichtlich der noch zu erörternden betrieblichen Altersversorgung, muß Art.119 EWG-Vertrag einen direkt einklagbaren Anspruch vor einem Industrial Tribunal begründen können.

V. Fehlende Fortentwicklung der Rechtsprechung zur Lohngleichheit für Teilzeitarbeit in Großbritannien

Gegenüber den in Deutschland behandelten Fällen ist in Großbritannien nur eine sehr geringe Frequenz gerichtlicher Auseinandersetzung mit der Problematik der Entgeltgleichheit für Teilzeitarbeit festzustellen. Trotz der weiten Verbreitung der Teilzeitarbeit unter der weiblichen Arbeitnehmerschaft im Vereinigten Königreich[286] sowie trotz des Bestehens substantieller Benachteiligungen von Teilzeitbeschäftigten[287] stellen die obengenannten Fälle Meeks[288], Handley

---

284 Diese Regelung entspricht den gesetzlichen Vorschriften des Employment Protection (Consolidation) Act, die mittlerweile durch das House of Lords für unwirksam erklärt wurden, worauf später einzugehen ist.
285 Zu dieser Ansicht gelangte auch ein Employment Appeal Tribunal in Mediguard Services v Thame, The Times vom 5.August 1994, S.8.
286 Nach den Angaben von *Catherine Hakim*, ILJ 1989, S.69 (69) waren in den 70er Jahren bereits vier Millionen Teilzeitbeschäftigte in Großbritannien vorhanden. Für 1988 wurde die Zahl auf 6,2 Millionen eingestuft, was fast einem Viertel der britischen Gesamtarbeitnehmerschaft entspricht. Unter diesen Beschäftigten nehmen Frauen den überwiegenden Anteil von ca. 90% ein.
287 Vgl. *Labour Research Department*: Part-Time Workers, London 1992, S.9; *Jennifer Hurstfield*: Part-Timers under Pressure, Paying the Price of Flexibility, S.24.

v Mono[289], Durrant[290], Jenkins[291], Barber[292] sowie Hannah und Wright[293] einige wenige Streitigkeiten dar, in denen die Problematik der Entgeltgleichheit von Teilzeitbeschäftigten und die Rechtfertigung einer Ungleichbehandlung durch Arbeitgeber und Tarifparteien angesprochen worden ist. Für diese Zurückhaltung können einige wenige Gründe herangezogen werden.

1. Geringere Wahrnehmung britischer Arbeitsgerichte

Britische Arbeitnehmer beanspruchen gerichtliche Instanzen in einem vergleichsweise geringen Maß gegenüber Deutschland[294]. Eine Ursache liegt in der unterschiedlichen Funktion des Arbeitsrechts in beiden Ländern. Das individuelle deutsche Arbeitsrecht ist Schutzrecht der Arbeitnehmer[295]. Es erfüllt nicht nur die Funktion eines Korrektivs im vertraglichen Bereich, sondern gestaltet die Arbeitsbeziehungen, indem dem Arbeitnehmer mit wirksamer Begründung des Arbeitsverhältnisses bestimmte Ansprüche gegen den Arbeitgeber durch das Gesetz zugesprochen werden[296]. Demgegenüber existierte in Großbritannien historisch bedingt nur für Einzelaspekte eine arbeitsrechtliche Gesetzgebung. Dieses sogenannte „abstention of law" ist vor dem Hintergrund zu sehen, daß die Arbeitsbedingungen überwiegend durch tarifliche Regelungen vorgegeben wurden. Die britischen Gewerkschaften hatten bereits einige Zeit vor der Gewinnung politischen Einflusses eine kollektivwirtschaftliche Macht in der Industrie inne, aufgrund derer sie Verhandlungen mit Arbeitgebern und die Einhaltung tarifvertraglicher Abreden erzwingen konnten. Gleich-

---

288 Meeks v National Union of Agricultural & Allied Workers, Industrial Tribunal, IRLR 1976, S.198
289 Handley v Mono, Employment Appeal Tribunal, ICR 1979, S.147.
290 Durrant v North Yorkshire Health Authority and Secretary of State for Social Services, Employment Appeal Tribunal, IRLR 1979, S.401.
291 Jenkins v Kingsgate, Employment Appeal Tribunal, IRLR 1981, S.388.
292 Barber and others v NCR (Manufacturing) Ltd., Employment Appeal Tribunal, IRLR 1993, S.95.
293 Secretary of State for Scotland and Greater Glasgow Health Board v Wright and Hannah, Employment Appeal Tribunal, IRLR 1991, S.187.
294 Für 1982 geben *Erhard Blankenburg, Ralf Rogowski*, JLS 1987, S. 67 (76) an, daß von ca. 21 Millionen Arbeitnehmern in Großbritannien ca 47.000 Klagen vor Gericht erhoben wurden; in Deutschland gingen 387.000 Arbeitnehmer vor Gericht. Dies entspricht einer Verteilung von 220 britischen gegenüber 1365 deutschen Rechtsstreitigkeiten pro 100.000 Arbeitnehmern. Die Klagen sind somit im Verhältnis von 1 britischen Klage gegenüber 7 deutschen Anträgen zu sehen.
295 Vgl. *Rolf Wank*, RdA 1992, S.103 (103).
296 Vgl. *Blankenburg, Rogowski*, JLS 1987, S.69; Beispiele gestaltender Gesetzgebung sind das Entgeltfortzahlungsgesetz sowie das Bundesurlaubsgesetz, wonach dem Arbeitnehmer ein Anspruch auf Lohnzahlung bei Entfall der Arbeitsleistung aufgrund eines gesetzlichen Feiertages sowie ein Anspruch auf bezahlten Urlaub zustehen.

zeitig begegneten sie gesetzgeberischen Eingriffen in ihren Handlungsbereich mit Mißtrauen. Die britische Regierung nahm angesichts dessen eine „laisser-faire"-Haltung ein; gesetzliche Bestimmungen wurden nur für besonders schutzbedürftige Arbeitnehmergruppen erlassen[297]. Eine spezifische britische Arbeitsgerichtsbarkeit existierte nicht, da es an gerichtlich anzuwendender Kodifikation fehlte. Das Common Law behandelt das Arbeitsverhältnis im Rahmen des üblichen Vertragsrechts und nimmt die sozialen Aspekte, die dem Arbeitsverhältnis innewohnen, nicht wahr; eine richterrechtliche Schaffung sozialen Schutzes unterblieb in Bereichen, in denen das Verhandlungsgleichgewicht der Parteien des Arbeitsverhältnisses nicht vorliegt[298].

Angesichts zunehmender wirtschaftlicher und sozialer Probleme änderte die britische Regierung erst in den 60er Jahren ihre passive Haltung. Mehrere Bereiche, die einer Regelung für bedürftig erachtet wurden, sind durch parlamentarische Initiativen Gegenstand des „statutory employment protection" geworden[299]. Wenngleich der so geschaffene „floor of rights" keine umfassende Kodifikation des Arbeitsverhältnisses darstellt, es fehlt z.B. an einer Regelung für bezahlten Urlaub und Lohnzahlung an Feiertagen, so ist das britische Arbeitsverhältnis doch insgesamt, nicht zuletzt infolge europäischer Vorgaben, wesentlich verrechtlicht worden[300]. Entsprechend wurden mit dem Erlaß erster Gesetze ab 1963[301] die Industrial Tribunals als Spruchkörper durch den Industrial Relations Act 1964 ins Leben gerufen. Industrial Tribunals stehen allerdings nicht den deutschen Arbeitsgerichten gleich. Sie besitzen einen durch gesetzli-

---

297 Vgl. *Sir Otto Kahn-Freund*: Arbeit und Recht, S.38; derselbe, RdA 1952, S.361; *Joswig-Buick:* Die arbeits- und sozialrechtliche Behandlung von Teilzeitarbeitnehmern, S. 5, 6; *Roy Lewis*, ILJ 1979, S. 202–204. Vgl. zur Geschichte der britischen Gewerkschaftsbewegung die Darstellungen von *Docksey*, RIW 1991, S.722; *Bob Hepple, Sandra Fredman*: Labour Law and Industrial Relations in Britain, S.41 ff.; *Thomas Lange*: Die betrieblichen Arbeitsbeziehungen in der englischen Privatwirtschaft, S.39–42.
298 Vgl. unter I, S.30; vgl. ferner *Joswig-Buick*: Die arbeits- und sozialrechtliche Behandlung von Teilzeitarbeitnehmern, S.6; 32. *Lord Wedderburn* weist insbesondere auf die richterrechtliche Entwicklung des sachlichen Grundes bei befristeten Arbeitsverhältnissen durch deutsche Gerichte hin; eine derartige Rechtsfortbildung sei für britische Gerichte nicht vorstellbar. Vgl. *Lord William Wedderburn of Charlton*: The Social Charter, European company and employment rights, S.21; vgl. zum gesetzlichen Kündigungsschutz befristeter Arbeitsverhältnisse *Joswig-Buick*: Die arbeits- und sozialrechtliche Behandlung von Teilzeitarbeitnehmern, S.110.
299 Vgl. *Lewis*: Labour Law in Britain, S.4; *Docksey*, RIW 1991, S.723; *Hans Zachert*, ArbuR 1993, S.191 (198/199).
300 Vgl. *Docksey*, RIW 1991, S.723 sowie *Zachert*, ArbuR 1993, S.199 mit einer Kurzdarstellung der wichtigsten Gesetze; kritisch hinsichtlich der gesetzlichen Ausgrenzung von Arbeitnehmerrandgruppen *Joswig-Buick*: Die arbeits- und sozialrechtliche Behandlung von Teilzeitarbeitnehmern, S.8.
301 Vgl. *Hepple, Fredman*: Labour Law in Britain, S.44; *Lewis*: Labour Law in Britain, S.3, zur Entwicklung der Gesetzgebung, die 1963 mit dem Erlaß des Contract of Employment Act begann.

che Einzelzuweisung eng eingegrenzten Handlungsbereich und sind nicht zu einer richterlichen Rechtsfortbildung in der Tradition des Common Law befugt[302]. Hierin liegt ein wesentlicher Unterschied zur deutschen Arbeitsgerichtsbarkeit. Eine funktionelle Bezeichnung als Arbeitsgerichte verdienen die Industrial Tribunals erst ab den 70er Jahren, da der ursprünglich kleine Zuständigkeitsbereich[303] allmählich durch den zunehmenden Erlaß von Einzelschutzgesetzen erweitert wurde. Die Etablierung der Industrial Tribunals als Arbeitsgerichtsinstanzen ist zu einem wesentlichen Teil auf Sir *Otto Kahn-Freund* zurückzuführen, einen deutschen Juristen der Weimarer Tradition, der nach Großbritannien ausgewandert war. Der 1969 verfaßte Bericht der Donovan Commission, die zur Ermittlung der Notwendigkeit einer Arbeitsrechtsreform aufgestellt worden war, favorisierte unter dem bedeutenden Einfluß von *Kahn-Freund* die Einführung eines Verfahrens für alle Streitigkeiten aus dem Arbeitsverhältnis vor einem leicht zugänglichen, informellen, schnell arbeitenden und billigen Spruchkörper[304]. Arbeitsbedingungen sind somit erst verhältnismäßig spät Gegenstand richterlicher Entscheidungsfindung geworden, im Gegensatz zu einer seit ca. 70 Jahren bestehenden deutschen Arbeitsgerichtsbarkeit[305]. Damit kann eine gewisse zeitliche Verzögerung in der Wahrnehmung der Gerichte erklärt werden.

2. Zurückhaltung Teilzeitbeschäftigter

2.1 Vorrangige Angleichung in der Tätigkeitsbewertung

Auf seiten der weiblichen Arbeitnehmer ist bisher ein starker Widerwille vorhanden, gleiche Teilhabe vor Gericht durchzusetzen[306]. 1976, im ersten Jahr nach Inkrafttreten des Equal Pay Act[307], wurden 1742 Anträge vor Gericht gestellt. Die Zahlen verhielten sich rückläufig: von 54 Anträgen 1981 bis zu 35 Klagen im

---

302 Vgl. *Docksey*, RIW 1991, S.725.
303 Erste Zuständigkeiten betrafen die Rechtsprechung über eine Berufsausbildungsabgabe nach dem Industrial Training Act, gesetzlich vorgeschriebene Übergangszahlungen nach wirtschaftlich bedingten Kündigungen nach dem Redundancy Payment Act und Streitigkeiten über schriftlich festgelegte Besonderheiten des Arbeitsvertrages. Vgl. *Roy Lewis, Jon Clark*: Employment Rights, Industrial Tribunals and Arbitration, S.4.
304 Vgl. *Blankenburg, Rogowski*, JLS 1987, S.70, 71. Die wichtigsten einer Rechtsprechung unterworfenen Themengebiete neben den bereits genannten Bereichen sind der Kündigungsschutz, Schutz der Arbeitnehmer bei Betriebsübergang, die Zulässigkeit von Gehaltsabzügen, Lohngleichheit von Männern und Frauen und Schutz vor Diskriminierung aufgrund des Geschlechts oder der Rasse.
305 Vgl. *Blankenburg, Rogowski*, JLS 1987, S.70; hierbei sind die Einschnitte durch das dritte Reich und den 2. Weltkrieg zu berücksichtigen.
306 Vgl. *Hepple, Fredman*: Labour Law and Industrial Relations in Britain, S.173.
307 Der Equal Pay Act wurde bereits 1970 als Gesetz erlassen, trat jedoch erst 5 Jahre später in Kraft, um den Arbeitgebern ausreichend Zeit zur Umgestaltung ihrer Lohnsysteme zu belassen.

Jahre 1983[308]. Nach der Änderung des Equal Pay Act und seiner Erweiterung auf die Ermittlung gleichwertiger Arbeit nahm die Zahl der Anträge wieder zu und hatte nach einigen Schwankungen im Jahre 1992/93 einen Umfang von 240 Anträgen[309]. Die Mehrzahl dieser Klagen betrifft eine Angleichung der Gehälter von Frauen an die Löhne männlicher Arbeitskräfte, die nach der Ansicht der Klägerinnen eine gleichwertige Arbeit ausführen[310]. Gleichheit von Teilzeitkräften innerhalb einer gleichen Arbeit ist gegenüber dem Bedürfnis, eine Veränderung der Lohnstrukturen zwischen Frauen und Männern zu erreichen[311], von untergeordneter Bedeutung. Der britische Fall von Frau Leverton behandelt ebenfalls die Frage der generellen Gleichwertigkeit und nicht ein Problem der Lohngleichheit von Teilzeitbeschäftigten. In Leverton v Clwyd County Council[312] beantragte eine Arbeitnehmerin eine Einstufung auf derselben Gehaltsskala und dieselbe Lohnzahlung wie vergleichbare Kollegen, da ihre Arbeit gleichwertig sei. Ungeachtet der sonstigen Umstände war die Klägerin zwar in Teilzeitarbeit tätig. Gleichzeitig verfügte sie jedoch über erheblich längere Urlaubszeiten und erhielt anteilig auch keinen niedrigeren Stundenlohn. Das House of Lords wies den Fall zutreffend auch aus diesen Gründen ab. Diese Entscheidung spiegelt den Grundsatz wider, daß Teilzeitarbeitnehmer einen Anspruch auf anteiliges Gehalt geltend machen können, ohne jedoch dasselbe Gehalt wie ihre vollzeitbeschäftigten Kollegen verlangen zu können. Weitergehende Wertungen, insbesondere im Hinblick auf die Rechtfertigung einer Ungleichbehandlung und in bezug auf eine anteilige Lohngleichheit, ergeben sich aus der Entscheidung nicht, da keine tatsächliche Ungleichbehandlung vorlag.

Eine andere britische Entscheidung, Calder and Cizakowsky v Rowntree Mackintosh Confectionary Ltd.[313], befaßt sich zwar thematisch mit der Problematik einer Ungleichbehandlung im Entgeltbereich. Das Gericht kommt hier-

---

308 Vgl. die Angaben in: *Equal Opportunities Commission*: Equal Pay For Men And Women, S.26; *Hepple*, CLP 1983, S.72.
309 Vgl. *Income Data Services* – Brief, März 1994, S.17.
310 Im Jahre 1987 klagten bei einer Gesamtzahl von 1970 Anträgen allein 1336 Sprachtherapeuten gegen den National Health Service auf Anerkennung der Gleichwertigkeit ihrer Arbeit mit der höher bezahlter männlicher Vergleichspartner, vgl. *Equal Opportunities Commission*: Equal Pay for Men and Women, S.26.
311 Vgl. beispielhaft die Fälle Snoxell and Davies v Vauxhall Motors Ltd., Employment Appeal Tribunal, IRLR 1977, S.123; National Coal Board v Sherwin and Spruce, Employment Appeal Tribunal, IRLR 1978, S.122; National Vulcan Engineering v Wade, Court of Appeal, ICR 1987, S.129; Albion Shipping Agency v Arnold, Employment Appeal Tribunal, IRLR 1981, S.525; Bromley and others v H & J Quick Ltd, Court of Appeal, IRLR 1988, S.249; Hayward v Cammell Laird Shipbuilders Ltd., House of Lords, IRLR 1988, S.256; McPherson v Rathgael Centre for Children and Young People and Northern Ireland Office (Training Schools Branch), Northern Ireland Court of Appeal, IRLR 1991, S.206; Enderby v Frenchay Health Authority and Secretary of State for Health, Court of Appeal, IRLR 1992, S.14.
312 Leverton v Clwyd County Council, House of Lords, IRLR 1989, S.28.
313 Calder and Cizakowsky v Rowntree Mackintosh Confectionary Ltd. Employment Appeal Tribunal, IRLR 1992, S.165; Court of Appeal, IRLR 1993, S.212.

bei jedoch zu einem falschen Ergebnis. Die Klägerinnen waren auf einer Teilzeitschicht von 5 Stunden tätig, die sich in den Abend hinein erstreckte („twilight shift"). Sie klagten auf die Erteilung eines Zuschlags, der einem männlichen Arbeitnehmer gewährt wurde, welcher sowohl in dieser Abendschicht als auch zusätzlich in Wechselschicht tätig war. Der streitige Zuschlag deckte nach den Angaben des Arbeitgebers zum einen die Ausführung von Arbeit während der Abendstunden, „unsocial hours", zum anderen die zusätzlichen Belastungen der Wechselschicht ab. Sowohl das Employment Appeal Tribunal als auch der Court of Appeal erkannten an, daß die Klägerinnen grundsätzlich anspruchsberechtigt bezüglich des Teils des Zuschlags sein sollten, der sich auf die „unsocial hours" beziehe. Allerdings strichen die Richter aus eigenem Antrieb heraus diesen Zweck und entschieden, daß die Zulage allein auf dem Element der Belastungen wegen wechselschichtigen Arbeitseinsatzes beruhe und somit den Klägerinnen nicht zuzuerkennen sei. Dieser sogenannte „broadbrush"-Ansatz der Gerichte verdeutlicht eine Bereitschaft, den Arbeitgeber nicht an die von ihm vorgegebenen Differenzierungskriterien zu binden, was in dem vorliegenden Fall zum Zuspruch eines Zulagenteils hätte führen müssen. Der Arbeitgeber wird damit seiner Verantwortung enthoben, willkürliche Ungleichbehandlungen von Arbeitnehmern zu vermeiden. Mit einer solchen Entscheidung wird die Bereitschaft von Teilzeitbeschäftigten, Ungleichbehandlungen vor Gericht anzugreifen, nicht gefördert.

Nicht zu unterschätzen ist in diesem Bereich schließlich die Furcht vor Repressionen von seiten des Arbeitgebers, wenn gleiche Teilhabe vor Gericht eingeklagt wird[314]. Bezeichnenderweise wurde der bisher einschneidendste Fall in Großbritannien, die noch zu besprechende Entscheidungsfindung des House of Lords gegen den Employment Protection (Consolidation) Act, nicht von einem einzelnen Arbeitnehmer allein in Gang gebracht, sondern vornehmlich durch die Equal Opportunities Commission, die als unabhängige Kontrollstelle in Großbritannien keine Repressionen durch einen Arbeitgeber zu befürchten hatte[315].

2.2 Restriktive Rechtsprechung im Bereich der Gleichbehandlung Teilzeitbeschäftigter

Darüber hinaus ist die Zurückhaltung von Teilzeitbeschäftigten angesichts der eher restriktiven britischen Rechtsprechung im Bereich der Gleichbehandlung

---

314 Eine Studie der Equal Opportunities Commission über die Effekte einer Klageerhebung aus den Jahren 1980–1984 legt dar, daß einige Antragstellerinnen entweder während des laufenden Verfahrens oder nach abschließendem erfolgreichem Urteil gekündigt wurden; die große Mehrzahl der Befragten gab eine erhebliche Verschlechterung der Arbeitsbeziehungen an. Vgl. *Alice Leonhard*: Phyrric Victories, Equal Opportunities Commission, London 1987, S.22 ff., 50; vgl auch *Jennifer Corcoran*, Women; Equality and Europe, S.56 (65).
315 Vgl. *Martiny*, RabelsZ 1978, S.160–162, zur generellen Aufgabe der Equal Opportunities Commission.

verständlich. Obwohl der Europäische Gerichtshof die Grundlagen für eine gemeinschaftskonforme Anwendung des Equal Pay Act und Sex Discrimination Act in seiner Entscheidung zu Jenkins[316] gelegt hatte, blieb die britische Rechtsprechung in der Umsetzung der Grundsätze des Europäischen Gerichtshofes über einige Jahre hinter den gemeinschaftsrechtlichen Anforderungen zurück. Ein abschließendes Urteil in der Sache Jenkins, das eine gewisse Orientierung für die Geltendmachung des Art.119 EWG-Vertrag in Großbritannien hätte bieten können, war wegen Rücknahme der Klage durch Frau Jenkins nicht ergangen. Zuvor erhobene Klagen von Teilzeitarbeitnehmern waren wegen Bejahung einer Rechtfertigung nach dem Equal Pay Act abgelehnt worden. Schließlich hatte auch der Rechtfertigungstest des Sex Discrimination Act zumindest bis 1987 wenig Erfolg für Teilzeitbeschäftigte versprochen. Mithin fehlte der erfolgreiche Präzedenzfall, dem im angelsächsischen Rechtskreis erhebliche Bedeutung zukommt[317]. Die generell geringe Erfolgsquote von Klagen nach dem Equal Pay Act (ca. 25% der Klagen sind erfolgreich) wird in der Literatur als weitere Abschreckung beklagt und auf die ungenügende Ermittlung und Verwendung sozialer Fakten sowie mangelnde Stringenz der britischen Arbeitsgerichte zurückgeführt[318].

Auch in anderen Bereichen sind Irrtümer über die weitreichende Wirkung des Art.119 EWG-Vertrag im nationalen Recht hinsichtlich einer Gleichbehandlung Teilzeitbeschäftigter zu beobachten. Abgesehen von der streitigen Kompetenz der Industrial Tribunals für Klagen nach Art.119 EWG-Vertrag bietet die Reaktion der britischen Öffentlichkeit gegenüber den Urteilen des Europäischen Gerichtshofes vom 28.9.1994 in den Sachen Fisscher und Vroege im Rahmen betrieblicher Altersversorgungen ein anschauliches Beispiel[319]: Der

---

316 EuGH vom 31.3.1981, amtl. Slg 1981, S.911 = AP Nr. 2 zu Art.119 EWG-Vertrag = NJW 1981, S.2639.
317 Vgl. zur allgemeinen Anbindung an die „stare decisis"-Doktrin: *Lord Mackenzie Stuart und J.-P. Warner*, Festschrift Kutscher, S.273 (274).
318 Vgl. *Linda Dickens*, ILJ 1988, S.58; *Docksey*, RIW 1991, S.725; *Hepple, Fredman*: Labour Law in Great Britain, S.173; *Hepple*, CLP 1983, S.77, 78; *derselbe*, Women, Employment and European Equality Law, S.143; *Martiny*, RabelsZ 1978, S.159, 160; *Lord Wedderburn*, MLR 1991, S.19, 20, der insbesondere für eine Spezialisierung des Arbeitsrechtlers entsprechend den Kontinentalsystemen plädiert, um die traditionelle Bindung britischer Juristen an das Common Law, das dem Wesen des Arbeitsrechts nicht entspricht, aufzuheben. Die Besetzung der Industrial Tribunals entspricht strukurell dem deutschen System. Allerdings sitzt dem Tribunal nicht ein spezialisierter Arbeitsrichter vor. Die „Chairmans" werden jeweils aus der allgemeinen Juristenschaft ausgewählt. Vgl. zur allgemeinen Kritik an den Industrial Tribunals: *Hazel Genn*, MLR 1993, S.393; *Lewis, Clark*: Employment Rights, Industrial Tribunals and Arbitration.
319 EuGH vom 28.9.1994, Rs.128/93, Geertruida Catharina Fisscher ./. Voorhuis Hengelo BV und Stichting Bedrijfpensioenenfonds voor de Detailhandel, amtl. Slg. 1994, S.4583 = AP Nr. 56 zu Art.119 EWG-Vertrag= EzA Art.119 EWG-Vertrag Nr.22; EuGH vom 28.9.1994, Rs.57/93, Anna Adriaantje Vroege ./. NCIV Instituut voor Volhuisvesting BV, EzA Art.119 EWG-Vertrag Nr.23.

Europäische Gerichtshof erklärte erneut, daß der Ausschluß Teilzeitbeschäftigter aus einem Schema der betrieblichen Altersversorgung gegen Art.119 EWG-Vertrag verstößt. Dieser Grundsatz besteht seit der 1986 ergangenen Bilkaentscheidung[320] und wirkt bis zu dem Urteilsdatum von Defrenne II, dem 8.April 1976, zurück. Die fehlende Reflektion dieses Urteils in Großbritannien läßt sich mit der dort herrschenden Auffassung erklären, daß britische Versorgungsordnungen, die zu weiten Teilen als völliger Ersatz der gesetzlichen Altersversorgungssysteme gefaßt sind, nicht unter Art.119 EWG-Vertrag fallen[321]. Allerdings setzte sich der Europäische Gerichtshof in der Sache Barber[322] 1990 erneut mit der Frage der Gleichbehandlung der betrieblichen Altersversorgung auseinander und erklärte die unterschiedlichen Altersgrenzen von Männern und Frauen für den Bezug von Altersrenten als unvereinbar mit Art.119 EWG-Vertrag. Hierbei stellte der Gerichtshof ausdrücklich klar, daß auch betriebliche Versorgungssysteme, die ein gesetzliches Alterssicherungssystem ersetzen, unter Art.119 EWG-Vertrag fallen. Der Gerichtshof beschränkte die Wirkungen des Barberurteils nur insoweit, als der Ansatz eines unterschiedlichen Rentenalters nicht für die Vergangenheit als gemeinschaftswidrig geltend gemacht werden kann. Der Entgeltcharakter selbst wirkt in die Vergangenheit, so daß auch der Anspruch Teilzeitbeschäftigter auf Aufnahme in betriebliche Ruhestandsverordnungen zurückwirkt. Daher bestand kein Anlaß, über diese erneuten Entscheidungen in Fisscher und Vroege[323], die lediglich ein weiteres Mal den Zugang Teilzeitbeschäftigter zu betrieblichen Versorgungssystemen behandeln, in Erregung zu geraten. Dennoch behandelte Großbritannien diese Entscheidung als eine Fort- und Neuentwicklung[324].

3. Fehlen eines allgemeinen Gleichbehandlungsgebotes

Das Erfordernis des Equal Pay Act in Section 1(2), einen Vergleich mit einem männlichen Arbeitskollegen in demselben Betrieb zu führen, schließt, wie im

---

320 EuGH vom 13.5.1986, Rs. 170/84, Bilka, amtl. Slg. 1986, S.1607 = AP Nr. 10 zu Art.119 EWG-Vertrag = NZA 1996, S.559.
321 Vgl. *Joswig-Buick*: Die arbeits-und sozialrechtliche Behandlung von Teilzeitarbeitnehmern, S.184.
322 EuGH vom 17.5.1990, Rs.262/88, Barber, amtl. Slg. 1990, S.1889 = AP Nr. 20 zu Art.119 EWG-Vertrag = NZA 1990, S.775.
323 EuGH vom 28.9.1994, Rs.128/93, Geertruida Catharina Fisscher ./. Voorhuis Hengelo BV und Stichting Bedrijfpensioenenfonds voor de Detailhandel, amtl. Slg. 1994, S.4583 = AP Nr. 56 zu Art.119 EWG-Vertrag= EzA Art.119 EWG-Vertrag Nr.22; EuGH vom 28.9.1994, Rs.57/93, Anna Adriaantje Vroege ./. NCIV Instituut voor Volhuisvesting BV, EzA Art.119 EWG-Vertrag Nr.23.
324 Während die Gewerkschaften das Urteil als einen Sieg nach einem Kampf von 25 Jahren bezeichnen, lehnen Industrieverbände und Regierung die Entscheidung insbesondere aufgrund der Rückwirkung ab, vgl. The Guardian vom 29.September 1994, S.1, 18, 25; Financial Times vom 29.9.1994, S.8/9,19.

Fall Meeks[325], eine Klage all derjenigen Teilzeitarbeitnehmer aus, die in einem rein weiblich besetzten Betrieb tätig sind und sich, wenn die betreffende Leistung eine vertragliche Leistung in Geld darstellt, nicht auf den vom Sex Discrimination Act zugelassenen hypothetischen Vergleich berufen können[326]. Der Europäische Gerichtshof hat in dieser Hinsicht keine Erweiterung des Vergleichsmaßstabes bewirkt, da er in Macarthys selber den hypothetischen Vergleich zwischen Männern und Frauen in verschiedenen Zweigstellen eines Unternehmens als zu weitgehend abgelehnt hat[327]. Dieser Ausschluß kann sich auf eine beachtliche Zahl von Teilzeitbeschäftigten auswirken, da die überwiegende Mehrzahl der Teilzeitbeschäftigten in überwiegend oder ausschließlich weiblich besetzten Belegschaften tätig ist[328]. Praktisch gänzlich ausgeschlossen von der Geltendmachung gesetzlicher Ansprüche sind männliche Teilzeitarbeitnehmer. Der Equal Pay Act stellt ausdrücklich nur auf Frauen als Anspruchsberechtigte ab. Der Sex Discrimination Act läßt zwar auch Klagen von Männern zu; allerdings ist es nach den derzeitigen Zahlenverhältnissen in Großbritannien faktisch ausgeschlossen, daß eine Benachteiligung einzelner männlicher Teilzeitbeschäftigter prozentual zu einer erheblichen Benachteiligung von Männern im Betrieb führt. Deutsche Arbeitnehmer fallen angesichts dieser Begrenzungen nicht in ein Anspruchsvakuum, da sie sich auf das Benachteiligungsverbot gemäß § 2 BeschFG sowie, in den Grenzen der Vertragsfreiheit, auf den allgemeinen Gleichbehandlungsgrundsatz berufen können. Eine solche Alternative existiert für britische Teilzeitbeschäftigte nicht.

B. Überprüfung nationaler Gesetze am Prüfungsmaßstab des Art.119 EWG-Vertrag

Die Rechtsprechung des Europäischen Gerichtshofes zur Vereinbarkeit des Art.119 EWG-Vertrag mit nationalen Gesetzen, die Leistungen aus dem Arbeitsverhältnis gegenüber Teilzeitkräften beschränken oder ausschließen, hat neben der materiellen Bedeutung auch einschneidende Erweiterungen der gerichtlichen Kompetenzen zur Folge. Der Europäische Gerichtshof hat durch seine Rechtsprechung zu der vorhandenen Gesetzeskontrolle in Deutschland ein zweites Entscheidungsforum hinzugefügt und in Großbritannien zur erstmaligen Einführung einer quasi-verfassungsmäßigen Kontrolle formeller britischer Gesetze anhand des Gemeinschaftsrechts entscheidend beigetragen.

---

325 Fall Meeks v National Union of Agricultural and Allied Workers, Industrial Tribunal, IRLR 1976, S.198.
326 Vgl. *Szyszczak*, Women, Employment and European Equality Law, S.62.
327 EuGH vom 27.3.1980, Rs. 129/79, Macarthys ./. Smith, amtl. Slg 1980, S.1275 = NJW 1980, S.1275; kritisch hierzu *Fredman*, ILJ 1992, S.124.
328 Vgl. Bulletin on Women and Employment in the EC, April 1994, S.2.

I. Die Erweiterung der Prüfungskompetenz nationaler Gerichte gegenüber dem Gesetzgeber

1. Die Einführung einer zweiten richterlichen Gesetzeskontrolle in Deutschland

Aus der Rinner-Kühn-Entscheidung des Europäischen Gerichtshofes ist ersichtlich, daß nationale Gerichte im Rahmen der europäischen Integration eine zusätzliche Erweiterung ihrer ursprünglichen Funktion erhalten. Die bereits besprochene Verpflichtung, gemeinschaftsrechtswidrige Vorschriften von Tarifverträgen außer acht zu lassen und ohne Entscheidung der Tarifparteien einen unmittelbaren Gleichstellungsanspruch aus Art.119 EWG-Vertrag zu bejahen, wird auch auf gesetzliche Normen und den Gesetzgeber ausgedehnt. Im Falle einer Entscheidungsfindung, die einen Verstoß der nationalen Norm mit Gemeinschaftsrecht bejaht, sind Gerichte nach den Aussagen des Europäischen Gerichtshofes verpflichtet, unter Außerachtlassung des entgegenstehenden nationalen Rechts einen Anspruch der Teilzeitbeschäftigten auf Gleichbehandlung mit Vollzeitkräften zu bejahen[329].

Deutsche Gerichte können anhand der Vorgaben des Europäischen Gerichtshofes die gemeinschaftsrechtliche Konformität nationalen Rechts gegenüber den Anforderungen des Art.119 EWG-Vertrag überprüfen, während die alleinige Entscheidungskompetenz hinsichtlich der Vereinbarkeit materiellen Rechts mit deutschem Verfassungsrecht nach wie vor beim Bundesverfassungsgericht liegt. So konnten das ArbG Oldenburg nach seinem Vorlagebeschluß in Rinner-Kühn und das BAG in einem späteren Fall eine Endentscheidung erlassen, ohne die Entscheidung des Bundesverfassungsgerichts auf Vorlage des BAG über die Vereinbarkeit des § 1 Abs. 3 Nr.2 LohnFG mit Art.3 Abs. 1 GG abzuwarten[330]. Diese Rechtsprechung hat erhebliche Auswirkungen. Das Verwerfungsmonopol bzgl. nationaler Gesetze bleibt grundsätzlich dem Bundesverfassungsgericht erhalten, da niedrigere Instanzen nicht dazu befugt sind, gemeinschaftswidriges nationales Recht für nichtig zu erklären. Allerdings können sie an Stelle der nationalen Vorschrift eine unmittelbar geltende gemeinschaftsrechtliche Regelung heranziehen. Die Übergehung nationalen Rechts unter unmittelbarer Anwendung von Gemeinschaftsrecht rückt jedoch einer Aufhebung des nationalen Gesetzes im Einzelfall sehr nahe, da das betreffende Recht zwar weiterhin gültig ist, aber nicht herangezogen wird. Verstärkt wird damit auch die Rechtsunsicherheitskomponente. Denn jedes nationale Gericht hat eine eigene Befugnis, die Vereinbarkeit mit Europäischem Recht festzustellen. So kann es mithin zu Abweichungen kommen und der einzelne Bürger

---

329 Vgl. *Wißmann*, DB 1989, S.1923.
330 ArbG Oldenburg vom 14.12.1989 – 3 Ca 50/88, EzA § 1 Lohnfortzahlungsgesetz Nr.113 = NZA 1990, S.438; BAG vom 9.10.1991 – 5 AZR 598/90, AP Nr.95 zu § 1 LohnFG = EzA § 1 Lohnfortzahlungsgesetz Nr.122 mit Anm. *Hartmut Oetker* = BB 1992, S.429; vgl. *Wißmann*, DB 1989, S. 1923.

eine Ungleichbehandlung in der Rechtsanwendung erfahren. *Schlachter* mahnt angesichts der weitreichenden Folgen zu Vorsicht, da nur der unmißverständliche Wille des EG-Rechts eine Außerachtlassung der Bindung der Gerichte an das nationale Gesetz rechtfertigt[331]. Eine außerhalb des nationalen Gesetzes ergehende Entscheidung darf nur bei Unzweideutigkeit der rechtlichen Lage zulässig sein und muß zudem stets die Möglichkeit von Rechtsmitteln zulassen[332].

2. Eingrenzung der britischen „Sovereignty of Parliament" über eine richterliche Gesetzeskontrolle

2.1 „Sovereignty of Parliament"

Die gerichtliche Kontrolle eines nationalen Gesetzes anhand verfassungsrechtlicher Normen durch das Bundesverfassungsgericht ist im deutschen Rechtsleben eine Selbstverständlichkeit. In Großbritannien hingegen herrscht das Prinzip des „sovereignty of parliament" vor. Großbritannien verfügt aus historischen Gründen über keine geschriebene Verfassung als oberste Rechtsnorm, der auch das Parlament unterworfen sein könnte, auch wenn dem britischen Recht generelle Prinzipien von Verfassungsrang nicht unbekannt sind[333]. Die Souveränität des Parlaments stellt vielmehr die Grundsatzregel der in Großbritannien geltenden Verfassungsprinzipien dar. Sie kann von keiner anderen staatlichen Autorität überprüft oder beschränkt werden. Die Rolle der Gerichte beschränkt sich darauf, das Recht, so wie es ist, anzuwenden, ohne seine Rechtmäßigkeit anhand allgemeiner Rechtsprinzipien zu überprüfen[334]. Nicht alle Gesetze oder Verordnungen haben allerdings die Qualität eines parlamentarischen Gesetzes, „Act of the Crown", inne. Unter dieser Stufe stehenden Verordnungen, ministerielle Erlasse, Anordnungen der Staatssekretäre und gleichermaßen materielle Gesetze unterliegen dem „judicial review"[335].

2.2 Der Konflikt mit dem Prinzip des Anwendungsvorrangs des Gemeinschaftsrechts

Die Souveränität des Parlaments ist grundsätzlich nicht an Einschränkungen oder Prinzipien aus internationalen Rechtsquellen gebunden. Nationales Recht ist nicht aus dem Grunde angreifbar, daß es allgemeinen internationalen Rechtsprinzipien oder einer völkerrechtlichen Vereinbarung widerspricht, der das

---

331 Vgl. *Schlachter*: Wege zur Gleichberechtigung, S.134.
332 Vgl. *Andreas Haupt, Dieter Welslau*, Anm.zum Urteil des LAG Köln vom 31.1.1991 – 10 Sa 950/90, LAGE Nr.27 zu § 1 Lohnfortzahlungsgesetz.
333 Vgl. zum geschichtlichem Hintergrund in Großbritannien *Mungo*: Studies in Constitutional Law, S.1 ff., 79 ff; *Hans Petersmann*: Die Souveränität des Britischen Parlaments in den Europäischen Gemeinschaften, S.165.
334 Vgl. *Anthony Bradley, Keith Ewing*: Constitutional and administrative law, S.70.; *Docksey*, RIW 1991, S.726; *Mungo*: Studies in Constitutional Law, S.88 ff; *Weatherill, Beaumont*: EC Law, S.317, 318.
335 Vgl. *Henry Wade*, LQR 1991, S.1 (5/6).

Königreich beigetreten ist[336]. Mit dem Beitritt Großbritanniens zur EG zeichnete sich in dieser Hinsicht ein tiefgreifender Konflikt zwischen dem durch den Europäischen Gerichtshof geschaffenen Vorrang des Gemeinschaftsrechts und der britischen parlamentarischen Souveränität ab. Um dem Gemeinschaftsrecht Geltung innerhalb des britischen Rechts zu schaffen, wurde der European Communities Act erlassen[337]. Die ausschlaggebende Section 2(1) dieses Gesetzes betont unter anderem die Durchsetzung der Grundsätze des Gemeinschaftsrechts im britischen Recht[338]. Section 2(4) betont die Vorrangstellung des Gemeinschaftsrechtes, die durch eine effektive und gemeinschaftskonforme Auslegung nationalen Rechts erreicht werden soll[339]. Wenngleich die Gerichte sich infolge dieses Gesetzes stets bemühten, innerhalb des nationalen Rechts die Grundsätze des Gemeinschaftsrechts anzuwenden, wurde eine Befugnis zur Nichtanwendung staatlichen Rechts, das Grundsätzen des Gemeinschaftsrechts eindeutig entgegensteht, abgelehnt[340]. Trotz der Erkenntnis, daß Europarecht vor der britischen Küste nicht haltmachen würde[341], waren die Gerichte nur bei zweideutigen Vorschriften eines nationalen Gesetzes berechtigt, sie gemeinschaftskonform auszulegen; widersprach eine nationale Regelung jedoch den Standards des Gemeinschaftsrechts, so enthielt Section 2(4) des European Communities Act nicht die Befugnis, den "Act of the Crown" zugunsten Gemeinschaftsrechts zu verwerfen[342]. Erst die Entscheidung des Europäischen Gerichtshofes in Factortame und die anschließende Entscheidung durch das House of

---

336 Vgl. *Bradley, Ewing*: Constitutional and administrative law, S.73; *Lawrence Collins*: European Community Law in the United Kingdom, S.19 ff.
337 In der Diskussion im Gesetzgebungsverfahren wurde die Schaffung einer Regelung beantragt, welche die Souveränität des britischen Parlaments als weiterhin vorrangig erklären sollte. Diese Regelung wurde zutreffenderweise nicht geltendes Recht, da damit eine eindeutige Verletzung des Gemeinschaftsvertrages vorgelegen hätte. Vgl. *Mungo*: Studies in Constitutional Law, S.127; *Wade*, LQR 1991, S.2,3.
338 Section 2(1) lautet: „All such *rights* (Rechte), powers, liabilities, obligations and restrictions ... created or arising by or under the Treaties, and all such remedies and procedures ... provided for by or under the Treaties, as in accordance with the Treaties are without further enactment to be given *legal effect* (rechtliche Wirkung) or used in the United Kingdom shall be recognised and available in law, and be *enforced* (durchgesetzt), allowed and followed accordingly; ... (Hervorhebung im Text und Übersetzung durch die Verfasserin).
339 Die entscheidende Section 2 (4) lautet: ... any such *provision* (Rechtsakt des Parlaments) ... shall be construed and have effect subject to the foregoing provisions of this section ... (Hervorhebung im Text und Übersetzung durch die Verfasserin).
340 Vgl. *Collins*: European Community Law in the United Kingdom, S.23; *Joswig-Buick*: Die arbeits- und sozialrechtliche Behandlung von Teilzeitarbeitnehmern, S.18, 19.
341 Lord Denning in: Bulmer v Bollinger, Court of Appeal, AllER 1974, Bd.2, S.1226, S.1231: „.... the treaty is like an incoming tide. It flows into the estuaries and up the rivers. It cannot be held back."
342 Vgl. *de Búrca*, MLR 1992, S.219; *Erika Szyszczak*, ELRev 1990, S.480 (481,482).

Lords[343] stellen eindeutig fest, daß eine nationale Regelung, die Gemeinschaftsrecht entgegensteht, von einem britischen Gericht für unanwendbar erklärt werden kann. Der britische Richter kann einen Anspruch selbst in den Fällen zugestehen, in denen sich der Gesetzgeber dagegen entschieden hat. Die Souveränität des britischen Parlaments steht im Rang hinter Gemeinschaftsrecht[344].

II. Die richterliche Überprüfung des Employment Protection (Consolidation) Act durch das House of Lords

1. Der Ausgangsfall

Der Einbruch des Gemeinschaftsrechts in die Unangreifbarkeit formeller Gesetzesvorschriften gegenüber gerichtlicher Kontrolle wirkte sich umwälzend für britische Teilzeitbeschäftigte aus. Deutlich wird das an dem Rechtsstreit der Equal Opportunities Commission and another v Secretary of State for Employment, der 1991 begonnen, 1994 durch das House of Lords entschieden wurde[345].

Der Employment Protection (Consolidation) Act 1978[346] beinhaltet gesetzlich festgelegte Arbeitnehmerrechte wie das in diesem Fall erhebliche redundancy pay[347], eine Abfindungszahlung im Falle einer wirtschaftlich bedingten Kündigung und Entschädigung bei ungerechtfertigter Kündigung, compensation for unfair dismissal[348]. Das Recht zur Geltendmachung des redundancy pay und der

---

343 EuGH vom 19.6.1990, Rs.213/89, Factortame (2), amtl. Slg.1990, S.2433; anschließende Entscheidung durch das House of Lords (No.2), AC 1991, S.603.
344 Vgl. *Bradley, Ewing*: Constitutional and administrative law, S.148; *Docksey*, RIW 1991, S.726; *Wade*, LQR 1991, S.3, 4; *Weatherill, Beaumont*: EC Law, S.319.
345 Regina v Secretary of State for employment ex parte Equal Opportunities Commission, Divisional Court, IRLR 1991, S.493 Court of Appeal, IRLR 1993, S.10; House of Lords, AllER 1994, S.910. Die Darstellung von *Joswig-Buick* ist irreführend, da das in dieser Sache ergangene erstinstanzliche Urteil des Divisional Court vom 10.Oktober 1991 unzutreffend als eine letztinstanzliche Entscheidung des House of Lords zitiert wird. Die Endentscheidung in dieser Angelegenheit erging jedoch – nach einer weiteren Abweisung der Klage durch den Court of Appeal vom 6.November 1992 – tatsächlich erst am 3. März 1994. Weiterhin geht *Joswig-Buick* irrtümlich davon aus, daß das House of Lords sich dem Argument anschließe, eine Erweiterung gesetzlicher Mindestrechte auf Teilzeitbeschäftigte würde deren Chancen auf dem Arbeitsmarkt verschlechtern. Das oberste Gericht erklärte jedoch in Wahrheit eine Einschränkung von Rechten aufgrund der Tatsache des verringerten Arbeitsumfanges als mit Art.119 EWG-Vertrag unvereinbar.
346 Vgl. Halsbury's Statutes of England and Wales, 4.Auflage, Band 16, London 1990, S.234.
347 Section 81 des Employment Protection (Consolidation) Act.
348 Section 68(2), 71(2) des Employment Protection (Consolidation) Act. Vgl. zum Arbeitnehmerbegriff und zu den sonstigen Leistungen des Employment Protection (Consolidation) Act *Joswig-Buick*: Die arbeits- und sozialrechtliche Behandlung von Teilzeitarbeitnehmern, S.119.

Kündigungsentschädigung ist an die Erfüllung bestimmter Fristen gebunden. Vollzeitarbeitnehmer müssen in demselben Betrieb ohne Unterbrechung mindestens zwei Jahre beschäftigt gewesen sein[349]. Für Teilzeitbeschäftigte, deren Arbeitszeit wöchentlich zwischen 8 und 16 Stunden umfaßt, beträgt diese Frist 5 Jahre, während unterhalb dieser Schwelle kein Anspruch entsteht[350].

Die Equal Opportunities Commission wandte sich wegen dieser Beschränkungen an den Secretary of State for Employment, welcher nach Section 2(2) des European Communities Act für die Einhaltung der Verpflichtungen des Vereinigten Königreichs nach dem Gemeinschaftsrecht im Bereich des Arbeitsrechts zu sorgen hat. Nach Ansicht der EOC verstieß die bestehende strengere Fristenregelung für Teilzeitbeschäftigte wegen erheblich höherer Benachteiligung von Frauen gegen Art.119 EWG-Vertrag. Ebenso beantragte eine Teilzeitarbeitnehmerin die Nichtanwendung der Schwellen des Employment Protection (Consolidation) Act. Frau Day konnte bei einer Wochenarbeitszeit unter 16 und über 8 Stunden nach ihrer Entlassung keine Ansprüche geltend machen, da sie zwar mehr als 2 Jahre, nicht aber die erforderlichen 5 Jahre gearbeitet hatte. Der Staatssekretär hielt den Antragstellern in einem Schreiben entgegen, daß die angegriffenen Vorschriften mit europäischen Grundsätzen konform liefen, da sie zur Erhaltung der Arbeitsplätze für Frauen erforderlich seien. Da der Employment Protection (Consolidation) Act nach geltender Auffassung als parlamentarisches Gesetz selber nicht gerichtlich kontrollierbar war, wandten die EOC und Frau Day sich im Klagewege gegen das Schreiben des Staassekretärs selbst, welches als Anordnung oder sonstiger Akt einer staatlichen Behörde vor einem High Court dem „judicial review" der Überprüfung unterworfen werden sollte.

Bis zur letztinstanzlichen abschließenden Entscheidung des House of Lords richtete sich einer der Streitpunkte des Falles auf die rechtliche Bedeutung dieses Schreibens und die tatsächlich dahinterstehende Absicht der Antragsteller, eine Überprüfung von Gesetzesrecht entgegen Art.169 EWG-Vertrag vor den eigenen Gerichten zu erzwingen[351]. Erst das House of Lords stellte die richtigen Weichen, indem es auf den eigentlichen Willen der Klägerinnen abstellte, den

---

349 Vgl. zu der Verschärfung der Voraussetzungen für den gesetzlichen Mindestschutz nach dem Employment Protection (Consolidation) Act *Joswig-Buick*: Die arbeits- und sozialrechtliche Behandlung von Teilzeitarbeitnehmern, S. 10, *dieselbe*, S.131 zu der Ermittlung der erforderlichen Mindestbeschäftigung; *Simon Deakin*, ILJ 1990, S.1 (14); *Docksey*, RIW 1991, S.723.
350 Section 146 IV-VII des Employment Protection (Consolidation) Act; vgl. ferner die Darstellung in Sweet & Maxwell: Encyclopedia of Employment Law, Band 1, Teil 1 B, 1-2302, S.1255-1258.
351 So reichten die Erörterungen von der Ablehnung eines Klagegegenstandes – das Schreiben sei keine eigenständige Regelung, sondern eine Feststellung des Status Quo – bis zur Annahme der Unzulässigkeit des Klagebegehrens, da eine ungenügende Umsetzung der Verpflichtungen aus dem EWG-Vertrag nur im Vertragsverletzungsverfahren der Kommission gegen Großbritannien gemäß Art.169 EWG-Vertrag geltend gemacht werden kann.

Employment Protection (Consolidation) Act selbst zu überprüfen. Dies ließ das House of Lords zu. Anhand der Factortame-Entscheidung[352] fordere die effektive Durchsetzung des Gemeinschaftsrechts eine gerichtliche Kontrolle auch formeller parlamentarischer Gesetze. Damit könne entgegen den Vorschriften des Employment Protection (Consolidation) Act ein Recht gemäß Art.119 EWG-Vertrag eingeklagt werden, wenn die Vorschriften des Gesetzes gegen die Gemeinschaftsnorm verstießen. Eine solche Klage erzwinge keine internationale Verpflichtungen des Königreiches gegenüber der Gemeinschaft, sondern entspreche lediglich dem Anwendungsvorrang Europäischen Rechts in den nationalen Gerichten. Es sei kein Grund ersichtlich, warum der High Court als ein nationales Gericht, das nach der Entscheidung des Europäischen Gerichtshofes in Rinner-Kühn die Beurteilung des Verstoßes von nationalem gegen Gemeinschaftsrecht zu prüfen hat, nicht ein ebensogutes, wenn nicht besseres Forum zur Entscheidung einer solchen Klage darstelle wie der Europäische Gerichtshof selbst in einem Vertragsverletzungsverfahren nach Art.169 EWG-Vertrag. Die Antragsberechtigung für eine solche gerichtliche Überprüfung stehe der Equal Opportunities Commission zu, da sie gemäß Section 53 Sex Discrimination Act dazu verpflichtet sei, jede Art von Diskriminierung zu eliminieren. Der einzelne Arbeitnehmer könne hingegen nach der Auffassung der "Lawlords" keinen Kontrollantrag an den High Court stellen, sondern sei auf den Klageweg vor einen Industrial Tribunal zu verweisen, der für individualrechtliche Fragen des Arbeitsrechts zuständig sei. Diese Verweisung ist zwar zutreffend, da die Rechte aus dem Arbeitsverhältnis vor dem sachnächsten Gericht einzuklagen sind. Ihr haftet allerdings ein Makel an, denn die Kompetenz zur Entscheidung über die Gemeinschaftskonformität nationalen Rechtes steht nur dem High Court offen, nicht jedoch einem Industrial Tribunal, dem infolge seiner Position unterhalb dem Rang von Gerichten eine richterliche Kontrolle von Gesetzen nicht zugestanden wird. Das Industrial Tribunal müßte daher die Klage von Frau Day abweisen bzw. die Entscheidung bis zu einem Urteil des High Court aussetzen, weil es anders als der High Court nicht entgegen den Vorschriften des Employment Protection (Consolidation) Act einen Anspruch aus Art.119 EWG-Vertrag zusprechen kann. Im Endeffekt läuft die Verweisung des House of Lords daher auf eine alleinige Ermächtigung der Equal Opportunities Commission zur Überprüfung nationaler Gesetze hinaus. Dies widerspricht der Rechtsprechung des Gerichtshofs in Rinner-Kühn, die eine Durchsetzung des Gemeinschaftsrechts in allen gerichtlichen Instanzen anstrebt. Ferner verhält sich diese Ansicht gegenläufig zu dem Prinzip einer effektiven Wahrnehmung des Gemeinschaftsrechts durch die Gerichte.

---

352 EuGH vom 19.6.1990, Rs.213/89, Factortame (2), amtl. Slg.1990, S.2433; anschließende Entscheidung durch das House of Lords (No.2), AC 1991, S.603.

2. Rechtfertigung der Benachteiligung von Teilzeitbeschäftigten

Obwohl alle Instanzen übereinstimmend eine mittelbare Diskriminierung durch Gesetz im Entgeltbereich bestätigten[353], gingen die Meinungen im weiteren Prüfungsschritt hinsichtlich der Frage der Rechtfertigung getrennte Wege.

In den Vorinstanzen konnte sich der Secretary of State mit dem Argument durchsetzen, Arbeitsplätze für Frauen durch die streitigen Schwellenregelungen zu erhalten und daher ein sozialpolitisches Ziel im Sinne des Art.119 EWG-Vertrag zu verfolgen. Nach richterlicher Auffassung des Divisional Court und des Court of Appeal würde die Aufhebung der Wartefristen des EP(C)A für Teilzeitbeschäftigte einen zusätzlichen Kostenaufwand des Arbeitgebers bedingen, ergänzt um einen verwaltungsbedingten Mehraufwand wegen der zusätzlichen Berechnung der Abfindungen. Teilzeitarbeit werde damit finanziell unattraktiv, der Arbeitgeber werde in Zukunft weniger Teilzeitarbeitsplätze anbieten und bestehende Arbeitsplätze abbauen. Darüber hinaus machten sich die Gerichte das auch von *Oetker*[354] im Rahmen des deutschen Lohnfortzahlungsrechts erwähnte Argument der Richtlinienvorschläge zu eigen. Die Tatsache, daß auch die EG-Kommission aus Kostengründen eine 8-Stundengrenze vorschlage, spreche dafür, den Mitgliedstaaten die Festsetzung einer eigenen Grenze entsprechend ihren wirtschaftlichen und sozialen Gegebenheiten freizustellen.

Der Gegenvortrag der EOC, daß anhand einer Befragung nur 1% der Arbeitgeber die Beseitigung von Fristenschwellen als erheblich für eine Beschäftigung von Teilzeitbeschäftigten ansehen würden[355], wurde als nicht repräsentiv abgelehnt, da die EOC als Teilzeitarbeit eine Tätigkeit unterhalb von 30 Wochenstunden angesetzt hatte. Der EP(C)A gehe indessen von einer 16-Stunden-Grenze aus, so daß es den vorgetragenen Zahlen an Aussagekraft fehle. Insbesondere letzteres Argument geht fehl. Denn der Stundenumfang der von der EOC festgesetzten Grenze schließt die 16-Stundengrenze mit ein, so daß die Antworten der Arbeitgeber auch in dieser Hinsicht Bedeutung erlangen. Der Verweis auf niedrigere oder fehlende Schwellenwerte in anderen Mitgliedstaaten konnte die Ansicht der Gerichte ebenfalls nicht ändern, da andere Staaten andere Systeme hätten und ein pauschaler Verweis daher nicht ausreiche[356].

Im Court of Appeal selbst vertrat Richter Dillon gegenüber der Mehrheitsentscheidung eine andere Auffassung. Eine Rechtfertigung im Sinne des Art.119

---

353 Die Frage des Entgelts wurde für die Abfindung bei wirtschaftlicher Kündigung bejaht; hinsichtlich der Entschädigung bei unfair dismissal ließ das House of Lords die Entscheidung offen, da es einen Anspruch aus der Gleichbehandlungsrichtlinie 76/207/EWG bejahte; allerdings ging das Gericht davon aus, daß die Subsumtion dieser Leistung unter den Begriff des Art.119 EWG-Vertrag naheliege.
354 Vgl. *Oetker*, Anm. zum Urteil des BAG vom 9.10.1991 – 5 AZR 598/90, EzA § 1 Lohnfortzahlungsgesetz Nr.122.
355 Vgl. auch *Hakim*, ILJ 1989, S.75.
356 Vgl. *Joswig-Buick*: Die arbeits- und sozialrechtliche Behandlung von Teilzeitarbeitnehmern, S.231, 232.

EWG-Vertrag sei nur dann anzunehmen, wenn der Beweis durch die zuständige staatliche Behörde erbracht sei, daß die vorgetragenen Maßnahmen zur Erreichung des sozialpolitischen Zieles erforderlich seien. Die Abwägung der Argumente für und gegen eine Geeignetheit der Wartefristen zur Schaffung bzw. Erhaltung von Arbeitsplätzen könne allenfalls eine Wahrscheinlichkeit nachteiliger Folgen im Falle der Aufhebung begründen, nicht jedoch einen Beweis. Jüngere Entwicklungen hätten gezeigt, daß eine Gleichstellung der Frauen nicht „zu den entsetzlichen Folgen führt, die die Propheten des Untergangs vorausgesagt haben"[357]. Das House of Lords schloß sich dieser Ansicht an. Die Fristenbegrenzung stehe der Zahlung eines niedrigeren Grundgehalts an Teilzeitarbeitnehmer gleich. Die Reduzierung der indirekten Lohnkosten infolge von Wartefristen ist mit der gesetzlichen Zulassung niedrigerer Löhne an Teilzeitbeschäftigte und damit Frauen vergleichbar. Die generelle Sanktionierung einer solchen Lohnpraxis durch ein nationales Gesetz muß hinsichtlich der Rechtfertigung wegen ihrer Wirkung strengen Anforderungen genügen. Das britische Arbeitsministerium konnte kein Argument vortragen, daß die hohen Schwellenwerte des Employment Protection (Consolidation) Act erforderlich sind, zumal da andere Mitgliedstaaten mit einem vergleichbar hohen Anteil von Teilzeitbeschäftigten an der Gesamtarbeitnehmerschaft keine derartigen Schwellen in ihre Gesetze eingefügt hatten. Das House of Lords erklärte daher die Ausschlußregelungen des Employment Protection Act wegen fehlender objektiver Rechtfertigung als unvereinbar mit Art.119 EWG-Vertrag.

Die strengen Anforderungen, die hier gegenüber dem Gesetz aufgestellt werden, die Anwendung des Verhältnismäßigkeitsgrundsatzes sowie die Pflicht einer ausreichenden Darlegung durch das die Regierung vertretende Ministerium, stehen im Einklang mit den Rechtfertigungsanforderungen, welche der Europäische Gerichtshof in der Sache Rinner-Kühn[358] zugrunde gelegt hat. Die Britische Regierung hat mit dieser Entscheidung, in der erstmals ohne Einbeziehung des Europäischen Gerichtshofes eine Überprüfung nationalen Rechtes durch britische Gerichte erfolgte[359], einen Dämpfer in ihrer Deregulierungspolitik erlitten, die mit dem Abbau von Arbeitnehmerrechten die Kosten für Arbeitgeber senken und ein Ansteigen der Beschäftigungszahlen erreichen will[360]. Die stetige Zunahme der Teilzeitbeschäftigten in Großbritannien in der

---

357 Regina v Secretary of State for Employment ex parte Equal Opportunities Commission, Court of Appeal, IRLR 1993, S.10 (14).
358 EuGH vom 13.7.1989, Rs.177/88, Rinner-Kühn, amtl. Slg. 1989, S.2743 = AP Nr.23 zu Art.119 EWG-Vertrag = EzA § 1 Lohnfortzahlungsgesetz Nr.107 = DB 1989, S.1574 = Streit 89, S.87.
359 Vgl. The Times vom 5.3.1994: „Britain may now have, for the first time in history, a constitutional court".
360 Vgl. *Hepple*, Legal and contractual limitations to working time in the European Community member states, S.428/429: die britische Regierung hatte ursprünglich eine weitere Anhebung der Schwellen um jeweils 4 Stunden geplant, um zusätzliche Anreize zur Nutzung der Teilzeitbeschäftigung zu geben.

Größenordnung von mehr als einer Million Beschäftigten seit 1979, die allein verantwortlich ist für eine Zunahme der Beschäftigungszahlen[361], spricht dafür, daß ein genereller Bedarf nach flexiblen Arbeitskräften besteht, der keine besondere staatliche Unterstützung durch Verbilligung dieser Arbeitsform benötigt[362]. *Deakin* erhofft sich von diesem Urteil eine Rückwirkung auf sonstige Bereiche der mittelbaren Diskriminierung, insbesondere innerhalb der Beurteilung des Sex Discrimination Act, die weiterhin keine stringente Durchführung des Verhältnismäßigkeitsprinzips zeigt[363].

3. Folgen des Urteils

Die Equal Opportunities Commission hat in ihrer nachfolgenden Erläuterung über die Konsequenzen dieses Urteils eine Klage aller Teilzeitarbeitnehmer angeregt, die in der früheren Zeit keine entsprechenden Leistungen geltend machen konnten. Eine Rückwirkung des Urteils war vom House of Lords nicht abgelehnt worden, woraus die EOC eine solche bis zum Urteil des Europäischen Gerichtshofes in Defrenne II vom 8.April 1976 annimmt[364]. Der Europäische Gerichtshof hat diese Auffassung mit seinen Urteilen vom 28.9.1994 ebenfalls für die betriebliche Altersversorgung vertreten[365].

3.1 Nichtanwendung des Employment Protection (Consolidation) Act in weiteren Urteilen

Am 9.5.1994 entschied ein Industrial Tribunal unter Bezugnahme auf das Urteil des House of Lords einen gleichgelagerten Fall. In Warren v Wylie[366] hing die Klage auf Kündigungsentschädigung von der Anwendbarkeit der Fristenschwellen des Employment Protection (Consolidation) Act ab. Das Gericht erklärte sich durch die Entscheidung des House of Lords gebunden und sprach der Klägerin die Leistung zu. Bemerkenswert an dieser Entscheidung sind zwei Aspekte: Zum einen hatte das House of Lords sich nicht ausdrücklich dahinge-

---

361 Vgl. *Hepple*, Legal and contractual limitations to working time in the European Community member states, S.440.
362 Vgl. *Simon Deakin*, ILJ 1994, S.151 (154); *Joswig-Buick*: Die arbeits- und sozialrechtliche Behandlung von Teilzeitarbeitnehmern, S.233; *Brian Napier*, NLJ 1994, S.396 (397).
363 Vgl. *Deakin*, ILJ 1994, S.153.
364 EuGH vom 8.4.1976, Rs.43/75, Defrenne II, amtl. Slg.1976, S.455 = NJW 1976, S.2068; vgl. *Equal Opportunities Commission*: Guidance on Legal Implications of House of Lords Judgement in R.v. Secretary of State For Employment, ex parte EOC, 3rd March 1994, S.3, 4.
365 EuGH vom 28.9.1994, Rs.128/93, Geertruida Catharina Fisscher ./. Voorhuis Hengelo BV und Stichting Bedrijfpensioenenfonds voor de Detailhandel, amtl. Slg. 1994, S.4583 = AP Nr. 56 zu Art.119 EWG-Vertrag = EzA Art.119 EWG-Vertrag Nr.22; EuGH vom 28.9.1994, Rs.57/93, Anna Adriaantje Vroege ./. NCIV Instituut voor Volhuisvesting BV, EzA Art.119 EWG-Vertrag Nr.23.
366 Warren v Wylie and Wylie, Industrial Tribunal, IRLR 1994, S.316.

hend ausgesprochen, daß die Entschädigung für eine rechtswidrige Kündigung unter den Entgeltbegriff des Art.119 EWG-Vertrag fällt. Die Lawlords waren sich nicht sicher, ob diese Frage als „acte clair" positiv zu beantworten war, obwohl sehr viel für die Bejahung des Entgeltbegriffs spreche, oder ob eine Vorabentscheidung nach Art.177 EWG-Vertrag erforderlich sei. Eine endgültige Entscheidung erfolgte nicht, da der Rückgriff auf die Gleichbehandlungsrichtlinie 76/207 ein Ausweichen auf das Verbot der mittelbaren Diskriminierung auch in den sonstigen Arbeitsbedingungen ermöglichte. Selbst wenn die Kündigungsentschädigung wider Erwarten kein Entgelt im Sinne des Art.119 EWG-Vertrag dargestellt hätte, so würde sie als sonstige Arbeitsbedingung unter die Richtline 76/207 fallen. Diese Ausgangsansätze wurden durch das Arbeitsgericht in Warren v Wylie als verbindliche Bestätigung angesehen für die Fälle, in denen die Richtlinie nicht anwendbar ist, wie hier bei einer Klage von Privaten untereinander. Das Arbeitsgericht bejahte daher ohne entsprechenden Vorlagebeschluß den Entgeltcharakter der Kündigungsentschädigung. Ein anderes Industrial Tribunal (Nottingham) hat die Frage des Entgeltcharakters mittlerweile dem Europäischen Gerichtshof zur Vorabentscheidung vorgelegt[367].

Weiterhin beachtlich ist, daß das britische Gericht der Klage stattgegeben hat, obwohl die Arbeitszeit der Klägerin unterhalb der 8-Stundenschwelle gelegen hatte, die nach dem Employment Protection (Consolidation) Act zum völligen Ausschluß von der Kündigungsabfindung führt. Die Beklagten hatten sich in dem laufenden Verfahren auf den Richtlinienentwurf der Kommission berufen, der eine Begrenzung auf 8 Stunden zulassen würde. Das Gericht lehnte diesen Vortrag ab, da das House of Lords denselben Vortrag des Secretary of State for Employment zurückgewiesen hatte und nicht nur eine Schwelle („threshold"), die der 16 Stunden, sondern die Schwellen („thresholds"), also auch die von 8 Stunden, als unvereinbar mit Art.119 EWG-Vertrag erklärt hatte.

3.2 Schadensersatz an Teilzeitarbeitnehmer in speziellen Fällen

Die Entscheidung des House of Lords wirft eine weitere Problematik auf. Sechs Wochen vor der Entscheidung, am 25.1.1994, war ein gleichgelagerter Fall, Leeds City Council v Sutcliffe, in der Berufungsinstanz negativ entschieden worden[368]. Die Klägerinnen, die mehrere nebeneinander laufende Verträge von jeweils unter 8 Stunden über 5 Jahre abgeschlossen und durchgeführt hatten, waren mit ihrer Klage auf Kündigungsabfindung abgewiesen worden. Dieses Urteil wäre jedoch anders ausgefallen, wenn das Berufungsgericht ebenso wie das Industrial Tribunal in Warren v Wylie[369] die Unzulässigkeit der Stundenbe-

---

367 Rs.112/94, K.Richardson v E.Barnes, Vorabentscheidungsersuchen des Industrial Tribunal von Nottingham, Bulletin über die Tätigkeiten des Gerichtshofs und des Gerichts erster Instanz der Europäischen Gemeinschaften, Nr.13/94 vom 25.-29. April 1994, S.24.
368 Leeds City Council v Sutcliffe, Employment Appeal Tribunal, IDS Brief Nr.522, August 1994, S.15/16.
369 Warren v Wylie and Wylie, Industrial Tribunal, IRLR 1994, S.316.

grenzung im Employment Protection (Consolidation) Act bejaht hätte. Diese Entscheidung kann gegebenenfalls Anlaß dazu geben, die britische Regierung auf Schadensersatz infolge der Verletzung von Gemeinschaftsrecht zu verklagen, da die gemeinschaftswidrigen Fristenschwellen zu finanziellen Schäden der Klägerinnen führten. Den entsprechende Antrag der Equal Opportunities Commission, eine Schadensersatzverpflichtung der britischen Regierung gerichtlich festzustellen, hatte das House of Lords im Ausgangsfall ausdrücklich abgewiesen[370]. Eine generelle Feststellung könne nicht hinsichtlich einer Rechtsfrage erfolgen, die eine Entscheidung im Einzelfall erfordere.

Die Equal Opportunities Commission regt ungeachtet dessen eine Klage auf Schadensersatz all derjenigen Teilzeitarbeitnehmer an, die ihre Klage nicht mehr gegen ihren früheren Arbeitgeber richten können, zum Beispiel im Falle einer Betriebsaufgabe[371]. Dieser Anregung liegt eine weitere Entscheidung des Europäischen Gerichtshofes zugrunde. Im Fall Francovich hat der Europäische Gerichtshof die Verpflichtung nationaler Gerichte ausgesprochen, dem einzelnen einen Anspruch gegen seinen Staat auf Ersatz derjenigen Schäden zuzuerkennen, die ihm infolge einer Verletzung von Gemeinschaftsrecht durch den betreffenden Mitgliedstaat entstanden sind[372]. Die ursprüngliche Entscheidung bezog sich auf den Schaden, der dem einzelnen infolge der versäumten Umsetzung einer Richtlinie entstanden sind. Der Europäische Gerichtshof hat jedoch eine generelle Möglichkeit zum Schadensersatz bejaht. Somit käme auch ein Anspruch gegen den britischen Staat (und auch gegen den deutschen Staat, z.B. für die Aufrechterhaltung des § 1 Abs.3 Nr.2 LohnFG oder des § 23 a BAT) für die Aufrechterhaltung nationalen Rechts, das gegen Art.119 EWG-Vertrag verstößt und aufgrund dessen Regelung Teilzeitbeschäftigte einen Schaden durch den Verlust von Kündigungsabfindungen erlitten haben, in Betracht.

Auf die mannigfaltigen Schwierigkeiten, die sich für das nationale Recht im Zusammenhang mit dem Francovich-Urteil ergeben, kann an dieser Stelle nicht eingegangen werden[373]. Die Bejahung eines solchen Anspruches unterliegt jedoch Bedenken. Eine kausale Verletzung der Ausschlußregelungen des Employment Protection Act für die den potentiellen Klägern entstandenen Schäden ist im Hinblick auf die durch den Europäischen Gerichtshof entwickelten Prinzipien über die unmittelbare Wirkung des Gemeinschaftsrechts

---

370 Regina v Secretary of State for employment ex parte Equal Opportunities Commission, House of Lords, AllER 1994, S.910.
371 Vgl. *Jeremy Lewis and John Bowers*, Solicitor's Journal 1994, S.308 (310).
372 Vgl. *Deakin*, ILJ 1994, S.153; EuGH vom 19.11.1991, verb. Rs.6/90 und 9/90, Francovich und Bonifaci, amtl. Slg. 1991, S.5357 = IRLR 1992, S.84 = EuZW 1992, S.758 = NJW 1992, S.165 = RIW 1992, S.243.
373 Vgl. dazu *Peter Duffy*, ELRev 1992, S.133; *Karl*, RIW 1992, S.440; *Martin Nettesheim*, DÖV 1992, S.999; *Fritz Ossenbühl*, DVBl.1992, S.993; *Stephan Ulrich Pieper*, NJW 1992, S.2454; *Sabine Schlemmer-Schulte, Jörg Ukrow*, EuR 1992, S.82; *Ferdinand Schockweiler*, EuR 1993, S.82; *Josephine Steiner*, ELRev 1993, S.3; *Rudolf Streinz*, EuZW 1993, S.599.

abzulehnen. Da nationale Gerichte zur Anwendung des Gemeinschaftsrechts auch gegenüber entgegenstehendem nationalen Recht verpflichtet sind, muß sich der Geschädigte vor den Gerichten auf seinen unmittelbaren Anspruch aus Gemeinschaftsrecht berufen, um die Beeinträchtigung aus widersprechendem nationalen Recht abzuwenden. Der Anwendungsvorrang des Gemeinschaftsrechts vor entgegenstehendem nationalen Recht verhindert damit die Wirkung der betreffenden nationalen Regelung. Infolge der durch den Gemeinschaftsbürger einklagbaren unmittelbaren Wirkung fehlt es daher grundsätzlich an der Kausalität zwischen der Rechtsnorm, die durch das Gemeinschaftsrecht verdrängt würde, und dem Schaden[374].

Die Problematik ist jedoch damit nicht gelöst. Denn ausschlaggebend für die Schadensentstehung ist nicht die Norm des nationalen Rechts, die durch das entgegenstehende, unmittelbar wirkende Gemeinschaftsrecht verdrängt würde. Ursächlich ist vielmehr das Gericht, das – in Verkennung der Rechtslage – nicht die gemeinschaftsrechtliche Norm, sondern die nationale Rechtsvorschrift angewandt hat. Das Berufungsgericht in oben angeführtem Fall hätte bei zutreffender Durchsetzung des Gemeinschaftsrechts den Anspruch der Klägerin bejahen müssen, da Art.119 EWG-Vertrag den Beschränkungen des EP(C)A vorgeht. Es ist jedoch zu bedenken, daß das komplizierte Zwischenspiel zwischen Gemeinschaftsrecht und nationalem Recht von den einzelnen Gerichten nicht immer zutreffend beurteilt werden kann. Bis zu der Entscheidung in Factortame[375] oder auch bis zu der Entscheidung des House of Lords im Fall der Equal Opportunities Commission[376] wurde die Überprüfung einer Vereinbarkeit britischer Parlamentsgesetze mit EG-Gemeinschaftsrecht durch britische Gerichte abgelehnt. Es ist zweifelhaft, ob einem Gericht heute vorgeworfen werden kann, die traditionellen Begrenzungen seiner Rechtsprechung nicht schon früher überschritten zu haben. Für Industrial Tribunals kommt hinzu, daß bereits die Kompetenz zur Entscheidung über einen allein auf Art.119 EWG-Vertrag gegründeten Anspruch lange Zeit rechtlich ungeklärt war. Weiterhin stehen einer Haftung des Staates für gemeinschaftswidrige gerichtliche Entscheidungen andere Rechtsprinzipien entgegen. Der Richter ist eine unabhängige Entscheidungsinstanz zur endgültigen Beilegung von Rechtsstreitigkeiten. Die Unabhängigkeit des Richters von jeder staatlichen Einflußnahme, wie für Deutschland in Art.97 GG festgeschrieben, würde bei der Zulassung eines Staatshaftungsanspruches Schaden leiden, da damit die objektive Anwendung des Rechts und der Vorrang des Rechtes vor staatlicher Einflußnahme negativ beeinflußt würden[377]. Könnte ein Bürger entgegen einem abschließenden Urteil

---

374 Vgl. *Duffy*, ELRev 1992, S.135; *Nettesheim*, DÖV 1992, S.1000.
375 EuGH vom 19.6.1990, Rs.213/89, Factortame (2), amtl. Slg.1990, S.2433; anschließende Entscheidung durch das House of Lords (No.2), AC 1991, S.603.
376 Regina v Secretary of State for employment ex parte Equal Opportunities Commission, House of Lords, AllER 1994, S.910.
377 Vgl. von Münch – M*eyer*, GG, Band 3, Art.97 Rn.3; *Erika Szyszczak*, S.690 (696).

Schadensersatz geltend machen, würde das Prinzip der Rechtssicherheit, dem die endgültige Entscheidung über Streitigkeiten dient, aufgehoben.

Daher wird ein möglicher Schadensersatzanspruch Teilzeitbeschäftigter abzulehnen sein, obwohl damit eine Ungleichbehandlung derjenigen Teilzeitbeschäftigten in Kauf zu nehmen ist, die ihre Abfindungsansprüche nicht mehr gegen einen früheren Arbeitgeber geltend machen können. Ein letztes Wort wird gegebenenfalls der Europäische Gerichtshof zu sprechen haben.

III. Die gespaltene Ansicht deutscher Gerichte zur Konformität nationaler Gesetze mit Art.119 EWG-Vertrag

1. Der Fall Rinner-Kühn[378]

1.1 Die Stellungnahme des Europäischen Gerichtshofes

§ 1 Abs.3 Nr.2 LohnFG schloß eine Lohnfortzahlung an Arbeiter durch den Arbeitgeber im Krankheitsfalle aus, sofern der Arbeitsumfang entweder wöchentlich 10 oder monatlich 45 Stunden nicht überschreitet. *Hanau* hatte bereits 1984 anläßlich eines Urteil des 5. Senats die Verfassungsmäßigkeit der Regelung infolge der Benachteiligung von Arbeitern gegenüber Angestellten bezweifelt[379]. Dem folgte 1987 ein entsprechender Vorlagebeschluß des Bundesarbeitsgerichtes an das Bundesverfassungsgericht gemäß Art.100 GG[380]. Demgegenüber sah das ArbG Oldenburg, vor dem Frau Rinner-Kühn auf die Lohnfortzahlung trotz ihrer geringen Arbeitsstunden klagte, in der Regelung des LohnFG einen möglichen Verstoß gegen Art.119 EWG-Vertrag und wandte sich an den Europäischen Gerichtshof[381]. Dieser ging infolge des Anteils von 90% Frauen an der Teilzeitarbeitnehmerschaft in Deutschland von einer erheblich höheren Benachteiligung von Frauen durch die Regelung des LohnFG aus. Er stellte weiterhin den bereits erörterten Rechtfertigungsmaßstab des sozialpolitischen Ziels für diskriminierende nationale Gesetze auf. Obwohl der Europäische Gerichtshof grundsätzlich die Prüfung der Rechtfertigung dem jeweiligen mit der Entscheidung befaßten Gericht überließ, äußerte er sich kurz zu den von der Bundesregierung vorgetragenen Rechtfertigungsgründen. Die Behauptung einer geringeren Einbindung von Teilzeitbeschäftigten in den Betrieb ist demnach eine generalisierende Erwägung, woraus sich kein not-

---

378 EuGH vom 13.7.1989, Rs.177/88, Rinner-Kühn, amtl. Slg. 1989, S.2743 = AP Nr.16 zu Art.119 EWG-Vertrag = EzA § 1 Lohnfortzahlungsgesetz Nr.107 = DB 1989, S.1574 = Streit 89, S.87.
379 Vgl. *Peter Hanau*, Anm. zu BAG vom 7.11.1984 – 5 AZR 378/82, AP Nr.59 zu § 1 LohnFG.
380 BAG vom 5.8.1987 – 5 AZR 189/86, AP Nr.72 zu § 1 LohnFG = DB 1987, S.2572.
381 ArbG Oldenburg vom 5.5.1988 – 3 Ca 50/88, BB 1988, S.1256 = Streit 1988, S.123 mit Anm. *Ninon Colneric*.

wendiges Mittel einer Sozialpolitik ergibt, das durch den Ausschluß einer Lohnfortzahlung zu erreichen wäre.

1.2 Rechtliche Beurteilung eines Verstoßes durch die nationalen Gerichte

Das Urteil des Europäischen Gerichtshofes in Rinner-Kühn hatte entgegen der Ansicht von *Colneric*[382] nicht automatisch die Nichtigkeit des § 1 Abs.3 Nr.2 LohnFG zur Folge. Die einzelnen Gerichte konnten sich weiterhin mit der Frage auseinandersetzen, ob objektive Gründe die betreffende Regelung rechtfertigen[383]. Das Arbeitsgericht Oldenburg wies ebenso wie der Europäische Gerichtshof die Argumentation der Bundesregierung ab[384]. Arbeiter hätten unabhängig von ihrer Arbeitszeit dieselben Treuepflichten gegenüber dem Arbeitgeber und seien seinem Direktionsrecht unterworfen, ebenso wie sich die Fürsorgepflicht des Arbeitgebers nicht nach der vom Arbeiter ausgeführten Stundenzahl bestimmen ließe. Geringfügige Beschäftigung sei für viele Arbeitnehmer oftmals die einzig mögliche Form einer Arbeitsausübung. Ihr Ausschluß von der Sozialversicherung rechtfertige es nicht, sie im Krankheitsfalle auf die geringe Sozialhilfe zu verweisen, da sie nicht einmal Krankengeld beanspruchen könnten. Zudem sei der Ausschluß geringfügig beschäftigter Arbeiter kein geeignetes Mittel einer Sozialpolitik, wenn gleichzeitig Angestellten ein Anspruch gemäß §§ 616 Abs.2 BGB, 63 HGB, 133 c GewO zustehe. Dieser Argumentation schloß sich auch später das LAG Köln an[385].

---

382 Vgl. *Colneric*, Anm. zu ArbG Oldenburg vom 5.5.1988 – 3 Ca 50/88, Streit 1988, S.123.
383 Vgl. *Prechal*, Legal Issues of European Integration 1993, S.89. Vor der Entscheidung des Europäischen Gerichtshofes hatte das LAG Düsseldorf in einem Urteil vom 27.3.1986 einen Verstoß des § 1 Abs.3 Nr.2 LohnFG gegen den allgemeinen Gleichheitssatz und das Sozialstaatsprinzip verneint, ohne auf Aspekte der Geschlechterdiskriminierung einzugehen. LAG Düsseldorf vom 27.3.1986 – 5 Sa 1883/85, NZA 1986, S.525 = LAGE §1 Lohnfortzahlungsgesetz Nr.14.
384 Hinsichtlich gesetzlicher Regelungen ergibt sich für deutsche Arbeitsgerichte ein verfahrensrechtliches Problem. Da die Motive des Gesetzgebers maßgeblich zur Beurteilung der rechtspolitischen Hintergründe zu ermitteln sind, muß ein Arbeitsgericht diese von der Legislative erfragen, wenn sich aus der Entwurfsbegründung keine hinreichenden Anhaltspunkte ergeben. Eine Hinzuziehung der Regierung in einem Fall vor dem Arbeitsgericht ist nach § 56 ArbGG jedoch nicht vorgesehen. Diese von dem ArbG Oldenburg in seinem anschließenden Endurteil zu Rinner-Kühn angesprochene Problematik, vgl. ArbG Oldenburg vom 14.12.1989 – 3 Ca 50/88, EzA § 1 Lohnfortzahlungsgesetz Nr.113 = NZA 1990, S.438, konnte durch Heranziehung der Stellungnahme in dem Verfahren vor dem Europäischen Gerichtshof vermieden werden. Das Problem sollte auch für zukünftige Fälle keine übergroße Bedeutung erlangen, da die Arbeitsgerichte in der Regel die Vereinbarkeit mit Europarecht anhand eines Vorabentscheidungsverfahrens einschließlich einer entsprechenden Stellungnahme der Regierung werden klären lassen.
385 LAG Köln vom 31.1.1991 – 10 Sa 950/90, LAGE zu § 1 Lohnfortzahlungsgesetz Nr.27.

Davon abweichend ging das LAG Hamm von einer sachlichen Rechtfertigung des § 1 Abs.3 Nr.2 LohnFG aus[386]. Das Gericht stützte sich auf den historisch begründeten Zusammenhang zwischen Krankenversicherungs- und Lohnfortzahlungspflicht. Die ursprüngliche Lohnfortzahlung aus der gesetzlichen Krankenversicherung sei durch die Zahlungspflicht des Arbeitgebers ersetzt worden, um die damals notleidenden Krankenkassen zu entlasten. Arbeiter unter 15 Stunden seien jedoch nicht versicherungspflichtig, so daß für sie bereits die Zahlung aus der Krankenversicherung entfalle. Die Fortführung dieser Beschränkung im Falle der Lohnfortzahlung durch den Arbeitgeber sei daher nur folgerichtig.

Das Bundesarbeitsgericht akzeptierte den Begründungsweg des LAG Hamm nicht[387]. Das Lohnfortzahlungsgesetz stelle nicht auf die soziale Schutzbedürftigkeit der Arbeiter ab, sondern wolle dem Arbeitnehmer während der ersten sechs Wochen seiner Krankheit sein bisheriges Einkommen sichern und größere Nachteile verhindern. Die Sozialversicherungsfreiheit mit der Konsequenz eines fortfallenden Krankengeldes könne nicht herangezogen werden, um eine Pflicht des Arbeitgebers zu verneinen. Die unterschiedlichen Bemessungsgrößen, 10 Stunden bei der Lohnfortzahlung, 15 Stunden bei der Sozialversicherungsfreiheit, sprächen gegen eine Korrespondierung der Pflichten. Beide Bereiche seien voneinander getrennt. In seinen sonstigen Erwägungen ging das Bundesarbeitsgericht ebenso wie das Arbeitsgericht Oldenburg von einer fehlenden Rechtfertigung des § 1 Abs.3 Nr.2 LohnFG aus. Mit Einführung des neuen Entgeltfortzahlungsgesetzes – EFZG –, in Kraft getreten am 1.6.1994, fällt diese Problematik allerdings endgültig fort, da der Ausschluß geringfügig beschäftigter Arbeiter nicht mehr in der neuen Gesetzesregelung enthalten ist[388].

2. Der Konflikt zwischen dem Europäischen Gerichtshof und dem Bundesarbeitsgericht im Fall Bötel

Eine weitere Entscheidung des Europäischen Gerichtshofes zur Vereinbarkeit nationalen Rechts mit Art.119 EWG-Vertrag betrifft die Regelung des § 37 Abs.6 BetrVG. Diese Norm will Betriebsratsmitglieder, die wegen der Teilnahme an für die Betriebsratsarbeit notwendigen Schulungen ihre Arbeit nicht ausführen können, vor Einkommenseinbußen bewahren. Weitere Vorteile sind ausgeschlossen, da das Amt des Betriebsratsmitglieds als ehrenamtliche Stellung nicht zu sonstigen Vorzügen führen soll. § 37 Abs.2 BetrVG geht daher vom Lohnausfallprinzip aus. Nur das Entgelt, das tatsächlich an dem betreffenden

---

386 LAG Hamm vom 27.2.1991 – 1 Sa 1526/90, LAGE zu § 1 Lohnfortzahlungsgesetz Nr.26.
387 BAG vom 9.10.1991 – 5 AZR 598/90, AP Nr.95 zu § 1 LohnFG = EzA § 1 Lohnfortzahlungsgesetz Nr.122 mit Anm. *Hartmut Oetker* = BB 1992, S.429.
388 Vgl. *Horst Marburger*, BB 1994, S.1417.

Tag verdient worden wäre, wird gewährt. Für Teilzeitbeschäftigte, die infolge einer Schulung im Gegensatz zu Vollzeitbeschäftigten auch ihre Freizeit opfern mußten, wird ein weitergehender Ausgleich daher nicht vorgesehen, da der für Schulungen maßgebliche § 37 Abs.6 BetrVG nur auf das Lohnausfallprinzip des § 37 Abs.2 BetrVG, nicht aber auf den Freizeitausgleich nach § 37 Abs.3 BetrVG verweist[389].

2.1 Unvereinbarkeit des § 37 Abs.6 BetrVG mit Art.119 EWG-Vertrag nach Ansicht des LAG Berlin und des Europäischen Gerichtshofes

Das LAG Berlin hatte diese Regelung in einem Urteil vom 31.1.1990 als unvereinbar mit Art.119 EWG-Vertrag angesehen[390]. In einem weiteren Fall legte das Gericht dem Europäischen Gerichtshof diese Frage zur Vorabentscheidung vor[391]. Der Europäische Gerichtshof schloß sich der Ansicht des Berliner Gerichts an[392]. Hinsichtlich der Verteilung der Betriebsräte gab sich der Europäische Gerichtshof mit den Angaben des LAG Berlin über die prozentuale Verteilung weiblicher und männlicher teilzeitbeschäftigter Betriebsräte in 20 Berliner Betrieben zufrieden, wonach erheblich mehr teilzeitbeschäftigte Betriebsratsmitglieder Frauen waren. Diese „Abzählmethode" wird von *Schiefer/Erasmy* als nicht repäsentativ erachtet, obwohl sie ihrerseits keine gegenteiligen Zahlen vorlegen konnten[393]. Ebenso wendet sich *Waas* gegen die Annahme des LAG Berlin und des Europäischen Gerichtshofes[394]. Wenn man die Einbindung der Teilzeitbeschäftigten in Familie und Haushalt als Faktum unterstelle, könne man nicht von einer erheblich höheren Beteiligung von Frauen ausgehen, da diese in der Regel nicht die Zeit haben würden, eine Tätigkeit als Betriebsratsmitglied durchzuführen.

Es ist zweifelhaft, ob der Europäische Gerichtshof den Nachdruck ausschließlich auf die tatsächlich vorhandene Besetzung von Betriebsratsämtern durch Teilzeitbeschäftigte legt. Der Hinweis des Europäischen Gerichtshofes, daß die

---

389 Vgl. *Norbert Reich, Heike Dieball*, ArbuR 1991, S.225; *Peter Bengelsdorf*, NZA 1989, S.905; *Manfred Bobke=von Camen, Susanne Veit*, RdA 1993, S.333.
390 LAG Berlin vom 30.1.1990 – 8 Sa 86/96, DB 1991, S.49 = Streit 1990, S.179; ähnliche Bedenken finden sich bereits zuvor in einem Urteil des LAG Frankfurt vom 3.3.1988 – 12 Sa 898/87, Streit 1989, S.37.
391 LAG Berlin vom 24.10.1990 – 8 Sa 64/90, DB 1991, S.51 = Streit 1991, S.177.
392 EuGH vom 4.6.1992, Rs.360/90, Bötel, amtl. Slg. 1992, S.3589 = AP Nr.39 zu Art.119 EWG-Vertrag = EzA § 37 BetrVG Nr.108 = NZA 1992, S.687 = EuZW 1992, S.483 = DB 1992, S.1481 mit Anm. *Bernd Schiefer/Walter Erasmy* = AiB 1992, S.527 mit Anm. *Hartmut Kuster*; weitere Nachweise finden sich in dem erneuten Vorlagebeschluß des BAG vom 20.10.1993 – 7 AZR 581/92, AP Nr.90 zu § 37 BetrVG 1972 = NZA 1994, S.278 = SAE 1994, S.308 mit Anm. *Hansjörg Otto*.
393 Vgl. Anm. von *Schiefer, Erasmy* zum Urteil des EuGH vom 4.6.1992, Rs. 360/90, Bötel, DB 1992, S.1483. Dagegen spricht sich *Jutta Mauer*, NZA 1993, S.56, dafür aus, daß infolge des hohen Frauenanteils an der Teilzeitbeschäftigung allgemein von einer diskriminierenden Wirkung ausgegangen werden kann.
394 Vgl. *Waas*, EuR 1994, S.104.

Regelung des § 37 Abs.6 BetrVG abschreckend auf die Ergreifung des Betriebsratsamtes wirken kann, deutet darauf hin, daß dieser sich auch von der hindernden Wirkung der gesetzlichen Regelung auf sämtliche Beschäftigte in Teilzeitarbeit hat leiten lassen, anstelle nur auf die Betriebsratsmitglieder in Teilzeitarbeit abzustellen. Ein solches Konzept würde jedoch nicht gegen ein herkömmliches Verständnis der mittelbaren Diskriminierung verstoßen[395]. Hinter dem Grundsatz des gleichen Entgelts nach Art.119 EWG-Vertrag steht das Gemeinschaftsgrundrecht der Gleichbehandlung von Frauen, das durch die Mitgliedstaaten zu beachten ist. Es entspricht dem Zweck der weiten Auslegung des Art.119 EWG-Vertrag, eine Diskriminierung auch dann zu bejahen, wenn eine gesetzliche Maßnahme durch restriktive Entgeltregelungen für bestimmte Tätigkeiten Frauen bereits in ihrer Entscheidung zur Vornahme dieser Tätigkeiten stärker betrifft als Männer. Ein objektiver Rechtfertigungsgrund bzw. ein notwendiges Ziel einer Sozialpolitik wurde für die Regelung des § 37 Abs.6 BetrVG nicht anerkannt. Das Prinzip, den Betriebsratsmitgliedern nur die Stunden zu ersetzen, die sie auch tatsächlich gearbeitet hätten, stellte keinen rechtfertigenden Umstand angesichts der tatsächlich ungleichen Bezahlung der Frauen dar, die dieselbe Stundenzahl in die Schulung investiert haben wie ihre vollzeitbeschäftigten (männlichen) Kollegen.

2.2 Positive Reaktionen auf das Urteil des Europäischen Gerichtshofes in der Literatur

Das Urteil des Europäischen Gerichtshofs wurde in Deutschland von Teilen der Literatur begrüßt, da dieser die enge Auslegung der mit dem Betriebsratsamt verknüpften Prinzipien der Ehrenamtlichkeit und des Lohnausfallprinzips angemessen erweitert habe[396]. Bereits nach nationalem Recht sei es geboten, entgegen der von der Rechtsprechung vertretenen Ansicht die Regelung des § 37 Abs.3 BetrVG über den Freizeitausgleich für Betriebsratstätigkeit außerhalb der betrieblichen Arbeitszeit analog auch auf Schulungen nach § 37 Abs.6 BetrVG anzuwenden. Schulungen von Betriebsratsmitgliedern dienten ebenso wie die unmittelbare Betriebsratstätigkeit in den Worten des Europäischen Gerichtshofes dazu, „im Interesse guter Arbeitsbeziehungen und zum allgemeinen Wohl des Betriebs wirksam für die Interessen der Arbeitnehmer eintreten zu können"[397]. Der Ausschluß des Freizeitausgleichs bei Schulungen lege

---

395 Vgl. *Waas*, EuR 1994, S.104.
396 Vgl. *Bobke=von Camen/Veit*, RdA 1993, S.334, 335; *Dieball*, Anm. zum Urteil des EuGH vom 4.6.1992, Rs.360/90, Bötel, AuR 1992, S.383; *Mauer*, NZA 1993, S. 56, weitere Nachweise in BAG, Beschluß vom 20.10.93 – 7 AZR 581/92, AP Nr.90 zu § 37 BetrVG 1972 = NZA 1994, S.278 = SAE 1994, S.308 mit Anm. *Hansjörg Otto*, in III 2 b) der Gründe.
397 EuGH vom 4.6.1992, Rs.360/90, Bötel, Rn.24 a.E., amtl. Slg. 1992, S.3589 = AP Nr. 39 zu Art.119 EWG-Vertrag = EzA § 37 BetrVG Nr.108 = NZA 1992, S.687 = EuZW 1992, S.483 = DB 1992, S.1481 mit Anm. *Schiefer/Erasmy* = AiB 1992, S.527 mit Anm. *Kuster*; vgl. dazu den erneuten Vorlagebeschluß des BAG vom 20.10.1993 – 7 AZR

demgegenüber Teilzeitbeschäftigten, die zumeist eine Abhaltung der Veranstaltung während ihrer individuellen Arbeitszeit nicht erreichen können, ein erhebliches Sonderopfer auf. Denn diese könnten bei ganztägiger Teilnahme nur den ihrer Arbeitszeit entsprechenden Lohnersatz verlangen. Innerhalb des § 37 Abs.3 BetrVG könne man den teilzeitbeschäftigten Betriebsratsmitgliedern jedoch nicht entgegenhalten, ihre Tätigkeit nie ganztägig betriebsbedingt ausüben zu können, da die Vereinbarung von verringerter Arbeitszeit auch dem Interesse des Arbeitgebers entspreche und Teilzeitbeschäftigte die Lage ihrer Arbeitszeit nicht bestimmen könnten[398]. Die betroffenen Betriebsratsmitglieder müssen daher gleich behandelt werden, wenn der Teilzeitarbeit die korrekte Stellung innerhalb eines Arbeitsprozesses zukommen soll, der an den Gleichbehandlungsgrundsatz gebunden ist[399].

2.3 Ablehnende Ansicht des Bundesarbeitsgerichts – erneute Vorlage

Der 7. Senat des Bundesarbeitsgerichts hat demgegenüber in Übereinstimmung mit der ablehnenden Meinung in der Literatur[400] ein erneutes Vorlageverfahren beim Europäischen Gerichtshof in die Wege geleitet, da die Entscheidung des Europäischen Gerichtshofes die Prinzipien des Betriebsverfassungssystems mißverständlich bewertet habe[401] und das Gericht nicht von dem Vorliegen einer mittelbaren Diskriminierung ausgehen will. Die ehrenamtliche Tätigkeit als Betriebsrat stelle keine Arbeit im Sinne des Art.119 EWG-Vertrag dar, sondern sei als weisungsunabhängige, unentgeltliche Tätigkeit gem. § 37 Abs.1 BetrVG von dieser zu trennen. Der Europäische Gerichtshof nehme beim Freizeitausgleich an, daß es sich um eine Vergütungsregelung handle, die sich diskriminierend auf Teilzeitbeschäftigte auswirke. Das Betriebsverfassungsgesetz gehe jedoch nicht davon aus, daß der Arbeitgeber Entgelt als Gegenleistung für die Wahrnehmung des Betriebsratsamtes gewähren wolle, da es sich hierbei gerade nicht um die Erbringung von Arbeitsleistung handele. Das jeweilige Betriebsratsmitglied werde vielmehr zur Wahrnehmung seiner Aufgaben im Interesse der Belegschaft von der Arbeitspflicht freigestellt. Der damit verbundene Lohnausfall und nur dieser werde ihm zur Vermeidung von Nachteilen trotz fehlen-

---

581/92, AP Nr.90 zu § 37 BetrVG 1972 = NZA 1994, S.278 = SAE 1994, S.308 mit Anm. *Hansjörg Otto.*
398 Vgl. *Bobke=von Camen/Veit*, RdA 1993, S.336; ebenso für den Freizeitausgleich im Personalvertretungsrecht *Reinhard Richardi*, Der Personalrat 1991, S.397 (399); vgl. zur Problematik der Betriebs- oder Betriebsratsbedingtheit von Veranstaltungen *Bengelsdorf*, NZA 1989, S.905.
399 Vgl. *Spiros Simitis*, Festschrift für Otto Rudolf Kissel, S.1087 (1103).
400 BAG vom 20.10.1993 – 7 AZR 581/92, AP Nr.90 zu § 37 BetrVG 1972 = NZA 1994, S.278 = SAE 1994, S.308 mit Anm. *Hansjörg Otto; Clever*, DAngVers 1993, S.73; *Sowka*, DB 1992, S.2032; *Walter Erasmy*, Arbeitgeber 1992, S.1005; *Bernd Schiefer*, DB 1993, S.38 (41, 42); *Schiefer, Erasmy*, Anm. zum Urteil des EuGH vom 4.6.1992, Rs.360/90, Bötel, DB 1992, S.1481.
401 BAG vom 20.10.1993 – 7 AZR 581/92, AP Nr.90 zu § 37 BetrVG 1972 = NZA 1994, S.278 = SAE 1994, S.308 mit Anm. *Hansjörg Otto*, in III 2 b) der Gründe.

der Gegenleistung weitergezahlt. Der Umfang des Lohnausfalls bestimme sich nach der arbeitsvertraglich vereinbarten persönlichen Arbeitszeit. Daher liege zwischen Teil- und Vollzeitbeschäftigten bereits keine Ungleichbehandlung vor, da die Teilzeitbeschäftigten das ihnen nach dem Umfang ihrer Arbeitszeit zustehende Entgelt in gleicher Weise wie ihre in Vollzeit beschäftigten Kollegen erhalten würden. Selbst bei Annahme einer Ungleichbehandlung würde jedoch das Prinzip der Ehrenamtlichkeit des Betriebsratsamtes diese rechtfertigen, denn es werde der persönliche Nachteil ausgeglichen und nicht die individuelle Arbeitszeit entlohnt. Würde Teilzeitbeschäftigten ein Freizeitausgleich bezahlt, so würden sie eine arbeitsvertraglich nicht vereinbarte Leistung erhalten und damit bessergestellt als ihre in Vollzeit tätigen Kollegen. Eine derartige Gewährung von Vorteilen aus der Tätigkeit als Betriebsrat sei durch § 78 S.2 BetrVG infolge des Ehrenamtlichkeitsprinzips verboten. Das Bundesarbeitsgericht wollte mit dieser erneuten Vorlage die Umwandlung des Lohnausfallprinzips in eine reine Zahlungspflicht für eine quasi-Arbeitsleistung verhindern[402]. Art.119 EWG-Vertrag hindere nach der Aussage des Bundesarbeitsgerichts den Gesetzgeber nicht daran, das Betriebsratsamt als unabhängiges Amt zu gestalten, dessen Funktion durch die Zulassung wirtschaftlicher Anreize gefährdet wäre.

2.4 Entscheidung des Europäischen Gerichtshofes

Der Europäische Gerichtshof ließ sich durch diese Vorlage des Bundesarbeitsgerichts nicht von seiner bereits in der Entscheidung Bötel[403] geäußerten Auffassung abbringen. Am 6.Februar 1996 entschied er erneut, daß Art.119 EWG-Vertrag eine nationale Regelung verbiete, die teilzeitbeschäftigten Betriebsratsmitgliedern nur einen Ausgleich in Höhe ihrer individuellen Arbeitszeit zuspreche, während die tatsächliche Dauer der Schulung über diese individuelle Arbeitszeit hinausgehe[404].

Angesichts des weiten Entgeltbegriffs des Art.119 EWG-Vertrag hatte der Gerichtshof bereits in Bötel dargestellt, daß von einer Vergütung auch dann auszugehen sei, wenn sie nicht aufgrund einer ausdrücklichen Regelung des Arbeitsvertrages gezahlt wird, sondern Einkommensnachteile infolge einer Tätigkeit im allgemeinen Betriebsinteresse ausgleichen soll[405]. Der Bezug der Leistung zu dem Arbeitsverhältnis ergibt sich aus der Anknüpfung des Betriebsratsamtes an die arbeitsvertragliche Beziehung zwischen Betriebsratsmitglied

---

402 Vgl. *Erasmy*, Arbeitgeber 1992, S.1007 mit Verweis auf *Clever*, Handelsblatt vom 13.Oktober 1992.
403 EuGH vom 4.6.1992, Rs.360/90, Bötel, amtl. Slg. 1992, S.3589 = AP Nr. 39 zu Art.119 EWG-Vertrag = EzA § 37 BetrVG Nr.108 = NZA 1992, S.687 = EuZW 1992, S.483 = DB 1992, S.1481 mit Anm. *Schiefer/Erasmy* = AiB 1992, S.527 mit Anm. *Kuster*.
404 EuGH vom 06.02.1996, Rs. 457/93, Lewark, NZA 1996, S.319.
405 EuGH vom 4.6.1992, Rs.360/90, Bötel, amtl. Slg. 1992, S.3589 = AP Nr. 39 zu Art.119 EWG-Vertrag = EzA § 37 BetrVG Nr.108 = NZA 1992, S.687 = EuZW 1992, S.483 = DB 1992, S.1481 mit Anm. *Schiefer/Erasmy* = AiB 1992, S.527 mit Anm. *Kuster*.

und Arbeitgeber. Nur ein Arbeitnehmer des jeweiligen Unternehmens kann auch Mitglied des Betriebsrates sein. Dieser Zusammenhang wird auch nicht dadurch aufgehoben, daß es sich im Falle des § 37 Abs.6 BetrVG nicht um die arbeitsvertraglich geschuldete Leistung handelt, sondern um die Wahrnehmung der Funktionen eines Betriebsratsmitglieds. Im übrigen wäre es zu einseitig, den Betriebsratsmitgliedern zu unterstellen, allein die Interessen der Arbeitnehmer wahrzunehmen, da auch der Arbeitgeber Vorteile aus der Tätigkeit der Betriebsratsmitglieder, einschließlich deren Schulung, zieht.

Der Europäische Gerichtshof gestand dem Bundesarbeitsgericht zu, daß die Unentgeltlichkeit des Betriebsratsamtes Teil der deutschen Sozialpolitik ist. Die Regelung des § 37 Abs.2 BetrVG, die über die Unentgeltlichkeit des Betriebsratsamtes die Unabhängigkeit des Betriebsrates vom Arbeitgeber sicherstellen will, verfolgt daher ein legitimes Ziel der Sozialpolitik. Der Europäische Gerichtshof sieht allerdings die diskriminierende Wirkung darin, daß teilzeitbeschäftigte Arbeitnehmer, bei denen sich zum überwiegenden Teil um Frauen handelt, von der Wahrnehmung des Betriebsratsamtes abgehalten werden. Die Gefahr, daß in Vollzeit beschäftigte Betriebsratsmitglieder unbezahlte Freizeit für Betriebsratstätigkeit aufwenden, ist viel geringer als im Falle teilzeitbeschäftigter Betriebsratsmitglieder[406]. Diese erhalten effektiv für denselben Zeitaufwand eine geringere Erstattung als ihre in Vollzeit tätigen Kollegen. Angesichts dieses erhöhten persönlichen Sonderopfers teilzeitbeschäftigter Betriebsratsmitglieder ist dem Europäischen Gerichtshof zuzustimmen, wenn er für diese Fälle die Berufung auf die gesetzliche Konzeption der Ehrenamtlichkeit nicht gegen die Teilzeitbeschäftigten gelten läßt[407]. Das Prinzip der Unentgeltlichkeit des Betriebsratsamtes infolge seiner Ehrenamtlichkeit ist keine Rechtfertigung zur Schaffung wirtschaftlicher Nachteile für Frauen in Teilzeitbeschäftigung. Neben der Verhinderung von Vorteilen soll auch eine Schlechterstellung infolge des Betriebsratsamtes vermieden werden. Angesichts dessen ist die strukturelle Benachteiligung Teilzeitbeschäftigter nur durch eine Gleich-, nicht Besserstellung mit dem entgangenen Arbeitslohn Vollzeitbeschäftigter zu korrigieren[408].

Ergänzend ist anzufügen, daß in dem gleichgelagerten Fall der Personalvertretung ein weiteres Vorabentscheidungsersuchen des ArbG Bremen vor dem Europäischen Gerichtshof anhängig ist[409], zu dem mittlerweile der Schlußantrag des Generalanwalts Darmon vorliegt. Dieser bejaht auch in diesem Fall einen Anspruch der Teilzeitbeschäftigten auf Ersatz der tatsächlich aufgewandten (Frei-)Zeit und lehnt eine Berufung auf das Lohnausfallprinzip oder höhere

---

406 Vgl. *Otto*, Anm. zum Beschluß des BAG vom 20.10.1993 – 7 AZR 581/92, SAE 1994, S.313.
407 Vgl. *Reich, Dieball*, ArbuR 1991, S.232, 233.
408 Vgl. *Reich, Dieball*, ArbuR 1991, S.229; *Mauer*, NZA 1993, S.57.
409 ArbG Bremen, Beschluß vom 5.5.1993 – 7 Ca 7454/92 und 7 Ca 7455/92, EuZW 1993, S.614.

finanzielle Aufwendungen des Arbeitgebers ausdrücklich im Rahmen der Rechtfertigung nach Art.119 EWG-Vertrag ab[410].

Abgesehen von der Vorlage im Fall Bilka stellt dieses Ersuchen die bisher einzige höchstrichterliche Vorlage des Bundesarbeitsgerichts an den Europäischen Gerichtshof im Bereich der Teilzeitbeschäftigung dar. Ihr besonderes Wesensmerkmal ist, daß sie kein Ersuchen um die Auslegung des Gemeinschaftsrechts darstellt, sondern den Europäischen Gerichtshof auffordert, eine bereits erfolgte Interpretation neu zu überdenken.

Positiv zu bewerten ist, daß sich der 7. Senat erneut an den Europäischen Gerichtshof wendet und nicht ein eindeutig im Widerspruch zu der europäischen Entscheidung stehendes Urteil fällt. Ein solches Vorgehen ist dem LAG Baden-Württemberg vorzuwerfen, welches in einer Entscheidung vom 11.12.1992 ausdrücklich von der Entscheidung des Europäischen Gerichtshofes in Bötel abweicht und teilzeitbeschäftigten Vertrauensmännern (-frauen) von Schwerbehinderten im Rahmen des § 26 Abs.8 SchwbG keinen einer Vollzeitbeschäftigung entsprechenden Erstattungsanspruch zuspricht[411]. Das LAG Baden-Württemberg vertritt vielmehr ebenso wie das Bundesarbeitsgericht in seinem späteren Vorlagebeschluß, daß eine unterschiedliche Kostenerstattung bei Schulungen durch das Ehrenamtlichkeits- und das Lohnausfallprinzip gerechtfertigt sei. Von einer Vorlage an den Europäischen Gerichtshof sah das LAG Baden-Württemberg ausdrücklich ab und rechtfertigte dies mit der Zulassung der Revision gegen sein Urteil, welche zwischenzeitlich auch eingelegt wurde.

Der Einfluß des Europäischen Gerichtshofes hängt jedoch erheblich von der Bereitschaft nationaler Gerichte ab, sich bei Meinungsunterschieden unmittelbar an ihn zu wenden bzw. seine Urteile nachzuvollziehen. Der Wert der Interaktion zwischen Europäischem Gerichtshof und nationalen Gerichten würde durch eine mehr oder weniger offene Kritik letzterer an einer Entscheidung des Gerichtshofes nicht gemindert, sondern stellt eine übliche Form der Auseinandersetzung um den Ausgleich zwischen verschiedenen Wertvorstellungen dar. Daher ist der von dem LAG Baden-Württemberg gewählte Weg, sich ohne erneute Vorlage gegen eine getroffene Wertentscheidung des Europäischen Gerichtshofes auszusprechen, nicht zu billigen. Eine Klärung der Problematik ist hiermit nicht zu erreichen. Vielmehr trägt das Vorgehen des LAG Baden-Württemberg zu zusätzlicher Rechtsunsicherheit bei.

Die Bötel-Entscheidung führte zu einigem Unmut, wobei dem Europäischen Gerichtshof insbesondere vorgeworfen wurde, er gehe mit seinen Eingriffen in

---

410 Vgl. Schlußanträge des Generalanwalts Darmon zur Rs.278/93, Edith Freers und Hannelore Speckmann ./. Deutsche Bundespost, Bulletin über die Tätigkeiten des Gerichtshofs und des Gerichts erster Instanz der europäischen Gemeinschaften, Nr.21/94 vom 4.-8. Juli 1994, S.20.
411 LAG Baden-Württemberg, Urteil vom 11.12.1992 – 8 Sa 41/92, LAG-E § 26 Schwerbehindertengesetz 1986 Nr.1.

traditionelle Hintergründe und ausgearbeitete Konzepte des deutschen Arbeitsrechts zu weit[412]. Es ist jedoch voreilig, dem Europäischen Gerichtshof wegen der Sache Bötel Intoleranz und fehlendes Verständnis für das nationale Arbeitsrecht vorzuwerfen. Auch traditionelle Werte müssen in ihrer Bedeutung und Anwendung gegenüber anderen Rechtsprinzipien überprüfbar sein und gegebenenfalls eine geringere Gewichtung erhalten[413]. Ferner sieht der Europäische Gerichtshof nicht sämtliche Regelungen und Prinzipien deutschen Arbeitsrechts, die nachteilige Auswirkungen auf Frauen in Teilzeitbeschäftigung haben mögen, von vorneherein als unwirksam an. Dies zeigt sich unter anderem an der Entscheidung Kirshammer-Hack gegen Sidal[414]. In dieser Vorabentscheidung lehnte der Europäische Gerichtshof zutreffend die Ansicht des ArbG Reutlingen ab, daß die Kleinbetriebsklausel des § 23 Abs.1 S.2 KSchG erheblich mehr Frauen als Männer benachteilige[415]. Der Gerichtshof stellt ebenso wie die Kritiker des Vorlagebeschlusses[416] fest, daß § 23 Abs.1 S.2 nicht isoliert, sondern im Zusammenhang mit S.3 zu betrachten sei, wonach eine Diskriminierung Teilzeitbeschäftigter durch den Ausschluß geringfügig Beschäftigter von der Berechnung grundsätzlich möglich sei. Der Effekt dieser Diskriminierung treffe jedoch sowohl Voll- als auch Teilzeitbeschäftigte. Auf der anderen Seite würden auch Teilzeitbeschäftigte in den Schutzbereich mit einbezogen, sobald mehr als fünf Arbeitnehmer in einem Betrieb vorhanden seien. Daher sei nicht von einem nachteiligen Effekt gerade für Arbeitnehmer mit einem verringerten Arbeitsumfang auszugehen.

---

412 Vgl. *Abbo Junker*, NJW 1994, S.1527; Bundeskanzler Kohl in Europe vom 14.Oktober 1992, S.9.
413 Vgl. *Simitis*, Festschrift für Otto Rudolf Kissel, S.1110, zur Frage der rechtskulturellen Hintergründe arbeitsrechtlicher Regelungen.
414 EuGH vom 30.11.1993, Rs.189/91, Kirshammer-Hack ./. Sidal, AP Nr.13 zu § 23 KSchG = EzA § 23 KSchG Nr.13 = IRLR 1994, S.185 (188).
415 Vgl. *Gabriele Arndt*, Teilzeitarbeit, NZA 1989, Beil.3, S.8 (11); *Bernhard Kraushaar*, BB 1992, S.1787.
416 Vgl. *Sowka*, DB 1992, S.2031; *Waas*, EuR 1994, S.101/102.

Teil III:
Der Alternativansatz: Allgemeine Gleichbehandlung von Teilzeitbeschäftigten am Beispiel deutschen Rechts

Die Erfassung einer ungleichen Entgeltzahlung für teilzeitbeschäftigte Arbeitnehmer durch den Europäischen Gerichtshof wirkt selbst nur mittelbar über das Konzept der mittelbaren Diskriminierung, da Frauen in erheblich größerem Umfang in Teilzeitarbeit tätig sind als Männer. Der Europäische Gerichtshof stellt auf ein gesellschaftliches Faktum ab, um die Gleichstellung einer Gruppe von Arbeitnehmern zu erreichen, deren Arbeitszeit hinter dem üblichen Normalarbeitsverhältnis zurückbleibt. Anstelle dieser faktenbezogenen Rechtsprechung, die davon abhängt, daß Angehörige eines Geschlechts vermehrt in einem bestimmten Typus eines Arbeitsverhältnisses anzufinden sind, kann die Frage der Entgeltgleichheit für Teilzeitbeschäftigte an dem Arbeitsumfang selbst ansetzen. Eine solche Bewertung richtet sich nach einem allgemeinen Gleichheitsgebot.

Das Gebot der allgemeinen Gleichheit beinhaltet einen Begriff, der eine normative Wertung voraussetzt. Er geht, anders als der Begriff der Identität, nicht von denselben, sondern von unterschiedlichen Sachverhalten aus, die jedoch miteinander vergleichbar sind und daher dieselben Rechtsfolgen nach sich ziehen können. Im Falle der Vergleichbarkeit von Teilzeitbeschäftigung gegenüber dem Vollzeitarbeitsverhältnis ist das Resultat jedoch nicht stets ein gleiches oder proportional anteiliges Entgelt. Das Ausmaß der Gleichbehandlung hängt von dem Vorliegen eines sachlichen Grundes ab, der eine Ungleichbehandlung trotz Vergleichbarkeit rechtfertigt[417].

I. Aussagen des Europäischen Gerichtshofes zu einem allgemeinen Gleichbehandlungsgebot

Neben einer fehlenden ausdrücklichen Regelung der Lohngleichheit für Teilzeitbeschäftigte hat der Europäische Gerichtshof aus der Entstehungsgeschichte des Art.119 EWG-Vertrag heraus, der eine Beeinträchtigung des Wettbewerbs zwischen den Mitgliedstaaten in Form des „social dumping" durch Verwendung billiger Frauenarbeit verhindern sollte, die Existenz eines allgemeinen

---
417 Vgl. *Reinhard Richardi*, FS Peter Ahrend, S.263 (265).

Grundsatzes einer Gleichberechtigung im Gemeinschaftsrecht abgelehnt[418]. Das Gemeinschaftsrecht stellt ebensowenig wie das britische Recht auf eine dogmatische Bewertung ab, ob die Erbringung einer quantitativ verringerten Arbeitszeit dennoch zu einer gleichen Teilhabe hinsichtlich bestimmter Leistungen berechtigt. Dem Urteil des Europäischen Gerichtshofes in Jenkins[419] können jedoch einige wenige Andeutungen entnommen werden, welche sachlich rechtfertigenden Gründe nach Ansicht des Europäischen Gerichtshofes zugelassen werden könnten.

Die Europäische Kommission hatte im Vorabentscheidungsverfahren vorgetragen, daß eine unterschiedliche Stundenzahl nur ein proportional gekürztes Gehalt rechtfertigen kann, wenn die Arbeitnehmer dieselbe Tätigkeit ausführen. Der Europäische Gerichtshof hingegen schließt sich der Ansicht des Generalanwalts an, daß eine Arbeit in Teilzeitarbeit nicht dasselbe, sondern „nur" gleich ist. Das Ermessen des Arbeitgebers wird nur insoweit eingeschränkt, als keine offenbar geschlechtsbezogenen Kriterien im Spiel sein dürfen, während andere objektive Faktoren zugelassen sind, beispielsweise der Vortrag, mit einem niedrigeren Stundenlohn für Teilzeitarbeit einen Anreiz zur Vollbeschäftigung zu geben. Die Auffassung des Europäischen Gerichtshofes läßt damit dem Arbeitgeber einen weiten Spielraum, ohne ihn durch eine Prüfung von Inhalt und Zweck der Leistung zu begrenzen.

II. Allgemeine Gleichheit im deutschen Recht

Im deutschen Rechtskreis ergibt sich das Gebot zur Gleichbehandlung aus mehreren Rechtsquellen. Zum einen enthält Art.3 Abs.1 GG das Gebot, Gleiches gleich und Ungleiches seiner Eigenart entsprechend zu behandeln[420]. Das Bundesarbeitsgericht bejaht eine Pflicht der Tarifvertragsparteien und des Arbeitgebers zur Beachtung des darin enthaltenen Willkürverbots, wenn allgemeine Arbeitsbedingungen festgesetzt werden[421]. Der Arbeitgeber ist darüber hinaus an den richterrechtlichen arbeitsrechtlichen Gleichbehandlungsgrundsatz

---

418 Vgl. *Schlachter*: Wege zur Gleichberechtigung, S.123, 124.
419 EuGH vom 31.3.1981, Rs.96/80, Jenkins, amtl. Slg. 1981, S.911 = AP Nr.2 zu Art.119 EWG-Vertrag = NJW 1981, S.2639.
420 BVerfG vom 13.5.1986 – 1 BvL 55/83, BVerfGE 72, S.141 (150) = DB 1983, S.450; für weitere Nachweise vgl. *Lipke* – GK-TzA, Einl., Rn.77. Zur dogmatischen Strukturierung des allgemeinen Gleichheitssatzes und der Diskussion um die Geltung des Verhältnismäßigkeitsprinzips innerhalb des Art.3 Abs.1 GG *Stefan Huster*, JZ 1994, S.541.
421 Die Anwendung von Grundrechten im Privatrecht ist allerdings umstritten, da Grundrechte zugunsten des Bürgers gegenüber dem Staat wirken und grundsätzlich nicht auf einer Gleichordnungsebene zwischen den Bürgern anzuwenden sind. Vgl. *Jürgen Kühling*, ArbuR 1994, S.126 (127); *Lipke* – GK-TzA, Einl. Rn.73, 76, m.w.N zum Meinungsstreit über die Wirkung der Grundrechte im Arbeitsrecht; *Sowka, Köster*: Teilzeitarbeit und geringfügige Beschäftigung, S.8.

gebunden[422]. Eine Schlechterstellung einzelner oder Gruppen von Arbeitnehmern ist dem Arbeitgeber verboten, wenn eine willkürliche Behandlung nicht durch Gründe, die sich entweder aus der Natur der Sache ergeben oder ansonsten sachlich einleuchtend sind, ausgeschlossen ist[423]. Der arbeitsrechtliche Gleichbehandlungsgrundsatz verbietet damit wie der verfassungsrechtliche Gleichheitssatz eine willkürliche Ungleichbehandlung, wobei er spezifische Besonderheiten des Arbeitsrechts berücksichtigt. Einzelvertragliche Vereinbarungen haben gegenüber dem arbeitsrechtlichen Gleichbehandlungsgrundsatz Vorrang[424]. § 2 BeschFG enthält ein gesetzlich normiertes Gleichbehandlungsgebot für Teilzeitbeschäftigte. Selbiges geht als vertraglich nicht abdingbares Verbotsgesetz im Sinne des § 134 BGB in seinen Wirkungen weiter als der arbeitsrechtliche Gleichbehandlungsgrundsatz[425]. Die Pflicht zur Gleichbehandlung enthält ein relatives Differenzierungsverbot. Sachlich anerkannte Gründe können eine Ungleichbehandlung rechtfertigen.

1. Allgemeiner Gleichbehandlungsgrundsatz – sachlich rechtfertigende Gründe

In seinem ersten Revisionsurteil zu Bilka hatte der 3. Senat des Bundesarbeitsgerichts sich neben der Erörterung der mittelbaren Diskriminierung auch zu diesem Problempunkt geäußert[426]. Teilzeitarbeit bedeutet, daß der Arbeitgeber über eine quantitativ geringere Arbeitsleistung verfügen kann. Damit ist es grundsätzlich auch nur gerechtfertigt, dem Teilzeitbeschäftigten ein im Verhältnis seiner Leistung entsprechend gekürztes Arbeitsentgelt zu zahlen. Arbeitsentgelt selbst erschöpft sich nicht nur im eigentlichen Stundenlohn, sondern erfaßt auch Entgelt im weiteren Sinne, unter anderem auch betriebliche Versorgungsleistungen. Im Rahmen der betrieblichen Altersversorgung gebietet

---

422 Zur dogmatischen Herkunft des Gleichbehandlungsgrundsatzes vgl. *Lipke* – GK-TzA, Art.1 § 2 Rn.63.
423 BAG vom 27.7.1988 – 5 AZR 244/87, AP Nr.83 zu § 242 Gleichbehandlung = EzA § 242 BGB Gleichbehandlung Nr.47 = Streit 1989, S.31; BAG vom 15.11.1994 – 5 AZR 682/93, AP Nr.121 zu § 242 BGB Gleichbehandlung = NZA 1995, S.939. Vgl. *Lipke* – GK-TzA, Art.1 § 2 Rn.62; *Sowka, Köster*: Teilzeitarbeit und geringfügige Beschäftigung, S.10, 11.
424 Vgl. *Lipke* – GK-TzA, Art.1 § 2 Rn.72; *Sowka, Köster*: Teilzeitarbeit und geringfügige Beschäftigung, S.10; allerdings hat das BAG die Vertragsfreiheit insofern beschränkt, als die einzelvertragliche Abrede dann nicht vorliegt, wenn der Arbeitgeber bei der Abbedingung nach einem bestimmten erkennbaren und generalisierenden Prinzip verfährt, BAG vom 19.8.1992 – 5 AZR 513/91, AP Nr.102 zu § 242 BGB Gleichbehandlung = BB 1992, S.2431 = NZA 1993, S.171.
425 Vgl. *Reinhard Richardi*, NZA 1992, S.625 (626), m.w.N. aus der Rechtsprechung; *Schüren*, MünchArbR, § 157, Rn.62.
426 BAG vom 6.4.1982 – 3 AZR 134/79, AP Nr.1 zu § 1 BetrAVG Gleichbehandlung mit Anm. *Heide Pfarr* = Eza § 1 BetrAVG Gleichberechtigung Nr.16 = SAE 1982, S.257 mit Anm. *Karl Sieg*.

der arbeitsrechtliche Gleichbehandlungsgrundsatz, der für Ruhegeldzusagen des Arbeitsgebers in § 75 BetrVG niedergelegt ist, eine Differenzierung zwischen Arbeitnehmern nach sachlichen Kriterien und anhand Wesen und Zweck der freiwilligen Leistung vorzunehmen. Ein Teilzeitbeschäftigter hat neben seinem Anspruch auf anteilige Entgeltleistung auch einen Versorgungsbedarf. Sein Ausschluß von der Leistungsgewährung läßt sich damit nur vereinbaren, wenn andere sachliche Gründe als die der verringerten Arbeitszeit vorgetragen werden[427]. Die Tatsache der verringerten Arbeitszeit kann selbst kein Rechtfertigungsfaktor für eine Ungleichbehandlung sein. Eine Rechtfertigung der Bildung bestimmter Arbeitnehmergruppen läßt sich nicht allgemein bestimmen, sondern muß auf Zweck und Inhalt der jeweiligen Leistung abstellen[428]. Der sachliche Grund liegt vor, wenn bei einer Abwägung der Interessen des Arbeitnehmers an der Teilzeitbeschäftigung mit dem Interesse des Arbeitgebers an einer Förderung der Vollzeitarbeit letzteres überwiegt. In der anschließenden Verhandlung vor der Tatsacheninstanz des LAG Frankfurt trug die Beklagte die Unmöglichkeit vor, Teilzeitbeschäftigte im Einzelhandel für die Abdeckung der späten Ladenöffnungszeiten an Abenden und Samstagen zu verwenden. Zudem würde Teilzeitarbeit überproportionale Aufwendungen in der Ausstattung und Unternehmensorganisation verursachen. Das Landesarbeitsgericht ging daraufhin von einem überwiegenden Interesse des Arbeitgebers an der Förderung der Vollzeitarbeit aus, das den Ausschluß aus der Versorgungsordnung rechtfertige[429].

Das Bundesarbeitsgericht hingegen lehnte die Interessenabwägung durch das LAG als ungenügend ab. Ein tatsächliches Interesse kann nur dann angenommen werden, wenn die vorgetragenen Nachteile die von der Teilzeitarbeit bewirkten Vorteile überwiegen. Angesichts der ungenügenden Tatsachenfeststellungen verfolgte das Bundesarbeitsgericht die Problematik der allgemeinen Gleichbehandlung nicht weiter, sondern konzentrierte sich auf das Vorliegen einer mittelbaren Diskriminierung[430]. Die vorgetragenen Erwägungen des Bundesarbeitsgericht zu der Frage der allgemeinen Gleichbehandlung zeigen jedoch entgegen der Ansicht *Pfarrs*[431] eine Verschärfung des Rechtfertigungsmaßstabs über die bloße Willkürgrenze hinaus an. Der Ausschluß von Arbeitnehmern mit verringerter Arbeitszeit ist gegenüber dem zuvor ergangenen Urteil des Bundesarbeitsgerichts vom 1.6.1978 nicht mehr recht und billig[432], wenn er sich auf

---

427 Vgl. *Ahrend, Förster, Rühmann*, DB 1982, S.1565; *Manfred Löwisch, Peter Schüren*, BB 1984, S.925 (926).
428 Vgl. *Pfarr*, Anm. zu BAG vom 1.6.1983 – 4 AZR 578/80, AP Nr.16 zu § 23 a BAT, m.w.N. aus der Rechtsprechung.
429 LAG Frankfurt vom 5.11.82 – 6 Sa 664/82, BB 1983, S.966.
430 Vgl. BAG vom 5.6.1984 – 3 AZR 66/83, AP Nr.3 zu Art.119 EWG-Vertrag = EzA § 242 Gleichbehandlung Nr.35; vgl. zu den Vorteilen der Teilzeitarbeit *Lipke* – GK-TzA, Einleitung, Rn.39.
431 Vgl. *Pfarr*, Anm. zum Urteil des BAG vom 6.4.1982 – 3 AZR 134/79, AP Nr.1 zu § 1 BetrAVG Gleichbehandlung.
432 BAG vom 1.6.1978 – 3 AZR 79/77, BB 1978, S.1403.

die verringerte Arbeitszeit stützt oder auf die pauschale Annahme, daß Teilzeitkräfte keinen Versorgungsbedarf hätten, da das Arbeitgeberermessen der Interessenabwägung standhalten muß.

Der durch das BAG vorgegebene Maßstab veranlaßte das LAG Hamm, den Ausschluß eines männlichen Teilzeitarbeitnehmers aus der betrieblichen Altersversorgung für unzulässig zu erklären[433]. Der Annahme, Teilzeitarbeit führe automatisch zu einem höheren finanziellen Kostenaufwand für den Arbeitgeber[434], könne angesichts des relativ höheren Arbeitsertrages der Teilzeitarbeit und anderer Vorteile nicht gefolgt werden[435]. Eine Entscheidung gegen den Anspruch des Arbeitnehmers könne ferner nicht davon abhängen, ob die Teilzeitarbeit in dessen Interesse liege, da Fälle erzwungener Teilzeitarbeit nur in geringem Umfang auftreten. Der Arbeitgeber habe vielmehr darzulegen, daß die Besetzung des Arbeitsplatzes für ihn im Rahmen einer Kosten-Nutzen-Analyse erforderlich sei. Das LAG Hamm nähert sich mit dieser Prüfung den Aussagen des Europäischen Gerichtshofes zu einer Rechtfertigung der mittelbaren Diskriminierung von Teilzeitarbeitnehmern an, wonach ebenfalls ein tatsächliches Unternehmensbedürfnis vorzutragen ist. Allerdings fehlen diesem Ansatz die strikten Anforderungen des Verhältnismäßigkeitsgrundsatzes, da ein Arbeitgeber nicht darlegen muß, daß der Ausschluß von Teilzeitkräften auch geeignet ist, um sein Interesse an der Vollzeitarbeit zu fördern[436].

2. § 2 BeschFG – spezielle Regelung für Teilzeitarbeit

Mit dem Erlaß des Beschäftigungsförderungsgesetzes besteht in Deutschland seit 1.Mai 1985 ein ausdrückliches Benachteiligungsverbot zugunsten Teilzeitbeschäftigter[437]. Die anschließende Rechtsprechung wandte in Fällen der betrieblichen Altersversorgung entweder Art.119 EWG-Vertrag oder § 2 BeschFG an[438]. § 2 BeschFG wurde ferner als Bewertungsmaßstab u.a. für die

---

433 LAG Hamm vom 22.11.1983 – 6 Sa 1012/83, EzA § 242 BGB Gleichbehandlung Nr.34.
434 So *Sieg*, Anm. zum Urteil des BAG vom 6.4.1982 – 3 AZR 134/79, SAE 1982, S.257.
435 Vgl. *Pfarr*, DB 1983, S.1763 zum Dienstleistungsgewerbe.
436 Eine Beurteilung des Interessen des Kaufhausunternehmens im Fall Bilka unter diesem Maßstab würde ebenfalls zu einem Ergebnis fehlender Interessenüberwiegung auf seiten der Beklagten gelangen, zumal da das Bundesarbeitsgericht im Rahmen der Prüfung einer Rechtfertigung der mittelbaren Diskriminierung nicht von einem Überwiegen der Nachteile der Teilzeitarbeit ausging.
437 Zeitlich liegt der Erlaß des § 2 BeschFG vor der Entscheidung des Europäischen Gerichtshofes zum Ausschluß Teilzeitbeschäftigter aus der betrieblichen Altersversorgung und der anschließenden Endentscheidung des BAG. EuGH vom 13.5.1986, Rs.170/84, Bilka, amtl. Slg. 1986, S.1607 = AP Nr.10 zu Art.119 EWG-Vertrag = NZA 1986, S.599; BAG vom 14.10.1986 – 3 AZR 66/83, AP Nr.11 zu Art.119 EWG-Vertrag mit Anm. *Heide Pfarr* (gleichzeitig Anmerkung zum Urteil des EuGH vom 13.5.1986, Rs. 170/84, Bilka) = EzA § 1 BetrAVG Gleichberechtigung Nr.1.
438 Art.119 EWG-Vertrag wurde durch das BAG in seinen Urteilen vom 23.1.1990, – 3 AZR 58/88, AP Nr. 7 zu § 1 BetrAVG Gleichberechtigung = EzA zu § 1 BetrAVG

Gewährung von Urlaubsentgelt[439], Abfindungen für Teilzeitbeschäftigte nach einem betrieblichen Sozialplan[440] und im Bereich betrieblicher Zulagen[441] herangezogen.

2.1 Allgemeine Grundlagen

§ 2 BeschFG stellt ein relatives Differenzierungsverbot dar. Verboten ist eine sachlich nicht gerechtfertigte Ungleichbehandlung wegen der Teilzeitarbeit. Andere Differenzierungen, z.b. aus Gründen der Qualifikation, der Berufserfahrung, der unterschiedlichen Arbeitsplatzanforderungen und der sozialen Lage fallen daher bereits aus dem Anwendungsbereich des § 2 BeschFG heraus[442]. Das Bundesarbeitsgericht sieht die Grenzen zwischen dem Entfallen des Anwendungsbereichs des § 2 BeschFG und einer sachlichen Rechtfertigung innerhalb der Norm als fließend an. Arbeitsmedizinische Gründe können demnach entweder eine Differenzierung aus einem anderen Grund als dem der Teilzeitarbeit darstellen bzw. eine Differenzierung wegen der Teilzeitarbeit rechtfertigen, so daß eine eindeutige Entscheidung für eine der Alternativen dahingestellt bleiben kann[443]. Um zu ermitteln, welche Differenzierungsmotive einer

---

Nr.6 mit Anm. *Heinz-Dietrich Steinmeyer*, und in BAG vom 20.11.1990 – 3 AZR 613/89, AP Nr.8 zu § 1 BetrAVG Gleichberechtigung = EzA zu Art.119 EWG – Vertrag Nr.2 mit Anm. *Winfried Boecken* angewandt. § 2 BeschFG wurde in folgenden Entscheidungen herangezogen: BAG vom 29.8.89 – 3 AZR 370/88, AP Nr.6 zu § 2 BeschFG 1985 mit Anm. *Peter Schüren, Mathias Kirsten* = NZA 1990, S.37 = Streit 1990, S.183; BAG vom 28.7.1992 – 3 AZR 173/92, AP Nr.18 zu § 1 BetrAVG Gleichbehandlung = EzA § 1 BetrAVG Gleichbehandlung Nr.2 = BB 1993, S.437; BAG vom 5.10.1993 – 3 AZR 695/92, AP Nr.20 zu § 1 BetrAVG Lebensversicherung; BAG vom 25.10.1994 – 3 AZR 149/94, AP Nr.40 zu § 2 BeschFG 1985 = NZA 1995, S.730; LAG Berlin vom 9.10.1991 – 8 Sa 53 und 55/91, DB 1992, S.846; LAG Schleswig-Holstein vom 21.6.1994 – 1 Sa 120/94, ZTR 1994, S.383. Auf den arbeitsrechtlichen Gleichbehandlungsgrundsatz hingegen ist das Urteil des 3. Senates des BAG vom 22.11.1994 gestützt – 3 AZR 349/94, NZA 1995, S.733.
439 BAG vom 24.10.1989 – 8 AZR 5/89, AP Nr.29 zu § 11 BUrlG = BAGE 64, S.181; vgl. zu einem frühen Urteil des BAG über Urlaubsentgelt für Teilzeitbeschäftigte BAG vom 23.7.1976 – 5 AZR 492/75, AP Nr. 1 zu § 11 BUrlG Urlaubsgeld = BB 1976, S.1512.
440 BAG vom 28.10.1992 – 10 AZR 129/92, AP Nr.66 zu 112 BetrVG 1972 = BB 1993, S.506 = SAE 1994, S.114 mit Anm. *Thomas Milde*.
441 ArbG Wiesbaden vom 19.7.1989 – 7 Ca 1145/89, Streit 1990, S.89; LAG Köln vom 10.1.1992 – 13 Sa 767/91, NZA 1992, S.615 = DB 1992, S.692; BAG vom 23.6.1993 – 10 AZR 127/92, AP Nr.1 zu § 34 BAT = NZA 1994, S.41. Ebenso wandte der 10. Senat § 2 BeschFG an, um die Verweigerung zinsgünstiger Darlehen an Teilzeitbeschäftigte für unwirksam zu erklären, BAG vom 27.7.1994 – 10 AZR 583/93, AP Nr.37 zu § 2 BeschFG 1985 = NZA 1994, S.1130.
442 Vgl. *Lipke* – GK-TzA, Art.1 § 2; Rn.6; *derselbe*, ArbuR 1991, S.78, 79; *Richardi*, NZA 1992, S.626.
443 BAG vom 9.2.1989 – 6 AZR 174/87, AP Nr.4 zu § 2 BeschFG 1985 = BAGE 61, S.77; vgl. zur Differenzierungsproblematik *Hartmut Oetker*, Anm. zum Urteil des BAG, 6. Senat, vom 6.12.1990 – 6 AZR 159/89, AP Nr.12 zu § 2 BeschFG 1985 = E

Ungleichbehandlung zugrunde liegen, ist auf den Zweck der jeweiligen Leistung abzustellen[444]. Sofern eine Differenzierung aus einem anderen Grund als dem der Teilzeitarbeit erfolgt, ist nicht § 2 BeschFG, sondern der arbeitsrechtliche Gleichbehandlungsgrundsatz heranzuziehen.

§ 6 BeschFG eröffnet den Tarifparteien nach seinem Wortlaut die Möglichkeit, von den Vorschriften des BeschFG abweichende Vereinbarungen zu treffen. Der 4. Senat des Bundesarbeitsgerichts hat in seinem Urteil vom 24.4.1985 den Tarifvertragsparteien den Ausschluß einer bestimmten Gruppe von Arbeitnehmern aus dem Geltungsbereich eines Tarifvertrages zugestanden[445]. Der 3. Senat des Bundesarbeitsgerichts lehnte dagegen eine damit verbundene Abdingbarkeit des § 2 BeschFG ab, da dem Gesetzgeber mit der Fassung des § 6 BeschFG ein Redaktionsversehen unterlaufen sei. Der Gesetzgeber wollte den Tarifparteien nicht die Möglichkeit einräumen, ohne sachlichen Grund von § 2 BeschFG abzugehen[446]. Wenngleich dieses Ergebnis in der Literatur Zustimmung fand, so wurde der Begründungsweg des BAG abgelehnt. Der Wortlaut und die Begründung des Gesetzgebers stehen der Annahme eines Redaktionsversehens eindeutig entgegen[447]. Die Tarifparteien sind vielmehr an das verfassungsrechtliche Gebot des Art.3 Abs.1 GG gebunden, wonach keine willkürliche Schlechterstellung Teilzeitbeschäftigter zuzulassen sei[448]. Der 3. Senat hat sich nun unter Aufgabe seiner bisherigen Rechtsprechung in seinem Urteil vom 28.7.1992 der

---

zA § 2 BeschFG 1985 Nr.7 mit. Anm. *Hartmut Oetker* = BAGE 66, S.314; *Richardi*, NZA 1992, S.626 sieht die Entscheidungsfindung des Bundesarbeitsgerichts als im Ergebnis zutreffend an, dies jedoch deswegen, weil der Anwendungsbereich des § 2 BeschFG im Fall einer Differenzierung aus Gesundheitsschutzgründen nicht betroffen ist. Die Formulierung des 6. Senats trägt nicht zu einer Bestimmung des Anwendungsbereichs der Norm bei und ist hinsichtlich der unterschiedlichen Konsequenzen, die sich aus der Annahme oder der Verneinung des Anwendungsbereiches ergeben, abzulehnen. § 2 BeschFG läßt als Verbotsgesetz bereits die Berufung auf eine einzelvertragliche Abrede nicht zu. Zu den Begrenzungen der einzelvertraglichen Abrede im allgemeinen Gleichbehandlungsgrundsatz vgl. BAG vom 19.8.1992 – 5 AZR 513/91, AP Nr.102 zu § 242 BGB Gleichbehandlung = BB 1992, S.2431 = NZA 1993, S.171.

444 Vgl. *Lipke* – GK-TzA, Art.1 § 2, Rn.198.
445 BAG vom 24.4.1985 – 4 AZR 457/83, AP Nr.4 zu § 3 BAT mit Anm. von *Herbert Wiedemann, Gerd Lembke*.
446 BAG vom 29.8.1989 – 3 AZR 370/88, AP Nr.6 zu § 2 BeschFG 1985 = NZA 1990, S.37 = Streit 1990, S.183.
447 Vgl. *Karl-Heinz Kappes*, DB. 1990, S.1461 (1462); *Berger-Delhey*, ZTR 1989, S.301.
448 Vgl. *Schüren/Kirsten*, Anm. zu BAG vom 29.8.89 – 3 AZR 370/88, AP Nr.6 zu § 2 BeschFG 1985; *Schüren*, MünchArbR, § 157, Rn.69 f.; Mikosch – GK-TzA, Art.1 § 6, Rn.12-14. Nach Ansicht *Richardis* verbietet der Verbotsgesetzcharakter des § 2 BeschFG einen Vorrang sachlich nicht gerechtfertigter Abreden der Tarifparteien in ihrer Funktion als Sachwalter der Arbeitnehmer. Daher kann auch eine Kollektivabrede nicht allein wegen der unterschiedlichen Arbeitszeit differenzieren. Vgl. *Richardi*, NZA 1992, S.631.

Literaturmeinung angeschlossen[449]. Tarifliche Begrenzungen des persönlichen Geltungsbereichs fallen hingegen nach Auffassung des 5. Senats überhaupt nicht unter § 6 BeschFG. Ein Tarifvertrag, der auf bestimmte Gruppen von Arbeitnehmern, wie die Gruppe der Teilzeitbeschäftigten, nach seinem ausdrücklich festgelegten Geltungsbereich keine Anwendung finde, enthalte keine Regelung, die mit dem Gebot des § 2 BeschFG in Konflikt geraten könne. Die Frage einer unzulässigen Abweichung stellt sich daher in derartigen Fällen nach der Auffassung des 5. Senats des Bundesarbeitsgerichts nicht[450].

2.2 Sachliche Rechtfertigung nach § 2 BeschFG

Abgesehen von dem Verbot, die geringere Arbeitsleistung selbst als sachlichen Grund vorzutragen, stellt die Formulierung des § 2 BeschFG nach *Richardi* eine Leerformel dar, die einer wertenden Ausfüllung bedarf[451]. Die der Begründung des Regierungsentwurfs entstammenden Aussagen, die für bestimmte Ungleichbehandlungen sachliche Gründe anführen, sind bereits teilweise durch die Rechtsprechung des Europäischen Gerichtshofes und nachfolgend des BAG für mit Art.119 EWG-Vertrag unvereinbar erklärt worden. Ein einfacher sachlicher Grund reicht nicht mehr dazu aus, die Benachteiligung von Teilzeitbeschäftigten in der betrieblichen Altersversorgung zu rechtfertigen[452]. Das Bundesarbeitsgericht und das LAG Berlin haben in weiteren Entscheidungen zur betrieblichen Altersversorgung, in denen der Ausschluß ab einer bestimmten Wochenstundenzahl vereinbart war, eine Ungleichbehandlung auch ohne Rückgriff auf die strengeren Grundsätze der mittelbaren Diskriminierung nicht zugelassen[453]. Die Tarifparteien können sich nicht auf einen geringeren Versorgungsbedarf von Teilzeitbeschäftigten berufen, da nicht ersichtlich sei, warum

---

449 BAG vom 28.7.1992 – 3 AZR 173/92, AP Nr. 18 zu § 1 BetrAVG Gleichbehandlung = BB 1993, S.437 = EzA § 1 BetrAVG Gleichbehandlung Nr.2. *Schüren/Kirsten* sprechen sich zusätzlich für eine Bindung an Art.3 Abs.2 GG aus, da die Benachteiligung von Teilzeitarbeitnehmern in den meisten Fällen erheblich mehr Frauen als Männer betreffe. Dem ist zuzustimmen, auch da die Freiheit der Tarifparteien zu einer ungleich behandelnden Regelung von Teilzeitbeschäftigten gegebenenfalls infolge des zwingenden Charakters des Art.119 EWG-Vertrag eine Differenzierung nur aus objektiven Gründen zulassen wird, die geschlechtsunabhängig sind und daher weitergehend gefaßt sind als das allgemeine Willkürverbot des Art.3 Abs.1 GG. Vgl. *Schüren/Kirsten*, Anm. zu BAG vom 29.8.89 – 3 AZR 370/88, AP Nr.6 zu § 2 BeschFG 1985.
450 BAG vom 25.1.1989 – 5 AZR 161/88, AP Nr.2 zu § 2 BeschFG 1985 mit Anm.*Ulf Berger-Delhey* = BB 1989, S.1271. Vgl. zu der Problematik *Oetker*, Anm. zum Urteil des BAG vom 6.12.1990 – 6 AZR 159/89, EzA § 2 BeschFG 1985 Nr.7.
451 Vgl. *Richardi*, NZA 1992, S.627.
452 Vgl. *Richardi*, NZA 1992, S.627.
453 BAG vom 29.8.89 – 3 AZR 370/88, AP Nr.6 zu § 2 BeschFG 1985 mit Anm. *Peter Schüren, Hans-Helmut Kirsten* = NZA 1990, S.37 = Streit 1990, S.183; BAG vom 28.7.1992 – 3 AZR 173/92, AP Nr.18 zu § 1 BetrAVG Gleichbehandlung = BB 1993, S.437 = EzA § 1 BetrAVG Gleichbehandlung Nr.2; LAG Berlin vom 9.10.1991 – 8 Sa 53 und 55/91, DB 1992, S.846.

Arbeitnehmer unter einem bestimmtem Arbeitsumfang einen geringeren Versorgungsbedarf haben sollten. Die Versorgungslage eines Arbeitnehmers sei generell um so unsicherer, je weniger Wochenstunden er tätig sei. Damit konkretisiert die Rechtsprechung die Begründung des Gesetzentwurfes zu § 2 BeschFG insoweit, als der geringe Versorgungsbedarf keinen sachlichen Grund für eine ungleiche Behandlung von Teilzeitbeschäftigten darstellt. Ein sachlicher Grund für eine Ungleichbehandlung besteht nur dann, wenn sich aus dem Leistungszweck Gründe herleiten lassen, die es unter Berücksichtigung aller Umstände rechtfertigen, dem teilzeitbeschäftigten Arbeitnehmer die Leistung auch nicht anteilig zu gewähren[454]. Für die meisten Leistungsarten gilt der Grundsatz der Proportionalität[455], d.h. ein Anspruch auf eine entsprechend anteilige Vergütung, den das BAG in den Fällen des Urlaubs- und des Weihnachtsgeldes bejaht[456]. Bei anderen Leistungen ist zu differenzieren, welchem Zweck sie dienen: bezweckt eine Gratifikation z.b. die Belohnung der Betriebstreue, so kann die Leistung Teilzeitarbeitnehmern nicht verweigert werden[457].

Exemplarisch seien zur Anwendung des § 2 BeschFG zwei Leistungsarten angeführt: Der 10. Senat des Bundesarbeitsgerichts erklärte in einem Urteil vom 28.10.1992 die Regelung eines Sozialplans für sachlich gerechtfertigt, der Teilzeitbeschäftigten nur einen Anspruch entsprechend ihrer Arbeitszeit zugesteht, anstatt wie bei anderen Arbeitnehmern ebenfalls frühere Jahre der Betriebsangehörigkeit in Vollzeit anzurechnen. Die Natur des Sozialplans als wirtschaftliche Überbrückungshilfe rechtfertige es, Teilzeitbeschäftigten nur den

---

454 BAG vom 15.11.1990 – 8 AZR 283/89, AP Nr.11 zu § 2 BeschFG 1985 = BB 1991, S.771 = NZA 1991, S.346 (347), in II 3 der Gründe = BAGE 66, S.220 (226).
455 Vgl. *Bertelsmann, Rust*, RdA 1985, S.155; anders gegebenenfalls im Bereich der Sozialzulagen, vgl. BAG vom 7.10.1992 – 10 AZR 51/91, AP Nr.34 zu § 1 TVG Tarifverträge: Einzelhandel = BB 1993, S.652. Einen allein auf Art.119 EWG-Vertrag gestützten Anspruch auf anteilige Zulagenleistung bei sogenannten Zuarbeiten bejaht das LAG Schleswig-Holstein vom 17.11.1992 – 1 Sa 39/92, AiB 1993, S.190 mit Anm. *Barbara Degen*.
456 BAG vom 24.10.1989 – 8 AZR 5/89, AP Nr.29 zu § 11 BUrlG = BAGE 63, S.181; BAG vom 15.11.1990 – 8 AZR 283/89, AP Nr.11 zu § 2 BeschFG 1985 = BB 1991, S.771 = NZA 1991, S.346 = BAGE 66, S.220 (226); BAG vom 6.12.1990 – 6 AZR 159/89, AP Nr.12 zu § 2 BeschFG 1985 = EzA § 2 BeschFG 1985 Nr.7 mit Anm. *Hartmut Oetker* = BAGE 66, S.314. Vgl *Sowka, Köster*: Teilzeitarbeit und geringfügige Beschäftigung, S.28, 29; *Richardi*, NZA 1992, S.629.
457 Die Höhe der Leistung richtet sich nach der Bemessung der Gratifikation: wird ein Pauschalbetrag geleistet, so haben Teilzeitbeschäftigte proportional Anspruch auf die Gesamtpauschale; liegt der Berechnung das Arbeitsentgelt zugrunde, so ergibt sich eine Gratifikation in Höhe des jeweils zu gewährenden Lohns. Vgl. *Reinhard Becker-Schaffner*, DB 1988, S.1773 (1775); *Sowka, Köster*: Teilzeitarbeit und geringfügige Beschäftigung, S.30; *Richardi*, NZA 1992, S.629, 630, in Ablehnung der Ansicht von *Schüren*, der den Pauschalbetrag in vollem Umfang zugestehen will; vgl. *Schüren*, Münch-ArbR, § 158, Rn.80 ff.

Anteil zuzuweisen, den sie bei Weiterbestehen des Arbeitsverhältnisses erwarten können[458].

Ein anderes Ergebnis infolge des europäischen Diskriminierungsverbotes ist entgegen der Ansicht von *Goergens* nicht zu erwarten[459]. Teilzeitbeschäftigte werden in dem Sozialplan nicht ausgeschlossen, sondern proportional nach dem Umfang ihrer Arbeitszeit beteiligt. Die Höhe der Leistung richtet sich nach dem Zweck des Sozialplans, der keine nachträgliche Belohnung der Betriebstreue durch Berücksichtigung des gesamten Arbeitsablaufes in dem Betrieb anstrebt, sondern eine zukunftsbezogene Zuwendung beinhaltet, die eine Weiterführung des zum Zeitpunkt der Kündigung bestehenden Standards bezweckt[460].

Der Vortrag einer bestimmten zeitlichen Belastungsschwelle als sachlicher Grund für eine Ungleichbehandlung Teilzeitbeschäftigter ist insbesondere im Bereich von Zulagen zu finden, die als finanzieller Ausgleich für eine schwere körperliche Belastung gewährt werden. Das ArbG Wiesbaden wies in einem Fall den Vortrag des Arbeitgebers zurück, daß Teilzeitbeschäftigten aufgrund ihrer verringerten Arbeitszeit nur 50% einer solchen Zulage gezahlt werden müßten. Tatsächlich hatte die Klägerin dieselbe Arbeitszeit wie Vollzeitbeschäftigte zur Textverarbeitung am Bildschirm aufgewandt. Daher war sie keiner geringeren Belastung wie Vollzeitbeschäftigte ausgesetzt, so daß die verringerte Arbeitszeit selbst nicht als sachlicher Grund zuzulassen war[461]. Schwieriger wird die Frage der Rechtfertigung einer sachlichen Abgrenzung, wenn Teilzeitbeschäftigte nicht in demselben Umfang höheren Belastungen ausgesetzt sind, z.B. bei Wechselschichten[462]. Das LAG Köln sah es als gerechtfertigt an, Teilzeitbe-

---

458 BAG vom 28.10.1992 – 10 AZR 129/92, AP Nr.66 zu § 112 BetrVG 1972 = BB 1993, S.506 = SAE 1994, S.114 mit Anm. *Thomas Milde*.
459 Vgl. *Dorothea Goergens*, AiB 1994, S.220 (222).
460 Vgl. *Milde*, Anm. zum Urteil des BAG vom 28.10.1992 – 10 AZR 129/92, SAE 1994, S.114.
461 ArbG Wiesbaden vom 19.7.1989 – 7 Ca 1145/89, Streit 1990, S.89. Der vorliegende Fall stellt keine besonderen Probleme, da die Arbeitnehmerin effektiv dieselbe Arbeitszeit unter erschwerten Bedingungen tätig war wie ihre in Vollzeit tätigen Kollegen. Das Arbeitsgericht bejahte zusätzlich einen Verstoß gegen Art.119 EWG-Vertrag, da die betreffende Regelung erfahrungsgemäß mehr Frauen als Männer benachteilige. Im Schreibdienst seien erheblich mehr Frauen als Männer in Teilzeit tätig und würden daher erheblich stärker benachteiligt.
462 Die betreffende Leistung besteht entweder in der Gewährung einer Zulage, Freischichten oder einer generellen ausgleichenden Verkürzung der Arbeitszeit. Eine spezielle Problematik stellt die Frage der Stellung von Teilzeitbeschäftigung bei der Arbeitszeitverkürzung mit vollem Lohnausgleich dar. Wie *Wildschütz* zutreffend argumentiert, liegt infolge der synallagmatischen Verknüpfung der zeitabhängigen Arbeitsleistung mit dem Gehalt in solchen Fällen eine echte Lohnerhöhung vor, deren Verweigerung gegenüber Teilzeitbeschäftigten sachlich zu rechtfertigen ist. Vgl. *Martin Wildschütz*, NZA 1991, S.925 (927, 928). BAG vom 29.1.1992 – 4 AZR 293/91, AP Nr.16 zu § 2 BeschFG 1985 = EzA § 2 BeschFG 1985 Nr.16 mit Anm. *Peter Schüren, Elke Beduhn*; BAG vom 29.1.1992 – 5 AZR 518/90, AP Nr.18 zu 2 BeschFG 1985 = EzA § 2 BeschFG 1985 Nr.19 mit Anm. *Thomas Raab* = AiB 1992, S.666 mit Anm.

schäftigten nur dann eine Zulage zum Ausgleich von körperlichen Belastungen zu zahlen, wenn sie mindestens 51% der Arbeitsleistung von Vollzeitbeschäftigten erbringen würden. Teilzeitarbeitnehmer unterhalb dieser zeitlichen Schwelle könnten sich von der Belastung erholen und seien daher nicht mit den sonstigen Arbeitnehmern vergleichbar[463].

Dem widersprach der 5. Senat des Bundesarbeitsgericht in seinem Urteil vom 29.1.1992[464]. Es bestehe kein allgemeiner Erfahrungssatz, daß eine Belastung von Arbeitnehmern ab einem bestimmten Arbeitsumfang sprunghaft ansteige. Vielmehr sei im Einzelfall festzustellen, ob der Teilzeitbeschäftigte denselben Belastungen ausgesetzt ist.

Hält man sich die strikten Anforderungen des BAG zu § 2 BeschFG vor Augen, so ist die Notwendigkeit, eine Korrektur der Rechtsprechung über das Konzept der mittelbaren Diskriminierung herbeizuführen, gering. Zwar sind die Rechtfertigungsgründe im Rahmen des arbeitsrechtlichen Gleichbehandlungsgrundsatzes wie auch bei § 2 BeschFG weniger strengen Kontrollmaßstäben unterworfen, als dies bei Art.119 EWG-Vertrag der Fall ist. Daraus ergibt sich jedoch kein Widerspruch, der dazu führen könnte, daß Gerichte die strengeren europäischen Grundsätze der mittelbaren Diskriminierung stets bei der Frage einer Gleichbehandlung Teilzeitbeschäftigter anwenden müssen[465]. Sowohl die Maßstäbe des § 2 BeschFG als auch die des Art.119 EWG-Vertrag können in vielen Fällen zu demselben Ergebnis führen. Die Frage, ob Art.119 EWG-Vertrag im Einzelfall § 2 BeschFG überlagert, tritt allerdings in den Fällen auf, in denen die Vorenthaltung bzw. Kürzung einer Leistung an Teilzeitbeschäftigte unter Anwendung der Grundsätze des § 2 BeschFG als sachlich gerechtfertigt angesehen wird. In den Fällen der Problematik der nebenberuflichen Tätigkeit und des Überstundenzuschlags kam es daher zu weiteren Vorlagen deutscher Arbeitsgerichte an den Europäischen Gerichtshof.

Dirk Vogelsang = NZA 1992, S.1037. Vgl. zu dem ähnlich gelagerten Problem einer Pflichtstundenermäßigung für Lehrer BAG vom 3.3.1993 – 5 AZR 170/92, AP Nr.97 zu § 611 BGB, Lehrer, Dozenten = EzA § 2 BeschFG Nr.27.
463 LAG Köln vom 10.1.1992 – 13 Sa 767/91, NZA 1992, S.615 = DB 1992, S.692.
464 BAG vom 29.1.1992 – 4 AZR 293/91, AP Nr.16 zu § 2 BeschFG 1985 = EzA § 2 BeschFG 1985 Nr.16 mit Anm. *Peter Schüren, Elke Beduhn*. Ebenso kann eine Wechselschichtzulage gegenüber Teilzeitbeschäftigten nicht versagt werden, wenn die Abgrenzung sich auf generell höhere Belastungen der Vollzeittätigen beruft, ohne daß eine entsprechende Widerspiegelung besonderer Streßfaktoren in den jeweiligen Schichtplänen ersichtlich ist. Vgl. BAG vom 23.6.1993 – 10 AZR 127/92, AP Nr.1 zu § 34 BAT = NZA 1994, S.41.
465 Der 4. Senat des Bundesarbeitsgerichts hat in einer neueren Entscheidung zum Bewährungsaufstieg Art.119 EWG-Vertrag wegen fehlender statistischer Angaben nicht angewandt. Dennoch ergab die Anwendung des § 2 BeschFG und des Art.3 Abs.1 GG eine Unzulässigkeit des § 23 a Nr.6 Buchstabe b Satz 2 BAT, der bei Übergang von Teilzeitarbeit in Vollzeittätigkeit wiederum eine volle Anrechnung der Teilzeitarbeit ausschloß. Vgl. BAG vom 9.3.1994 – 4 AZR 301/93, AP Nr.31 zu § 23a BAT = DB 1994, S.2138.

3. Ungleichbehandlung bei nebenberuflicher Tätigkeit und Überstunden – Korrektur über Art.119 EWG-Vertrag?

3.1 Rechtfertigungsgrund der gesicherten sozialen Lage bei Nebentätigkeit

Ein von der Rechtsprechung bis vor kurzem anerkannter Differenzierungsgrund für die geringere Entlohnung von Teilzeitarbeit stellt deren nebenberufliche Ausübung dar. Der Richter ermittelte, ob neben der vorgenommenen nebenberuflichen Tätigkeit eine Haupttätigkeit vorliegt, aus der der Teilzeitbeschäftigte seine wirtschaftliche Existenz sichert. Sofern dieser Umstand gegeben ist, rechtfertigte die soziale Lage eine anteilig geringere Vergütung des Beschäftigten[466].

Schüren/Kirsten[467] warfen dieser Rechtsprechung vor, den falschen Anknüpfungspunkt gewählt zu haben. Obwohl die soziale Abhängigkeit mit der Arbeitszeitdauer zusammentreffen könne, fehle es am inneren Zusammenhang zwischen der sozialen Lage und der Vergütungsleistung. Die Rechtsprechung weise der nebenberuflichen Arbeitstätigkeit einen geringeren Marktwert zu, weil die betreffenden Arbeitnehmer das Geld „weniger brauchen"[468]. Würde man dieses Argument jedoch konsequent anwenden, so könnten Vollzeitbeschäftigte, die aus anderen Gründen bereits wirtschaftlich abgesichert sind[469], ebenfalls geringer vergütet werden als ihre sozial nicht oder weniger gesicherten Kollegen. Die Frage der ausreichenden sozialen Sicherung könne zudem in Grenz-

---

466 So grundlegend BAG vom 22.8.1990 – 5 AZR 543/89, AP Nr.8 zu § 2 BeschFG 1985 = NZA 1991, S.107 = SAE 1991, S.114 mit Anm. *Peter Schüren, Mathias Kirsten*; BAG vom 11.3.1992 – 5 AZR 237/91, AP Nr.19 zu § 1 BeschFG 1985 mit Anm. *Peter Schüren, Elke Beduhn* = EzA § 2 BeschFG 1985 Nr.17 mit weiteren Nachweisen aus der Rechtsprechung des 5. und 4. Senats; BAG vom 19.8.1992 – 5 AZR 513/91, AP Nr.102 zu § 242 BGB Gleichbehandlung = NZA 1993, S.171 = BB 1992, S.2431; ebenso bereits zuvor ArbG Kaiserslautern vom 20.3.1990 – 5 Ca 786/89 P., ARST 1990, S.168 f.; LAG Köln vom 9.1.1991 – 2 Sa 747/90, ZTR 1991, S.258 f. = LAGE Nr.6 zu § 2 BeschFG 1985; LAG Hamm vom 6.6.1991 – 17 Sa 324/91, LAGE § 2 BeschFG 1985 Nr.11. Abgelehnt wurde eine Ungleichbehandlung wegen fehlender existenzsichernder Haupttätigkeit in BAG vom 6.12.1990 – 6 AZR 159/89, AP Nr.12 zu § 2 BeschFG 1985 = EzA § 2 BeschFG 1985 Nr.7 mit Anm. *Hartmut Oetker* = BAGE 66, S.314; LAG Schleswig-Holstein vom 11.12.1990 – 5 Sa 465/90, ZTR 1991, S.169 und LAG Schleswig-Holstein vom 27.6.1991 – 4 Sa 195/91, LAGE § 2 BeschFG 1985 Nr.9 = ZTR 1991, S.169.
467 Vgl. *Schüren/Kirsten*, Anm. zu BAG vom 22.8.1990, – 5 AZR 543/89, SAE 1991, S.114.
468 Vgl. *Peter Schüren*, Festschrift Gnade, S.161 (165). Anzumerken ist, daß *Schüren* diese Ansicht nur bei einer Gruppenbildung durch die jeweilige Regelungen vertritt, z.B. einer Betriebsvereinbarung oder einem Tarifvertrag. Er hält die Ungleichbehandlung aber für zulässig, wenn das Kriterium der wirtschaftlichen Existenzgrundlage Element einer einzelvertraglich vereinbarten Geringentlohnung ist. Vgl. *Schüren, Beduhn*, Anm. zum Urteil des BAG vom 11.3.1992, BAG vom 11.3.1992 – 5 AZR 237/91, AP Nr.19 zu § 1 BeschFG 1985.
469 Als Beispielsfälle sind eigenes Vermögen des Arbeitnehmers oder wirtschaftliche Sicherung aufgrund des ebenfalls erwerbstätigen Ehegatten zu nennen. Vgl. *Lubnow*, FS Ahrend, S.291.

fällen Schwierigkeiten bereiten[470]. Anzuknüpfen ist daher allein an die geringere Stundenzahl der geleisteten Tätigkeit, die nach dem Zweck der Leistung nur eine anteilige Kürzung des Wochenlohnes rechtfertigt oder die mit demselben Stundenlohn zu vergüten ist. Wie *Richardi* zutreffend feststellt, könnte auch im umgekehrten Fall ein Arbeitnehmer keine Besserstellung gegenüber einem Kollegen verlangen, der zusätzlich einer nebenberuflichen Arbeit nachgeht[471].

Der Kritik an dieser Rechtsprechung ist zuzustimmen. Verdeutlicht man sich die Rechtsprechung zu dem früheren Ausschluß geringfügig Beschäftigter von der gesetzlichen Lohnfortzahlung, so ging das Bundesarbeitsgericht hierbei davon aus, daß auch diese Beschäftigten trotz verringerter Arbeitszeit einen Versorgungsbedarf haben können. Daher ist es widersprüchlich, wenn die Rechtsprechung bei einer Leistung, die nicht vorrangig zum Zwecke der sozialen Sicherung erfolgt, eine Kürzung wegen einer solchen ausreichenden Absicherung zuläßt.

Auch das Bundesverfassungsgericht hatte sich der Rechtsprechung des Bundesarbeitsgerichts angeschlossen[472]. Die soziale Bedeutung der Nebenberufsvergütung liege nicht in einer Existenzsicherung, sondern im Erwerb eines Zuverdienstes. Dieser Unterschied sei hinreichend sachnah und gewichtig, um eine Ungleichbehandlung im Rahmen des allgemeinen Gleichheitssatzes des Art.3 Abs.1 GG zu rechtfertigen. Ebenso folge daraus, daß die durch das BAG vorgenommene Prüfung nach § 2 BeschFG verfassungsrechtlich nicht zu beanstanden sei. Diese Entscheidung steht in Gegensatz zu einem anderen Urteil, in dem das Bundesverfassungsgericht klarstellte, daß ein sachlicher Differenzierungsgrund an die Umstände anknüpfen muß, welche zur Ungleichbehandlung führen[473]. Im Falle der nebenberuflichen Tätigkeit wird jedoch an die soziale Lage der Arbeitnehmer angeknüpft und nicht richtigerweise an die zeitliche Komponente. Diesbezüglich müßten jedoch konsequenterweise sämtliche Arbeitnehmer unterschiedlich nach ihrem jeweiligen Sozialstandard entgolten werden. Es ist nicht einsichtig, wieso dies nur für die Gruppe von Beschäftigten gelten soll, die einer zweiten Tätigkeit nachgehen, welche ihre Haupttätigkeit bildet.

Lipke erwartete in dem Fall der nebenberuflichen Tätigkeit eine Korrektur dieser Rechtsprechung durch den Europäischen Gerichtshof[474]. Das Arbeitsgericht

---

470 Vgl. *Lipke*, ArbuR 1991, S.79, der die Rechtsprechung des BAG als „Grauzone" bezeichnet; ihm zustimmend haben das LAG Düsseldorf und das LAG Köln entgegen der Rechtsprechung des BAG eine anteilige Vergütung der Teilzeitbeschäftigten bejaht. Vgl. LAG Düsseldorf vom 9.7.1991 – 16 Sa 515/91, LAGE § 2 BeschFG 1985 Nr.8; LAG Köln vom 30.9.1991 – 14/2 Sa 107/91, LAGE zu § 2 BeschFG 1985 Nr.12.
471 Vgl. *Richardi*, NZA 1992, S.628.
472 BVerfG vom 18.2.1993 – 1 BvR 1594/92, AP Nr.25 zu § 2 BeschFG = NZA 1993, S.741.
473 BVerfG vom 29.5.1990 – 1 BvL 20/84 u.a., NJW 1990, S.2869 (2872). Das Bundesverfassungsgericht knüpft hier im Steuerrecht an das sachliche Kriterium der wirtschaftlichen Leistungsfähigkeit an.
474 Vgl. *Lipke*, ArbuR 1991, S.79.

Bremen hat den Fall von Frau Grau-Hupka, deren geringere Vergütung auf den Bezug einer Altersrente gestützt wurde, dem Europäischen Gerichtshof vorgelegt und sich sowohl auf einen Verstoß gegen die Gleichbehandlungsrichtlinie 76/207/EWG als auch gegen Art.119 EWG-Vertrag selbst berufen[475]. Generalanwalt Jakobs hatte jedoch bereits in der Sitzung des Europäischen Gerichtshofs vom 25.Juni 1994 vorgetragen, daß zum einen die Gleichbehandlungsrichtlinie keine Auslegung gebiete, die die hauptberufliche Tätigkeit als sachlichen Grund für ein niedrigeres Entgelt ablehnt. Zum anderen stehe Art.119 EWG-Vertrag in Verbindung mit der Lohngleichheitsrichtlinie 75/117/EWG nicht einer Rechtsprechung entgegen, die in einer Rente oder einer hauptberuflichen Tätigkeit eine das niedrigere Entgelt rechtfertigende gesicherte Position sieht[476].

Der Europäische Gerichtshof bestätigte diese Ansicht in seinem abschließenden Urteil. Die soziale Sicherung einer hauptberuflichen Tätigkeit rechtfertige eine geringere Vergütung der zusätzlich durchgeführten Tätigkeit. Werde anstelle einer hauptberuflichen Tätigkeit eine soziale Sicherung durch Bezug einer Altersrente bewirkt, so verstoße ein geringeres Entgelt auch dann nicht gegen Art.119 EWG-Vertrag, wenn die Rente für eine Frau wegen fehlender Anrechnung der Kindererziehungszeiten niedriger ausfalle[477]. Der Europäische Gerichtshof machte in seinem Urteil deutlich, daß die Frage der Ungleichbehandlung grundsätzlich nicht anfallen kann, da die in Teilzeit nebentätig Beschäftigten nicht überproportional Frauen sind. Eine Diskriminierung wegen des Geschlechts kann auch nicht über eine „Fernwirkung" bei der ungleichen Rentenberechnung hergestellt werden, da eine solche nicht gegen die Richtlinie 79/7/EWG verstößt. Art.119 EWG-Vertrag führt daher in diesem Fall nicht zu einem anderen Ergebnis als die Frage der rechtswidrigen Ungleichbehandlung nach allgemeinen Gleichbehandlungsprinzipien.

Das Bundesarbeitsgericht hat allerdings nach diesem Urteil eine Korrektur seiner Rechtsprechung über die sachliche Rechtfertigung einer Ungleichbehandlung bei einer Nebentätigkeit in Teilzeit vorgenommen. In einem Urteil vom 1. November 1995 wich der 5. Senat des Bundesarbeitsgerichtes von seiner bishe-

---

475 Rs.297/93, Rita Grau-Hupka gegen Stadtgemeinde Bremen, Vorlagebeschluß des Arbeitsgerichts Bremen, Bulletin über die Tätigkeiten des Gerichtshofs und des Gerichts erster Instanz der europäischen Gemeinschaften, Nr.19/93 vom 14.-18. Juni 1993, S.12. Da der Arbeitgeber im betreffenden Fall eine Gemeinde ist und damit als öffentliche Körperschaft des Staates anzusehen ist, konnte sich die Klägerin auch direkt auf Artikel 2 der Richtlinie berufen.
476 Rs. 297/93, Rita Grau-Hupka gegen Stadtgemeinde Bremen, Schlußantrag des Generalanwalts Jakobs in der Sitzung vom 29.Juni 1994, Bulletin über die Tätigkeiten des Gerichtshofs und des Gerichts erster Instanz der europäischen Gemeinschaften, Nr.20/94 vom 27.Juni-1.Juli 1994, S.18.
477 EuGH, Urteil vom 13.12.1994 – Rs. C-297/93, Rita Grau-Hupka./.Stadtgemeinde Bremen, amtl. Slg. 1994, S.5535 = EzA Art.119 EWG-Vertrag Nr.25 = NZA 1995, S.217

rigen Auffassung ab[478]. Die Nebenberuflichkeit einer Teilzeitbeschäftigung sei kein sachgerechtes Kriterium gemäß § 2 Abs.1 BeschFG, um deren anteilig geringere Vergütung gegenüber einem Vollzeitbeschäftigten zu rechtfertigen. Das Arbeitsentgelt knüpfe an der Arbeitsleistung des Arbeitnehmers an und sei keine „soziale" Leistung, die entsprechend der im Einzelfall gegebenen sozialen Lage des nebenberuflich tätigen Teilzeitbeschäftigten verringert werden könne. Daher müßte auch nebenberuflich Teilzeitbeschäftigten anteilig dieselbe Vergütung zukommen wie ihren vollzeitbeschäftigten Kollegen, da die Arbeitsleistung dieselbe sei und allein die unterschiedliche Arbeitsmenge eine Ungleichbehandlung nicht rechtfertige. Der 5. Senat des Bundesarbeitsgerichts schloß sich mit diesem Urteil der oben dargestellten Ansicht in der Literatur und der Auffassung des 3. Senates an, der die soziale Absicherung Teilzeitbeschäftigter im Rahmen der betrieblichen Altersversorgung nicht als sachliches Differenzierungskriterium ansieht[479].

3.2 Das Problem der Überstundenzuschläge

Das Problem des Überstundenzuschlags für Teilzeitbeschäftigte bei Überschreitung der individuell vereinbarten Arbeitszeit war Gegenstand mehrerer Vorlagen deutscher Arbeitsgerichte an den Europäischen Gerichtshof[480].

3.2.1 Der Meinungsstreit

Im Kern behandelt der Streit um die Überstundenzuschläge deren Funktion. Das BAG hat in seinem Urteil vom 21.11.91[481] die Gewährung eines Überstundenzuschlages für Teilzeitbeschäftigte abgelehnt. Eine Ungleichbehandlung sei nach § 2 BeschFG sachlich gerechtfertigt[482]. Der Überstundenzuschlag diene dem Ausgleich einer besonderen körperlichen Belastung, der Vollzeitkräfte in größerem Maße ausgesetzt seien wie Teilzeitbeschäftigte[483]. Dasselbe Ergebnis ergebe sich, wenn man dem Zuschlag einen Schutzzweck hinsichtlich der Dispositionsmöglichkeit über die Freizeit zuschreibe. Auch in diesem Fall seien

---

478 BAG vom 1.11.1995 – 5 AZR 84/94, DB 1996, S.1285.
479 BAG vom 7.3.1995 – 3 AZR 282/94, AP Nr.26 zu § 1 BetrAVG Gleichbehandlung.
480 LAG Hamm vom 22.10.1992 – 17 Sa 1035/92, NZA 1993, S.573 = AiB 1993, S.126; insgesamt lagen dem Europäischen Gerichtshof neun Vorlagen deutscher Arbeitsgerichte zur Frage der Überstundenbezahlung von Teilzeitkräften vor. Vgl. *Dorothea Goergens*, Zum Abbau der Nachteile für Teilzeitbeschäftigte, AiB 1993, S.220 (224).
481 BAG vom 21.11.1991 – 6 AZR 551/89, AP Nr.2 zu § 34 BAT = NZA 1992, S.545 = SAE 1993, S.34 mit Anm. *Michael Coester*; ebenso LAG Schleswig-Holstein vom 27.5.1993 – 4 Sa 490/92, LAGE § 2 BeschFG 1985 Nr.22.
482 In einem frühen Urteil vom 23.3.1977 hat der 4. Senat ohne Überprüfung eines Verstoßes gegen Gleichbehandlungsgebote einen Überstundenzuschlag abgelehnt, da der Tarifvertrag von Überstunden erst ab der Überschreitung der tarifvertraglich vereinbarten Vollarbeitzeit ausgehe, BAG vom 23.2.1977 – 4 AZR 667/75, AP Nr.1 zu § 1 TVG Tarifverträge:Techniker-Krankenkasse = BB 1977, S.596.
483 Ebenso *Arndt*, NZA 1989, S.9, 10.

Vollzeitkräfte in stärkerem Maße betroffen als Teilzeitbeschäftigte[484]. Mit dieser Argumentation lehnt der 5. Senat ausdrücklich die entgegenstehende Ansicht *Schürens* ab, welche einen Zuschlag ab der Überschreitung der individuellen Arbeitszeit mit folgenden Argumenten vertritt:

Der Gedanke des Ausgleichs physischer Belastung leitete sich aus dem Mehrarbeitszuschlag des heute nicht mehr geltenden § 15 AZO her, der ab der 48. Arbeitsstunde anfiel. Dieser diente durch die Verteuerung von Arbeitsstunden oberhalb der 48-Stundengrenze dem Schutz des Arbeitnehmers vor übermäßiger körperlicher Beanspruchung. Die sich daraus ableitende Ansicht, daß auch tarifliche Überstundenzuschläge diese Funktion erfüllen, geht nach der Ansicht *Schürens* fehl. Die Festlegung von betrieblichen Arbeitszeiten für Vollzeitkräfte in Tarifverträgen diene der Erreichung einer allgemeinen Arbeitszeitverkürzung, wodurch der Arbeitnehmer in der Lage sein soll, über seine Freizeit zu disponieren und nach Belieben am sozialen Leben teilzunehmen. Die Grenzen würden unterhalb der früher geltenden Mehrarbeitsgrenze des § 15 AZO und des heute einschlägigen § 3 ArbZG liegen und knüpften im Gegensatz zu dieser an die individuelle Arbeitszeitregelung an. Der Arbeitgeber soll daher durch eine Verteuerung der über die individuelle Arbeitszeit hinausgehenden Arbeitsstunde davon abgehalten werden, die tariflich errungene Arbeitszeitverkürzung durch die Anordnung von Überstunden aufzuheben[485]. Ein weiteres Argument gegen den Ausgleich der körperlichen Belastung sei die Regelung früherer Metalltarifverträge, wonach Vollzeitbeschäftigung bei einem Stundenumfang zwischen 38 und 42 Stunden Wochenarbeitszeit vorlag. Hatte ein Arbeitnehmer hiernach eine vertragliche Wochenarbeitszeit von 38 Stunden, so könne dieser körperlich nicht erheblich weniger belastet sein als der Mitarbeiter mit einer vertraglichen Arbeitszeit von 42 Wochenstunden. Dennoch erhalte er, sobald er seine individuelle wöchentliche Arbeitszeit von 38 Stunden überschreite, im Gegensatz zu seinem Kollegen mit 42 Stunden Wochenarbeitszeit bereits Überstundenzuschläge[486]. Schutzgut sei daher nicht die körperliche Belastung, sondern die Selbstbestimmung des Arbeitnehmers über seine Arbeitszeit[487].

---

484 Ebenso *Sowka*, DB 1992, S.2031, 2032.
485 Vgl. *Peter Schüren*, RdA 1990, S.18 (20, 21); *derselbe*, ZTR 1992, S.355 (356) mit Nachweisen aus der arbeitsrechtlichen Literatur; *derselbe*, NZA 1993, S.529 (530).
486 Vgl. *Schüren*, NZA 1993, S.530, 531; *derselbe*, RdA 1990, S.22; *Pfarr, Bertelsmann*: Diskriminierung im Erwerbsleben, S.245, 246.
487 Aus diesem Grund kommt es auf das anderweitig vorgetragene Argument, Teilzeitbeschäftigte seien in der Regel durch die Sorge um Kinder und Haushalt ebenso beansprucht wie Vollzeitbeschäftigte, nicht an. Vgl. die Nachweise in *Schüren*, RdA 1990, S.22; *Jörg Schlüter*, RdA 1975, S. 113 (114); ArbG Hamburg vom 21.10.1991 – 21 Ca 173/91, AiB 1992, S.164 mit Anm. *Dorothea Goergens*; ähnliche Argumentation auch in einem Urteil des ArbG München vom 5.7.1973 – 20 Ca 289/73, BB 1973, S.1357 und Urteil des ArbG Trier vom 9.9.1992 – 3 Ca 772/92, nicht veröffentlicht, vgl. *Erasmy*, Arbeitgeber 1992, S.1009.

Die Dispositionsmöglichkeit über die Freizeit wiederum sei unabhängig von dem jeweiligen individuellen Arbeitsumfang. Das Argument des 5. Senats, Teilzeitbeschäftigte würden in ihrem Selbstbestimmungsrecht weniger beeinträchtigt, widerspreche zum einen der Auffassung des 7. Senats[488], daß Teilzeitbeschäftigte mehr als Vollzeitkräfte durch die verringerte Arbeitszeit eine wirtschaftlich verwertbare Dispositionsmöglichkeit über ihre Freizeit erreichen wollen. Der 6. Senat schließe sich demgegenüber der Ansicht an, daß Vollzeitbeschäftigte einem höheren Streßfaktor unterliegen. Streß könne als Erscheinungsfaktor heutzutage objektiv ermittelt werden. Daher sei es nicht zulässig, eine höhere Belastung von Vollzeitkräften als allgemeinen Erfahrungssatz voranzustellen, ohne die Richtigkeit dieser Behauptung durch entsprechende Untersuchungen zu belegen[489]. Das BAG schaffe durch seine Rechtsprechung über die Überstundenzuschläge für Teilzeitbeschäftigte eine kostengünstige Arbeitsreserve für den Arbeitgeber[490] und gebe keine Initiative für die Schaffung zusätzlicher Arbeitsplätze[491]. Kostenersparnis sei kein zulässiger Grund im Sinne des § 2 BeschFG[492].

Erasmy trägt demgegenüber vor, daß ein höherer Streß nur bei verheirateten Frauen mit Familie eintreten könne, so daß bei den Überstundenzuschlägen wiederum zwischen verheirateten und ledigen Arbeitnehmern zu differenzieren sei[493]. *Jesse* wiederum hält der von Schüren vertretenen Ansicht entgegen, daß die Zulassung von Überstundenzuschlägen eine weitgehende Benachteiligung der Vollzeitkräfte zur Folge habe[494]. Die Arbeitszeit einer Teilzeitkraft werde ab Überschreiten ihrer individuellen Arbeitszeit teurer vergütet als die der Vollzeitbeschäftigten[495].

3.2.2 Entscheidung des Europäischen Gerichtshofes

Die Problematik ist nunmehr, nach einer Verfahrensdauer von mehr als zwei Jahren, durch den Europäischen Gerichtshof am 15.12.1994 entschieden worden[496]. Der Europäische Gerichtshof schloß sich dem Hauptantrag von Gene-

---

488 BAG vom 12.12.1984 – 7 AZR 509/83, AP Nr.6 zu § 2 KSchG 1969 = SAE 1985, S: 357 mit Anm. *Peter Schüren*.
489 Vgl. *Schüren*, ZTR 1992, S.358.
490 Vgl. *Pfarr, Bertelsmann*: Diskriminierung im Erwerbsleben, S.245.
491 Vgl. *Lipke* – GK-Tza, Art.1 § 2 BeschFG, Rn.143.
492 Vgl. *Schüren*, RdA 1990, S.23
493 Vgl. *Erasmy*, Arbeitgeber 1992, S.1009.
494 Die sachlich geeignete Lösung in diesem Bereich stellt der Vorschlag von *Schüren* dar, ein bestimmtes zuschlagsfreies Kontingent von Überstunden sowohl für Teilzeit- als auch für Vollzeitbeschäftigte zu schaffen. Vgl. *Schüren*, RdA 1990, S.23; ebenso der Hinweis des ArbG Hamburg vom 21.10.1991 – 21 Ca 173/91, AiB 1992, S.164 mit Anm. *Dorothea Goergens*.
495 Vgl. *Adolf Jesse*, ZTR 1994, S.91 (96, 97).
496 EuGH vom 15.12.1994, Rs.399/92, Helmig, Rs.409/92, Schmidt, Rs.425/92, Herzog, Rs.34/93, Lange, Rs.50/93, Kussfeld, und Rs.78/93, Ludewig, amtl. Slg. 1995, S.5727 = EzA Art.119 EWG-Vertrag Nr.24 = NZA 1995, S.218.

ralanwalt Darmon vom 19.April 1994[497] an. Die Vorenthaltung von Zuschlägen bei Überschreitung der individuellen Arbeitszeit verstoße nicht gegen Art.119 EWG-Vertrag. Dem ist zuzustimmen. Effektiv fehlt es an der Benachteiligung, da Vollzeittätige für denselben Zeitraum keine Zuschläge erhalten, beide Gruppen also gleichgestellt werden[498]. Dem Argument, der Arbeitgeber könne sich durch die fehlende Pflicht zum Überstundenzuschlag eine billige Arbeitszeitreserve schaffen, ist die effektive Besserstellung der Teilzeitbeschäftigten entgegen zu halten, die für dieselbe Arbeitsstunde mehr Geld erhalten würden als Vollzeitbeschäftigte[499]. Ein Vollzeitbeschäftigter kann sich gegenüber der höheren Vergütung von Frauen für dieselbe Arbeitsstunde damit wehren, daß eine solche Situation verhältnismäßig mehr Männer benachteiligt als Frauen. Dieser Diskriminierung kann jedoch nicht mit dem sachlichen Rechtfertigungsgrund begegnet werden, daß der Schutz der Selbstbestimmung über die Freizeit eine geringere Vergütung derselben Arbeitsstunde bei gleicher Arbeit rechtfertigt.

---

497 Rs. 399/92, 409/92, 425/92, 34/93, 50/93, 78/93, Schlußanträge des Generalanwalts Darmon, Bulletin über die Tätigkeiten des Gerichtshofs und des Gerichts erster Instanz der europäischen Gemeinschaften, Nr.12/94 vom 18.-22.April 1994, S.11.
498 Mit diesem Argument lehnte auch das LAG Schleswig-Holstein einen Verstoß gegen Art.119 EWG-Vertrag ab, da es andernfalls zu einer Benachteiligung von Vollzeitbeschäftigten kommen würde. LAG Schleswig-Holstein vom 27.5.1993 – 4 Sa 490/92, LAG-E § 2 BeschFG 1985 Nr.22.
499 Wenig hilfreich ist in diesem Zusammenhang die Überlegung, daß ein Teilzeitbeschäftigter ein Verweigerungsrecht gegenüber der Anordnung von Mehrarbeit haben soll. Das Selbstbestimmungsrecht des Teilzeitbeschäftigten ist bei fehlender ausdrücklicher Vereinbarung nicht schutzwürdiger als das des Vollzeitarbeitnehmers, dem gegenüber eine Notsituation im Betrieb die Anordnung von Überstunden ermöglicht. Vgl. *Sowka, Köster*: Teilzeitarbeit und geringfügige Beschäftigung, S.48; *Rosemarie Winterfeld, Johannes Göbl, Andreas Seelmann*: Beschäftigungsförderungsgesetz 1985, § 2 Rn.171 ff.; abzulehnen ist die Ansicht von *Elisabeth Kallenborn-Schmidtke*, ZTR 1993, S.195 (196), die bei jeder Überschreitung der individuellen Arbeitszeit die Vereinbarung eines zusätzlichen zuschlagsfreien Arbeitsverhältnisses annimmt.

Zusammenfassung und Schlußbetrachtungen

Die Normen des EWG-Vertrages haben sich durch die rechtsfortbildende Rechtsprechung des Europäischen Gerichtshofes zu einem System individuellen Rechtsschutzes entwickelt. In dieses System sind die nationalen Gerichte eingebunden. Ihnen obliegt die Durchsetzung der gemeinschaftsrechtlichen Grundsätze im Einzelfall. Teilzeitbeschäftigte genießen den Schutz des EWG-Vertrages über den unmittelbar geltenden Art.119 EWG-Vertrag, dem der Europäische Gerichtshof Verbotswirkung auch für die mittelbare Diskriminierung von Frauen zuschreibt. Ungleichbehandlungen Teilzeitbeschäftigter beim Entgelt verstoßen gegen Art.119 EWG-Vertrag, wenn dadurch überproportional mehr Frauen als Männer betroffen sind und der Nachweis einer Rechtfertigung durch objektive, geschlechtsneutrale Faktoren nicht gelingt. An dieses Verbot sind Arbeitgeber, Tarifparteien und Gesetzgeber in gleicher Weise gebunden.

Die vorstehende Analyse verdeutlicht, daß die Durchsetzung dieses Gemeinschaftsgrundsatzes in deutscher und britischer Rechtsprechung nicht harmonisch verläuft, sondern einem langwierigen Anpassungsprozeß unterworfen ist. Die Überwindung institutioneller Sperren bereitet besondere Schwierigkeiten in Großbritannien. Britische Industrial Tribunals verfügen als spezielle Streitschlichtungsinstanz außerhalb der ordentlichen Gerichtsbarkeit über geringere Entscheidungsbefugnisse in der richterlichen Urteilsfindung als deutsche Arbeitsgerichte. Eine strikte Bindung an den Gesetzestext ergänzt sich mit der fehlenden Kompetenz zur Rechtsfortbildung. So bedurfte es erst des Eingreifens durch den Europäischen Gerichtshof in Jenkins[500], um britischen Industrial Tribunals eine Verbindung des Diskriminierungsverbots des Sex Discrimination Act mit dem Lohngleichheitsgebot des Equal Pay Act zu ermöglichen. Die Kompetenz zur Entscheidung einer Klage allein auf der Grundlage des Art.119 EWG-Vertrag wird den Tribunals erst seit wenigen Jahren übereinstimmend zugestanden. Weitere Begrenzungen finden sich in der systematischen Einschränkung einer gerichtlichen Kontrolle von Tarifverträgen und der fehlenden Überprüfbarkeit nationaler Gesetze am Maßstab des Art.119 EWG-Vertrag. Materiellrechtlich verfehlen frühe Entscheidungen britischer Gerichte eine korrekte Zuordnung der Verantwortungsbereiche. Die europarechtlichen Anforderungen des Prinzips der mittelbaren Diskriminierung, die aus der Jenkinsentscheidung hervorgingen, konnten wegen fehlender Klagen Teilzeitbeschäftigter nicht umgesetzt und fortgeführt werden. In artverwandten Themen wandten die britischen Gerichte das Konzept der mittelbaren Diskriminierung entgegen einem angemessenen Schutz der Arbeitnehmerinteressen mit einem nachgie-

---

500 EuGH vom 31.3.1981, Rs.96/80, Jenkins, amtl. Slg. 1981, S.911 = AP Nr.2 zu Art.119 EWG-Vertrag = NJW 1981, S.2639.

bigen Rechtfertigungsmaßstab an, der den Anforderungen des Europarechts zuwiderlief[501].

Diese Gegensätzlichkeit ist zum Teil in dem Wesen des Vorabentscheidungsverfahrens nach Art.177 EWG-Vertrag selbst angelegt. Die knapp formulierten Fragen der nationalen Gerichte an den Europäischen Gerichtshof führen zu knappen Antworten. In Jenkins war außer dem Grundsatz, die mittelbare Diskriminierung bei Teilzeitbeschäftigung anzuwenden, keine Äußerung zu der Art des Rechtfertigungsmaßstabes enthalten, so daß andere Interpretationen ohne offenkundigen Verstoß bis zum Urteil des Europäischen Gerichtshofes in Bilka möglich waren. Die nunmehr erkennbare Annäherung an Art.119 EWG-Vertrag der letzten Jahre ist der Rechtsprechung des zunehmend europaorientierten obersten Gerichts in Großbritannien zuzuschreiben. Das House of Lords setzt durch die Verschärfung des Rechtfertigungsmaßstabes strengere Maßstäbe und widerspricht der bisher herrschenden Auffassung, daß die Ungleichbehandlung von Teilzeitbeschäftigten unabdingbar notwendig zur Erhaltung von Arbeitsplätzen sei. Die britischen Gerichte werden in Zukunft die Interessen von Regierung, Tarifparteien und Arbeitgebern gegenüber den Interessen der Arbeitnehmer strikter abwägen müssen. Es liegt nun am Einsatz der betroffenen Arbeitnehmer, die Anforderungen des Art.119 EWG-Vertrag in Großbritannien stärker zur Geltung zu bringen und die begonnene Diskussion über Ausmaß und Umfang der Entgeltgleichheit fortzuführen.

Im Gegensatz zu einer mehr punktuellen britischen Rechtsprechung verläuft die Auseinandersetzung deutscher Arbeitsrechtsprechung mit Art.119 EWG-Vertrag auf einer thematisch umfassenden Ebene. Hierbei sind je nach Thematik unterschiedlich schnelle Anpassungsprozesse zu erkennen. So stand dem 3. Senat des Bundesarbeitsgerichts, der den Ausschluß von Teilzeitbeschäftigten unverzüglich nach den ersten Aussagen des Europäischen Gerichtshofs einer strikteren Rechtfertigungskontrolle nach den Grundsätzen der mittelbaren Diskriminierung unterwarf, der 4. Senat des Bundesarbeitsgerichts gegenüber, der seine gegenteilige Auffassung im Bereich tariflicher Ungleichbehandlung erst nach einiger Auseinandersetzung und zwei Vorlagen an den Europäischen Gerichtshof aufgab. Mehrere Landesarbeitsgerichte vertraten voneinander abweichende Auffassungen zur Rechtfertigung des Ausschlusses geringfügig Beschäftigter von der Entgeltfortzahlung im Krankheitsfalle, bis der Streit höchstrichterlich mit einer Entscheidung gegen die Ungleichbehandlung beendet wurde. Die Auseinandersetzung zwischen BAG und Europäischem Gerichtshof über die europarechtlich gebotene Behandlung teilzeitbeschäftigter Betriebsräte wurde erst nach zwei Vorlagen deutscher Gerichte an den Europäischen Gerichtshof abgeschlossen.

---

501 Vgl. *Lord Wedderburn*, MLR 1991, S.6, 10; *Ulrich Mückenberger, Simon Deakin*, ZIAS 1989, S.153 (165). Die Autoren weisen darauf hin, daß britische Richter in einer Ablehnung des Bedürfnisses nach weitreichendem Arbeitnehmerschutz eher dazu geneigt sind, die Schutzgesetze restriktiv auszulegen.

Die Auseinandersetzung über die Gleichbehandlung teilzeitbeschäftigter Betriebsratsmitglieder stellt im Bereich der Teilzeitbeschäftigung den einzigen Fall dar, in dem das Bundesarbeitsgericht als höchste deutsche Arbeitsgerichtsinstanz den Auffassungen des Europäischen Gerichtshofes offen widersprochen hatte. In den übrigen Fällen ist die Zusammenarbeit mit dem Europäischen Gerichtshof und die effektive Umsetzung der europarichterlichen Auslegung bemerkenswert und für manchen Andersdenkenden wohl zu effektiv. Das Recht zur Vorlage an den Europäischen Gerichtshof muß allerdings entgegen den Anregungen zu seiner Beschränkung allen nationalen Gerichten offenstehen[502]. Das Konzept der mittelbaren Diskriminierung ist mittlerweile Prüfungsmaßstab für sämtliche Ungleichbehandlungen von Teilzeitbeschäftigten. Über seine Anforderungen existiert ein breites Meinungsspektrum. Daher ist es unabdingbar, wenn abweichende unterinstanzliche und höchstrichterliche Ansichten zu einer Meinungsfindung durch den Europäischen Gerichtshof als übergeordnetem Spruchkörper des Gemeinschaftsrechtes führen. Ansonsten wäre eine vertiefte Integration durch das Gemeinschaftsrecht nicht zu erreichen[503].

Teilzeitarbeit wird auch zukünftig eine wichtige Rolle im Arbeitsleben spielen. Die Bekämpfung der Arbeitslosigkeit durch Verteilung von weniger Arbeit auf mehr Personen, gezielter Einsatz flexibler Arbeitskräfte zur optimalen Auslastung von Betrieben und der Wunsch nach mehr Zeitsouveränität von seiten des Arbeitnehmers deuten darauf hin, daß die Möglichkeit einer Tätigkeit mit verringertem Arbeitsumfang in zunehmendem Maße genutzt werden wird[504]. Für die Rechtsprechung des Europäischen Gerichtshofes und damit der nationalen Gerichte ergibt sich hierbei ein langfristiges Problem: Angesichts der Bedeutung der Teilzeitbeschäftigung muß die unsichere Grundlage, auf der das derzeitige Lohngleichheitsgebot steht, durch eine angemessenere Regelung ergänzt bzw. ersetzt werden. Art.119 EWG-Vertrag hat nur so lange "Zähne und Klauen", als Frauen den überwiegenden Anteil an Teilzeitbeschäftigung innehaben. Die weitere Entwicklung der Arbeitsmarktpolitik deutet jedoch auf eine weitere Kürzung der Arbeitsstunden hin, die auch die männliche Arbeitnehmerschaft, insbesondere unter der jüngeren Generation betreffen wird. Wie der britische Richter am Europäischen Gerichtshof *Edward* als Beispiel anführte, sind im englischen Bristol unter jungen Arbeitnehmern bereits Verschiebungen des Sektors zu einer höheren männlichen denn weiblichen Besetzung von Tätigkeiten in Teilzeit wahrzunehmen[505]. Eine generelle Verschiebung der zahlenmäßi-

---

502 Für eine Einschränkung des Vorlagerechts auf die letzten Entscheidungsinstanzen *Clever*, DAngVers 1993, S.75; *Blomeyer*, NZA 1994, S.639.
503 Vgl. *Carl Otto Lenz*, NJW 1993, S.2664.
504 Vgl. *Gert-Albert Lipke*, ArbuR 1994, S.8; *Confederation of British Industry (CBI)*, People, Paybill and The Public Sector, S.31 ff.: nach den Angaben von CBI wandelte die Burton Group durch die Einführung von Fließzeiten 4000 Vollzeitarbeitsplätze in 7000 Teilzeitarbeitsplätze um; British Airways bietet ebenfalls freiwillige Teilzeitvereinbarungen an.
505 Vgl. *David Edward*, Lecture on Developments in European Law, Vortrag gehalten in Edinburgh am 17.Februar 1994, unveröffentlichtes Manuskript, S.29.

gen Geschlechterbesetzung innerhalb des Teilzeitarbeitssektors hätte jedoch den Zusammenbruch des Prüfungssystems des Art.119 EWG-Vertrag zur Folge. Als Beispiel sei kurz angeführt, daß die dänische Regierung sich in der Sache Rinner-Kühn gegen eine Erklärung der Unzulässigkeit von § 1 Abs.3 LohnFG ausgeprochen hatte, da die Beschäftigungszahlen der geringfügig beschäftigten Arbeitnehmer in Dänemark keine erhebliche Besetzung dieses Sektors mit Frauen aufzeige. Für dänische Gerichte kann sich somit ein anderes Beurteilungsbild ergeben als für britische oder deutsche Gerichte, in denen die Besetzung der Teilzeitarbeit (noch) erheblich mehr Frauen als Männer aufweist.

Der Europäische Gerichtshof kann allerdings wegen fehlender Grundlagen im EWG-Vertrag kein allgemeines Gleichbehandlungsgebot aufstellen, ohne sich dem berechtigten Vorwurf einer nicht legitimierten Rechtsfortbildung auszusetzen[506]. Aus diesen Erwägungen heraus ist eine gemeinschaftsrechtliche Gesetzgebung geboten, die nicht auf die Geschlechterrolle abstellt, sondern auf einen verringerten Arbeitsumfang. Dies würde die Einwände gegen die statistische Ermittlung einer Ungleichbehandlung und die Intoleranz des Europäischen Gerichtshofs gegenüber gewachsenen traditionellen Wertungen des nationalen Arbeitsrechts wesentlich entschärfen. Wie sich an der deutschen Rechtsprechung zu § 2 BeschFG und Art.3 Abs.1 GG ersehen läßt, könnte auch ein europarechtliches allgemeines Gleichbehandlungsgebot zu sachgerechten Ergebnissen führen.

---

506 Vgl. *Simitis*, Festschrift Kissel, S.1112, 1113.

Literatur

Bücher und Berichte:

Sir Carleton Allen: Law in the Making, 7th edition, Oxford University Press, Oxford 1964.

Friedrich Becker, Harald Danne, Walter Lang, Gert-Albert Lipke, Ernst Mikosch, Ulrich Steinwedel: Gemeinschaftskommentar zum Teilzeitarbeitsrecht, Luchterhand Verlag, Neuwied, Darmstadt 1987.

Brian Bercusson: Working Time in Britain: Towards a European Model, Part II: Collective Bargaining in Europe and the UK, The Institute of Employment Rights, London, January 1994.

Rolf Birk, Ernst-Gerhard Erdmann, Heinz Lampert, Gerd Muhr: Europäischer Binnenmarkt und Harmonisierung des Arbeitsrechts, Wissenschaftsverlag, Mannheim 1991.

Roger Blanpain, Elisabeth Klein: Europäisches Arbeitsrecht, Nomos Verlagsgesellschaft, Baden-Baden 1992.

Roger Blanpain, Eberhard Köhler (eds.): Legal and contractual limitations to working-time in the European Community member states, European Foundation for the Improvement of Living and Working Conditions, Office for Offical Publications of the European Communities, Luxembourg 1988.

Colin Bourn, John Whitmore: Race and Sex Discrimination, 2nd edition, Sweet & Maxwell, London 1993.

Anthony Bradley and Keith Ewing: Constitutional and administrative law, 11th edition, Longman (Publishers), London 1993.

Mary Buckley and Malcolm Andersen: Women, Equality and Europe, The Macmillan Press Ltd., London 1988.

Mauro Cappelletti, Monica Secombe, Joseph Weiler: Integration through Law, Volume 1, Book 2: Political Organs, Integration Techniques and Judicial Process, Walter de Gruyter, Berlin – New York 1986.

Lawrence Collins: European Community Law in the United Kingdom, 3rd edition, Butterworths & Co. (Publishers) London 1984.

Commission of the European Communities: Employment in Europe 1993, Office for Official Publications of the European Communities, Luxembourg 1993.

Marilyn Davidson and Jill Earnshaw: Vulnerable Workers: Psychosocial and Legal Problems, John Wiley & Sons Ltd., Chichester 1991.

Wolfgang Däubler, Manfred Bobke, Karl Kehrmann (hrsg.): Arbeit und Recht, Festschrift für Albert Gnade, Bund Verlag, Köln 1992.

Wolfgang Däubler: Tarifvertragsrecht, 3.Auflage, Nomos Verlagsgesellschaft, Baden-Baden 1993.

Eric Dederichs/Eberhard Köhler: Part-time Work in the European Community, Laws and Regulations, European Foundation for the Improvement of Working and Living Conditions, Office for Official Publications of the European Communities, Luxembourg 1991.

Eric Dederichs/Eberhard Köhler: Part-time Work in the European Community, The Economic and Social Dimension, European Foundation for the Improvement of Working and Living Conditions, Office for Official Publications of the European Communities, Luxembourg 1993.

Linda Dickens: Whose Flexibility? – Discrimination & equality issues in atypical work, The Institute of Employment Rights, London, January 1992.

Melvin Aaron Eisenberg: The Nature of the Common Law, Harvard University Press, London 1988.

Equal Opportunities Commission: Towards Equality, Manchester, March 1989.

Equal Opportunities Commission: Equal Pay for Men and Women, Manchester, November 1990.

Wolfgang Förster, Norbert Rößler: Betriebliche Altersversorgung in der Diskussion zwischen Praxis und Wissenschaft, Festschrift für Peter Ahrend, Verlag Dr.Otto Schmidt, Köln 1992.

Franz Gamillscheg, Jean de Givry, Bob Hepple, Jean-Marie Verdier (hrsg.): In memoriam Sir Otto Kahn-Freund, C.H. Beck'sche Verlagsbuchhandlung, München 1980.

Willhelm Grewe/Hans Rupp/Hans Schneider (hrsg.): Europäische Gerichtsbarkeit und nationale Verfassungsgerichtsbarkeit, Festschrift zum 70. Geburtstag von Hans Kutscher, Nomos Verlagsgesellschaft, Baden-Baden 1981.

Christian Hagemeier, Otto Ernst Kempen, Ulrich Zachert, Jan Zilius: Tarifvertragsgesetz, 2.Auflage, Bund Verlag, Köln 1990.

Manfred Heinze, Alfred Söllner (hrsg.): Arbeitsrecht in der Bewährung, Festschrift für Otto Rudolf Kissel, C.H. Beck'sche Verlagsbuchhandlung, München 1994.

John Hendy: The Conservative Employment Laws, 2nd edition, Institute of Employment Rights, London, June 1991.

Bob Hepple, Paul o' Higgins: Encyclopedia of Employment Law, Volume I, Sweet & Maxwell London – Edinburgh 1992.

Bob Hepple, Sandra Fredman: Labour Law and Industrial Relations in Great Britain, Kluwer Law and Taxation Publishers, London 1986.

Götz Hueck, Reinhard Richardi (hrsg.): Gedächtnisschrift für Rolf Dietz, C.H. Beck'sche Verlagsbuchhandlung, München 1973.

Jennifer Hurstfield: Part-Timers Under Pressure; Paying the Price of Flexibility, Low Pay Unit, London 1988.

Incomes Data Services: Employment Law Handbook, Series 2 No.3, Equal Pay, London, February 1994.

Josef Isensee, Paul Kirchhof: Handbuch des Staatsrechts, Band V, Allgemeine Grundrechtslehren, C.F. Müller Verlag, Heidelberg 1992.

Hans D. Jarass, Bodo Pieroth: Grundgesetz für die Bundesrepublik Deutschland, 3.Auflage, C.H. Beck'sche Verlagsbuchhandlung, München 1995.

Ursula Joswig-Buick: Die arbeits-und sozialrechtliche Behandlung von Teilzeitarbeitnehmern in Großbritannien, Dissertation Münster 1994, Waxmann Verlag Münster/New York.

Otto Kahn-Freund: Arbeit und Recht, Bund Verlag, Köln 1979.

Georgis Kyriazis: Die Sozialpolitik der Europäischen Wirtschaftsgemeinschaft in bezug auf die Gleichberechtigung männlicher und weiblicher Erwerbstätiger, Duncker & Humblot, Berlin 1990.

Labour Research Department (TUC): Part-Time Workers, London, May 1992.

Eve Landau: The Rights of Working Women in the European Community, Office for Official Publications of the European Communities, Brussels – Luxembourg 1985.

Thomas Lange: Die betrieblichen Arbeitsbeziehungen in der englischen Privatwirtschaft, Verlag Peter Lang, Frankfurt/Main 1992.

Alice L. Leonhard: Phyric Victories, Equal Opportunities Commission, Her Majesty's Stationery Office, London, February 1987.

Roy Lewis (ed.): Labour Law in Britain, Blackwell (publ.), Oxford 1986.

Roy Lewis, Jon Clark: Employment Rights, Industrial Tribunals and Arbitration, Institute of Employment Rights, London, August 1993.

Manfred Löwisch, Volker Rieble: Tarifvertragsgesetz, Verlag Fritz Vahlen, München 1992.

Oswald Martinek, Erwin Migsch, Kurt Ringhofer, Walter Schwarz, Michael Schwiman (hrsg.): Arbeit und soziale Grundrechte, Festschrift für Hans Floretta zum 60.Geburtstag, Manzsche Verlags- und Universitätsbuchhandlung, Wien 1983.

Theodor Maunz, Günter Dürig: Kommentar zum GG, Band.I, Art.1-12, C.H. Beck'sche Verlagsbuchhandlung, München 1993.

Christopher McCrudden (ed.): Women, Employment and European Equality Law, Eclipse (publ.), London 1987.

Colin Mungo: Studies in Constitutional Law, Butterworths, London 1987.

Thomas Oppermann: Europarecht, C.H. Beck'sche Verlagsbuchhandlung, München 1991.

Gabriele Peter: Frauendiskriminierung durch Teilzeitbeschäftigung, Verlag Peter Lange, Frankfurt/Main 1988.

Hans G. Petersmann: Die Souveränität des Britischen Parlaments in den Europäischen Gemeinschaften, Nomos Verlagsgesellschaft, Baden-Baden 1972.

Heide Pfarr, Klaus Bertelsmann: Gleichbehandlungsgesetz, Hessendienst der Staatskanzlei in Zusammenarbeit mit der Zentralstelle für Frauenfragen beim Hessischen Ministerpräsidenten, Wiesbaden 1985.

Heide Pfarr, Klaus Bertelsmann: Diskriminierung im Erwerbsleben: Ungleichbehandlungen von Frauen und Männern in der Bundesrepublik Deutschland, Nomos Verlagsgesellschaft, Baden Baden 1989.

Sacha Prechal and Noreen Burrows: Gender Discrimination Law of the European Community, Aldershot, Dartmouth 1990.

Hjalte Rasmussen: On law and order in the European Court of Justice, Martinus Nijhoff Publishers, Dordrecht 1986.

Kurt Rebmann, Franz Jürgen Säcker: Münchener Kommentar zum Bürgerlichen Gesetzbuch, Band 3: Schuldrecht, Besonderer Teil, 1.Halbband (§§ 433–651k), 2.Auflage, C.H. Beck'sche Verlagsbuchhandlung, München 1988.

Reinhard Richardi und Otfried Wlotzke (hrsg.): Münchener Handbuch zum Arbeitsrecht, Band 1, Individualarbeitsrecht I, C.H. Beck'sche Verlagsbuchhandlung, München 1993.

Reinhard Richardi und Otfried Wlotzke (hrsg.): Müchener Handbuch zum Arbeitsrecht, Band 2, Individualarbeitsrecht II, C.H. Beck'sche Verlagsbuchhandlung, München 1993.

Henry G. Schermers, Christiaan Timmermans, Alfred Kellermann, Stewart Watson (eds.): Art.177 EEC, Experiences and Problems, Asser Institute, North-Holland Publishing Co., The Hague 1987.

Monika Schlachter: Wege zur Gleichberechtigung, Vergleich des Arbeitsrechts der Bundesrepublik Deutschland und der Vereinigten Staaten, C.H. Beck'sche Verlagsbuchhandlung, München 1993.

Jürgen Schwarze (hrsg.): Der Europäische Gerichtshof als Verfassungsgericht und Rechtsschutzinstanz, Nomos Verlagsgesellschaft, Baden-Baden 1983.

Hans-Harald Sowka, Hans Willhelm Köster: Teilzeitarbeit und geringfügige Beschäftigung, C.H. Beck'sche Verlagsbuchhandlung, München 1993.

Ingo von Münch: Grundgesetz-Kommentar, Band 3, Art.70 bis Art.146, 2.Auflage, C.H.Beck'sche Verlagsbuchhandlung, München 1983.

J. von Staudingers Kommentar zum Bürgerlichen Gesetzbuch mit Einführungsgesetz und Nebengesetzen, Zweites Buch: Recht der Schuldverhältnisse, §§ 611-619, Dr. Arthur L. Schlier & Co. – Walter de Gruyter & Co., Berlin 1993.

Stephen Weatherill, Paul Beaumont: EC Law, The Essential Guide to the Legal Workings of the European Community, Penguin Books, London 1993.

Herbert Wiedemann, Hermann Stumpf: Tarifvertragsgesetz, 5.Auflage, C.H. Beck'sche Verlagsbuchhandlung, München 1977.

Lord William Wedderburn of Charlton: The Worker and The Law, 3rd. edition, Penguin Books, London 1986.

Lord William Wedderburn of Charlton: The Social Charter, European company and employment rights, The Institute of Employment Rights, London, February 1990.

Lord William Wedderburn of Charlton, Roy Lewis, Jon Clark (eds.): Labour Law and Industrial Relations: Building on Kahn-Freund, Oxford Clarendon Press, Oxford 1983.

Rosemarie Winterfeld, Johannes Göbel, Andreas Seelmann: Beschäftigungsförderungsgesetz 1985, Kurzkommentar für die betriebliche Praxis, Wirtschaftsverlag Bachem, Köln 1985.

Derrick Wyatt, Alan Dashwood: European Community Law, 3rd edition, Sweet & Maxwell, London 1993.

Abhandlungen:

Peter Ahrend, Wolfgang Förster, Jochen Rühmann, Betriebliche Altersversorgung auch für Teilzeitbeschäftigte (?), Der Betrieb 1982, S.1563.

Gabriele Arndt, Teilzeitarbeit, Neue Zeitschrift für Arbeits- und Sozialrecht 1989, Beil.3, S.8.

Reinhard Becker-Schaffner, Die Rechtsprechung im Bereich der Teilzeitbeschäftigung, Der Betrieb 1986, S.1773.

Peter Bengelsdorf, Freizeitausgleich für teilzeitbeschäftigte Betriebsratsmitglieder, Neue Zeitschrift für Arbeits- und Sozialrecht 1989, S.905.

Ulf Berger-Delhey, Vom Umgang mit Tarifverträgen, Zeitschrift für Tarifrecht 1989, S.299.

Klaus Bertelsmann, Ursula Rust, Arbeits- und sozialrechtliche Nachteile bei Teilzeitarbeit, Recht der Arbeit 1985, S.146.

Klaus Bertelsmann, Benachteiligung von Teilzeitbeschäftigten im BAT, Der Personalrat 1989, S.155.

Karl-Jürgen Bieback, Mittelbare Diskriminierung der Frauen im Sozialrecht, Zeitschrift für ausländisches und internationales Arbeits- und Sozialrecht 1990, S.1.

Karl-Jürgen Bieback, Arbeitsrechtlicher Schutz atypischer Arbeitsverhältnisse im englischen, australischen und deutschen Arbeitsrecht, S.791, in: Däubler, Bobke, Kehrmann: Arbeit und Recht, Festschrift für Albert Gnade, Köln 1992.

Rolf Birk, Roland Abele, Corinne Kasel-Seibert, Helmut Maurer, Lohnfortzahlung im Krankheitsfall – Vergleichender Überblick über das Recht der EG-Staaten, Österreichs und der Schweiz, Zeitschrift für ausländisches und internationales Arbeits- und Sozialrecht 1987, S.45.

Thomas Blanke, Flexibilisierung und Deregulierung: Modernisierung ohne Alternative?, S.25, in: Däubler, Bobke, Kehrmann: Arbeit und Recht, Festschrift für Albert Gnade, Köln 1992.

Erhard Blankenburg and Ralf Rogowski, German Labour Courts and the British Industrial Tribunal System. A Socio-legal Comparison of Degrees of Judicialisation, Journal of Law and Society 1987, S.67.

Wolfgang Blomeyer, Der Einfluß der Rechtsprechung des EuGH auf das deutsche Arbeitsrecht, Neue Zeitschrift für Arbeits- und Sozialrecht 1994, S.633.

Wolfgang Blomeyer, Neue Entscheidungserie des EuGH zum Arbeits- und Betriebsrentenrecht, NZA 1995, S.49.

Manfred Bobke=von Camen, Susanne Veit, Urteile des Europäischen Gerichtshofs aus dem Kreuzfeuer der Kritik, Recht der Arbeit 1993, S.333.

Christoph Büchtemann and Sigrid Quack, How precarious is 'non-standard' employment? Evidence for West Germany, Cambridge Journal of Economics 1990, S.315.

Rudolf Buschmann, Europäischer Gerichtshof zur Diskriminierung von teilzeitbeschäftigten Frauen, Arbeitsrecht im Betrieb 1986, S.153.

Mauro Cappelletti, Is the European Court of Justice 'Running Wild'?, European Law Review 1987, S.3.

Jon Clark, The Juridification of Industrial Relations. A Review Article, Industrial Law Journal 1985, S.69.

Peter Clever, Grundsätzliche Bemerkungen zur Rechtsprechung des EuGH, Die Angestelltenversicherung 1993, S.71.

Hugh Collins, Independent Contractors and the Challenge of Vertical Disintegration to Employment Protection Law, Oxford Journal of Legal Studies 1990, S. 353.

Ninon Colneric, Zur Durchdringung nationalen Rechts durch europäisches Recht, Arbeit und Arbeitsrecht 1991, S.76.

Ninon Colneric, Neue Entscheidungen des EuGH zur Gleichbehandlung von Männern und Frauen, Europäische Zeitschrift für Wirtschaftsrecht 1991, S.75.

Ninon Colneric, Verbot der Frauendiskriminierung im EG-Recht – Bilanz und Perspektiven –, S.627, in: Däubler, Bobke, Kehrmann: Arbeit und Recht, Festschrift für Albert Gnade, Köln 1992.

Ulrike Compensis, Gleichstellung von Frauen und Männern im Erwerbsleben, Betriebs-Berater 1991, S.2153.

Jennifer Corcoran, Enforcement Procedures for Individual Complaints: Equal Pay and Equal Treatment, S.56, in: Buckley and Anderson, Women, Equality and Europe, London 1988.

John Cronin, Through a Looking Glass Darkly, S.417, in: Gamillscheg, de Givry, Hepple, Verdier: In memoriam Sir Otto Kahn-Freund, München 1980.

Deirdre Curtin, Directives: The Effectiveness of Judicial Protection of Individual Rights, Common Market Law Review 1990, S.709.

Deirdre Curtin, The Constitutional Structure of the Union: A Europe of bits and pieces, Common Market Law Review 1993, S.17.

Wolfgang Däubler, EG-Arbeitsrecht auf dem Vormarsch, Neue Zeitschrift für Arbeits- und Sozialrecht 1992, S.577.

Peter Davies, European Equality Legislation, the UK Legislative Policy and Industrial Relations, S.74, in : McCrudden: Women, Employment and European Equality Law, London 1987.

Gráinne de Búrca, Giving Effect to European Community Directives, The Modern Law Review 1992, S.215.

Simon Deakin, Labour Law and the developing employment relationship in the UK, Cambridge Journal of Economics 1986, S.225.

Simon Deakin, Equality under a Market Order: The Employment Act 1989, Industrial Law Journal 1989, S.1.

Simon Deakin and Frank Wilkinson, Labour law, social security and economic inequality, Cambridge Journal of Economics 1991, S.125.

Simon Deakin, Part-Time Employment, Qualifying Threshholds and Economic Justification, Industrial Law Journal 1994, S.151.

Barbara Degen, Frauen in ungeschützten Arbeitsverhältnissen, Arbeitsrecht im Betrieb 1986, S.150.

Linda Dickens, Justice in the Industrial Tribunal System, Industrial Law Journal 1988, S.58.

Richard Disney and Erika Szyszczak, Part-time Work: Reply to Catherine Hakim, Industrial Law Journal 1989, S.223.

Richard Disney, Erika Szyszczak, Protective Legislation and Part-Time Employment in Britain, British Journal of Industrial Relations 1984, S.78.

Christopher Docksey, Neuere Entwicklungen im britischen Arbeitsrecht, Recht der Internationalen Wirtschaft 1991, S.722.

Christopher Docksey, The Principle of Equality between Men and Women as a Fundamental Right under Community Law, Industrial Law Journal 1991, S.258.

Peter Duffy, Damages against the State: a new remedy for failure to implement Community obligations, European Law Review 1992, S.133.

Ingwer Ebsen, Zur Koordinierung der Rechtsdogmatik beim Gebot der Gleichberechtigung von Männern und Frauen zwischen Europäischem Gemeinschaftsrecht und innerstaatlichem Verfassungsrecht, Recht der Arbeit 1993, S.11.

Evelyn Ellis, Recent case law of the Court of Justice on the Equal Treatment of Women and Men, Common Market Law Review 1994, S.43.

Walter Erasmy, Der EuGH konterkariert nationales Arbeitsrecht, Arbeitgeber 1992, S.1005.

Ulrich Everling, Zum Vorrang des EG-Rechts vor nationalem Recht, Deutsches Verwaltungsblatt 1985, S.1201.

Ulrich Everling, Der Gerichtshof als Entscheidungsinstanz, S.137, in: Schwarze: Der Europäische Gerichtshof als Verfassungsgericht und Rechtsschutzinstanz, Baden-Baden 1983.

Ulrich Everling, Rechtsvereinheitlichung durch Richterrecht in der Europäischen Gemeinschaft, Rabelszeitschrift für ausländisches und deutsches Privatrecht 1986, S.193.

Ulrich Everling, Zur Begründung der Urteile des Gerichtshofs der Europäischen Gemeinschaften, Europarecht 1994, S.127.

Rolf-Dieter Falkenberg, Teilzeitarbeit im öffentlichen Dienst nach den Änderungen im BAT und im BMT-G II vom April 1991, Zeitschrift für Tarifrecht 1992, S.190.

Kerstin Feldhoff, Einbeziehung der Teilzeitbeschäftigten in den Bundesangestelltentarifvertrag – Chancen und Grenzen, Der Personalrat 1992, S.353.

Sandra Fredman, European Community Discrimination Law: A Critique, Industrial Law Journal 1992, S.119.

Sandra Fredman, Equal Pay and Justification, Case C-172/92, Enderby v Frenchay Health Authority, Industrial Law Journal 1994, S.37.

Peter Friedhofen und Ulrich Weber, Bestandsaufnahme zum Beschäftigungsförderungsgesetz 1985, Neue Zeitschrift für Arbeits- und Sozialrecht 1990, S.713.

Franz Gamillscheg, Die mittelbare Benachteiligung der Frau im Arbeitsleben, S.174, in: Martinek, Migsch, Ringhofer, Schwarz, Schwiman: Arbeit und soziale Grundrechte, Festschrift für Hans Floretta, Wien 1983.

Hazel Genn, Tribunals and Informal Justice, The Modern Law Review 1993, S.393.

Dorothea Goergens, Teilzeitbeschäftigte – Abbau von Benachteiligungen, Arbeitsrecht im Betrieb 1993, S.215.

Dorothea Goergens, Zum Abbau der Nachteile für Teilzeitbeschäftigung, Arbeitsrecht im Betrieb 1994, S.220.

Gert Griebeling, Gleichbehandlung und Vertrauensschutz im Europarecht, S. 589, in: Däubler, Bobke, Kehrmann: Arbeit und Recht, Festschrift für Albert Gnade, Köln 1992.

Catherine Hakim, Employment Rights: A Comparison of Part-time and Fulltime Employees, Industrial Law Journal 1989, S.69.

Peter Hanau, Der Regierungsentwurf eines Beschäftigungsförderungsgesetzes oder: Hier hat der Chef selbst gekocht, Neue Zeitschrift für Arbeits- und Sozialrecht 1984, S.345.

Peter Hanau, Ulrich Preis, Zur mittelbaren Diskriminierung wegen des Geschlechts, Zeitschrift für Arbeitsrecht 1988, S.177.

Peter Hanau, Ulrich Preis, Beschränkung der Rückwirkung neuer Rechtsprechung zur Gleichberechtigung im Recht der betrieblichen Altersversorgung, Der Betrieb 1991, S.1276.

Paul Harris, Part-time workers and equal rights, Solicitor's Journal 1992, S.64.

Meinhard Heinze, Flexibilisierung des Arbeitsrechts – Zur Lage in der Bundesrepublik Deutschland – Zeitschrift für ausländisches und internationales Arbeits- und Sozialrecht 1987, S.239.

Meinhard Heinze, Europarecht im Spannungsverhältnis zum nationalen Arbeitsrecht, Zeitschrift für Arbeitsrecht 1992, S.331.

Meinhard Heinze, Europäische Einflüsse auf das nationale Arbeitsrecht, Recht der Arbeit 1994, S.1.

Friedrich Heither, Art.119 EWG-Vertrag und das deutsche Arbeitsrecht, S.611, in: Däubler, Bobke, Kehrmann: Arbeit und Recht, Festschrift für Albert Gnade, Köln 1992.

Bob Hepple, Judging Equal Rights, Current Legal Problems 1983, S.71.

Bob Hepple, Restructuring Employment Rights, Industrial Law Journal 1986, S.69.

Bob Hepple, The Crisis in EEC Labour Law, Industrial Law Journal 1987, S.77.

Bob Hepple, The Judicial Process in Claims for Equal Pay and Equal Treatment in the United Kingdom, S.143, in: Christopher McCrudden, Women, Employment and European Equality Law, London 1987.

Bob Hepple, Aspects of Flexibility in Labour Law, Zeitschrift für ausländisches und internationales Arbeits- und Sozialrecht 1987, S.280.

Bob Hepple, The Harmonisation of Labour Law in the EEC: a British Perspective, Recht der Arbeit 1989, S.348.

Bob Hepple, Great Britain, S.419, in: Blanpain, Köhler: Legal and contractual limitations to working time in the European Community member states, Luxemburg 1988.

Thomas Hervey, Justification for Indirect Sex Discrimination in Employment: European Community and United Kingdom Law compared, The International and Comparative Law Quaterly 1991, S.807.

Meinhard Hilf, Die Richtlinie der EG – ohne Richtung, ohne Linie ?, Europarecht 1993, S.1.

Wolf Hunold, Gleichbehandlung im Betrieb, Der Betrieb 1991, S.1670.

Stefan Huster, Gleichheit und Verhältnismäßigkeit, Juristenzeitung 1994, S.541.

Hellmut Georg Isele, Arbeitsrechtliche Besonderheiten der Teilzeitarbeit, Recht der Arbeit 1964, S.201.

Adolf Jesse, Nochmals: Der Überstundenzuschlag nach dem BAT für Teilzeitarbeitnehmer, Zeitschrift für Tarifrecht 1994, S.91.

Andrea Jochmann-Döll, Gleicher Lohn für gleichwertige Arbeit – eine vergleichende Untersuchung – , Arbeit und Recht 1992, S.360.

Abbo Junker, Der EuGH im Arbeitsrecht – Die schwarze Serie geht weiter, Neue Juristische Wochenschrift 1994, S.2527.

Otto Kahn-Freund, Über einige charakteristische Grundsätze des britischen Arbeitsrechts, Recht der Arbeit 1952, S.361.

Otto Kahn-Freund, Reform des Arbeitsrechts in Großbritannien, Recht der Arbeit 1969, S.336.

Otto Kahn-Freund, Labour Law and Industrial Relations in Great Britain and West Germany, S.1, in: Lord Wedderburn of Charlton, Lewis, Clark: Labour Law and Industrial Relations: Building on Kahn-Freund, Oxford 1983.

Elisabeth Kallenborn-Schmidtke, Noch einmal: Die Gestaltungsfreiheit der Tarifvertragsparteien beim sachlichen Grund in § 2 BeschFG 1990, Zeitschrift für Tarifrecht 1993, S.195.

Karl-Heinz Kappes, Tarifautonomie und Beschäftigungsförderungsgesetz, Der Betrieb 1990, S.1461.

Joachim Karl, Die Schadensersatzpflicht der Mitgliedstaaten bei Verletzungen des Gemeinschaftsrechts, Das Recht der Internationalen Wirtschaft 1992, S.440.

Matthias Kirsten, Anforderungen an die Rechtfertigung einer mittelbaren Diskriminierung wegen des Geschlechts, Recht der Arbeit 1990, S.282.

Bernhard Kraushaar, Kleinbetriebsklausel nach § 23 Abs.1 Satz 2 KSchG und EG-Recht, Betriebs-Berater 1992, S.1787.

Samuel Krislov, Claus-Dieter Ehlermann, Joseph Weiler, The Political Organs and the Decision-Making Process in the United States and the European Community, S.3, in: Cappelletti, Secombe, Weiler, Integration through Law, Berlin – New York 1986.

Jürgen Kühling, Arbeitsrecht in der Rechtsprechung des Bundesverfassungsgerichts, Arbeit und Recht 1994, S.126.

Stefan Kutsch, Die Rechtsprechung des EuGH zur Gleichbehandlung von Mann und Frau, Betriebs-Berater 1991, S.2149.

Heinz Lampert, Die Bedeutung der Gemeinschaftscharta der sozialen Grundrechte der Arbeitnehmer aus deutscher Perspektive, S.27, in: Birk, Erdmann, Lampert, Muhr: Europäischer Binnenmarkt und Harmonisierung des Arbeitsrechts, Mannheim 1991.

Patricia Leighton, Marginal Workers, S.503, in: Roy Lewis (ed.), Labour Law in Britain, Oxford 1986.

Patricia Leighton, The Legal Vulnerability of Part-timers: Is Job Sharing the Solution ?, S.279, in: Marilyn Davidson and Jill Earnshaw, Vulnerable Workers: Psychosocial and Legal Issues, Chichester 1991.

Carl Otto Lenz, Firnis oder Rechtsgemeinschaft – Einschränkung des Vorlagerechts nach Art.177 auf letztinstanzliche Gerichte?, Neue Juristische Wochenschrift 1993, S.2664.

Alan Lester, The Uncertain Trumpet – References to the Court of Justice from the United Kingdom: Equal Pay and Equal Treatment without Sex Discrimination, S.164, in: Henry G. Schermers, Christiaan Timmermans, Alfred Kellermann, Stewart Watson, Art.177 EEC, Experiences and Problems, Den Haag 1987.

Jeremy Lewis, John Bowers, A fair deal for part-time workers?, Solicitor's Journal 1994, S.308.

Roy Lewis, Kahn-Freund and Labour Law: An Outline Critique, Industrial Law Journal 1979, S.202.

Roy Lewis, The Role of the Law in Employment Relations, S.3, in: Roy Lewis (ed.), Labour Law in Britain, Oxford 1986.

Gert-Albert Lipke, Individualrechtliche Grundprobleme der Teilzeitarbeit, Arbeit und Recht 1991, S.75.

Gert-Albert Lipke, Teilzeitarbeitsrecht im Überblick, Arbeit und Arbeitsrecht 1994, S.8.

Klaus Lörcher, Ungeschützte Arbeitsverhältnisse, Der Personalrat 1991, S.73.

Manfred Löwisch, Peter Schüren, Aktuelle arbeitsrechtliche Fragen von Teilzeitarbeit und kürzerer Arbeitszeit, Betriebs-Berater 1984, S.925.

Michael Lubnow, Die Rechtsprechung zur Gleichbehandlung von Teilzeitbeschäftigten in der betrieblichen Altersversorgung, S.273, in: Förster, Rößler: Betriebliche Altersversorgung in der Diskussion zwischen Praxis und Wissenschaft, Festschrift für Peter Ahrend, Köln 1992.

H.K. Lücke, The Common Law: Judicial Impartiality and Judge-Made Law, The Law Quarterly Review 1982, S.29.

Dieter Martiny, Gleichberechtigung im Arbeitsleben in Großbritannien, Rabelszeitschrift für ausländisches und deutsches Privatrecht 1978, S.116.

Jutta Mauer, Mittelbare Diskriminierung von Frauen bei der Höhergruppierung gem. § 23 a BAT, Neue Zeitschrift für Arbeits- und Sozialrecht 1991, S.501f.

Jutta Mauer, Vergütungsberechnung für teilzeitbeschäftigte Betriebsratsmitglieder bei Teilnahme an Schulungen nach dem Lohnausfallprinzip, Neue Zeitschrift für Arbeits- und Sozialrecht 1993, S.56.

Christopher McCrudden, Women, Employment and European Equality Law: Conclusions for the Future, S.178, in: derselbe, Women, Employment and European Equality Law, London 1987.

Philip Mead, The Obligation to apply European Law: Is Duke dead ?, European Law Review 1991, S.490.

Gillian More, Seniority pay for part-time workers, European Law Review 1991, S.320.

Ulrich Mückenberger, Non-Standard Forms of Work and the Role of Changes in Labour and Social Security Legislation, International Journal of the Sociology of Law 1989, S.381.

Ulrich Mückenberger, Simon Deakin, From deregulation to a European floor of rights: Labour law, flexibilisation and a European single market, Zeitschrift für ausländisches und intenationales Arbeits- und Sozialrecht 1989, S.153.

Brian Napier, Victory for part-time workers, New Law Journal 1994, S.396.

Alan C. Neal, Atypical Workforms and European Labour Law, Recht der Arbeit 1992, S.115.

Martin Nettesheim, Gemeinschaftsrechtliche Vorgaben für das deutsche Staatshaftungsrecht, Die Öffentliche Verwaltung 1992, S.999.

Georg Nolte, Genereal Principles of German and European Administrative Law – A Comparison in Historical Perspective, The Modern Law Review 1994, S.191.

Peter Oliver, Enforcing Community Rights in the English Courts, The Modern Law Review 1987, S.881f.

Heinrich Ortmann, Teilzeitarbeit rechtfertigt keine unterschiedliche Vergütung, Der Personalrat 1989, S.195.

Pierre Pescatore, Das Vorabentscheidungsverfahren nach Art.177 EWG-Vertrag und die Zusammenarbeit zwischen dem Gerichtshof und den nationalen Gerichten, Bayerische Verwaltungsblätter 1987, S.33.

Heide Pfarr, Betriebliche Altersversorgung bei Teilzeitarbeit, Der Betrieb 1983, S.1763.

Heide Pfarr, Mittelbare Diskriminierung von Frauen, Neue Zeitschrift für Arbeits- und Sozialrecht 1986, S.585.

Sacha Prechal, Combatting Indirect Discrimination In Community Law Context, Legal Issues of European Integration 1993, S.81.

Norbert Reich, Heike Dieball, Mittelbare Diskriminierung teilzeitbeschäftigter weiblicher Betriebsratsmitglieder, Arbeit und Recht 1991, S.225.

Judith Reid, Women in Employment – The New Legislation, The Modern Law Review 1976, S.432.

Reinhard Richardi, Richterrecht und Tarifautonomie, S.269, in: Hueck, Richardi: Gedächtnisschrift für Rolf Dietz, München 1973.

Reinhard Richardi, Verkürzung und Differenzierung der Arbeitszeit als Prüfsteine des kollektiven Arbeitsrechts, Neue Zeitschrift für Arbeits- und Sozialrecht 1985, S.172.

Reinhard Richardi, Freizeitausgleich teilzeitbeschäftigter Personalratsmitglieder, Der Personalrat 1991, S.397.

Reinhard Richardi, Das Gleichbehandlungsgebot für Teilzeitarbeit und seine Auswirkung auf Entgeltregelungen, Neue Zeitschrift für Arbeits- und Sozialrecht 1992, S.625.

Reinhard Richardi, Probleme des Arbeitsentgelts bei flexibler Arbeitszeit, S.263, in: Förster, Rößler: Betriebliche Altersversorgung in der Diskussion zwischen Praxis und Wissenschaft, Festschrift für Peter Ahrend, Köln 1992.

Michael Rubenstein, The Equal Treatment Directive and UK Law, S.74, in McCrudden: Woman, Employment and European Equality Law, London 1987.

Michael Sachs, Besondere Gleichheitsgarantien, § 126, S.1017, in: Isensee, Kirchhof: Handbuch des Staatsrechts, Band V, Allgemeine Grundrechtslehren, Heidelberg 1992.

Günter Schaub, Die Arbeit in den verschiedenen Formen des Teilzeitarbeitsverhältnisses, Betriebs-Berater 1990, S.1069.

Bernd Schiefer, Auswirkungen der Rechtsprechung des Europäischen Gerichtshofs auf das nationale Arbeitsrecht, Der Betrieb 1993, S.38.

Monika Schlachter, Berufliche Gleichberechtigung und Frauenförderung, JA 1994, S.72.

Monika Schlachter, Probleme der mittelbaren Benachteiligung im Anwendungsbereich des Art.119 EWG-Vertrag, NZA 1995, S.393.

Jörg Schlüter, Überstunden bei Teilzeitbeschäftigungsverhältnissen, Recht der Arbeit 1975, S.113.

Karl Schoer, Part-time employment: Britain and West Germany, Cambridge Journal of Economics 1987, S.83.

Peter Schüren, Tarifgeltung für Außenseiter? – „No Taxation without Representation!", Recht der Arbeit 1988, S.138.

Peter Schüren, Der Anspruch Teilzeitbeschäftigter auf Überstundenzuschläge, Recht der Arbeit 1990, S.18.

Peter Schüren, Die Gestaltungsfreiheit der Tarifvertragsparteien beim sachlichen Grund in § 2 BeschFG1990, Zeitschrift für Tarifrecht 1992, S.355.

Peter Schüren, Ungleichbehandlungen im Arbeitsverhältnis – Versuch einer Strukturierung der Rechtfertigungsvoraussetzungen, S.161, in: Däubler, Bobke, Kehrmann: Arbeit und Recht, Festschrift für Albert Gnade, Köln 1992.

Peter Schüren, Überstundenzuschläge für Teilzeitkräfte, Neue Zeitschrift für Arbeits- und Sozialrecht 1993, S.529

Peter Schüren, Ulrich Zachert, Tarifautonomie und tarifdispositives Richterrecht, Arbeit und Recht 1988, S.245.

Josephine Shaw, European Community Judicial Method: its Application to Sex Discrimination Law, Industrial Law Journal 1990, S.228.

Spiros Simitis, Europäisierung oder Renationalisierung des Arbeitsrechts?, S.1097, in: Heinze, Söllner: Arbeitsrecht in der Bewährung, München 1994.

Reinhard Singer, Tarifvertragliche Normenkontrolle am Maßstab der Grundrechte?, ZfA 1995, S.611.

Francis Snyder, The Effectiveness of European Community Law: Institutions, Processes, Tools and Techniques,The Modern Law Review 1993, S.19.

Alfred Söllner, Das Arbeitsrecht im Spannungsfeld zwischen dem Gesetzgeber und der Arbeits- und Verfassungsgerichtsbarkeit, Neue Zeitschrift für Arbeits- und Sozialrecht 1992, S.721f.

Hans-Harald Sowka, Mittelbare Frauendiskriminierung – ausgewählte Probleme, Der Betrieb 1992, S.2030.

Ernst Steindorff, Gleichbehandlung von Mann und Frau nach dem EG-Recht, Recht der Arbeit 1988, S.129.

Josephine Steiner, Sex Discrimiation, UK and EEC Law: Two Plus Four Equals One, International and Comparative Law Quaterly 1983, S.399.

Heinz-Dietrich Steinmeyer, Harmonisierung des Arbeits- und Sozialrechts in der Europäischen Gemeinschaft – Eine Konsequenz aus der Schaffung eines einheitlichen Binnenmarktes, Zeitschrift für ausländisches und internationales Arbeits- und Sozialrecht 1989, S.208.

Lord Mackenzie Stuart & J.-P. Warner, Judicial Decision as a Source of Community Law, S.273, in: Grewe, Rupp, Schneider: Europäische Gerichtsbarkeit und nationale Verfassungsgerichtsbarkeit, Festschrift zum 70.Geburtstag von Hans Kutscher, Baden-Baden 1981.

Erika Szyszczak, The Equal Pay Directive and UK Law, S.52, in: McCrudden: Women, Employment and European Equality Law, London 1987.

Erika Szyszczak, Differences in Pay for Part-Time Work, The Modern Law Review 1981, S.672.

Erika Szyszczak, Sovereignty: Crisis, Compliance, Confusion, Complacency, European Law Review 1990, S.480.

Erika Szyszczak, European Community Law: New Remedies, New Directions?, The Modern Law Review 1992, S.690.

John Temple Lang, Community Constitutional Law: Art.5 EEC Treaty, Common Market Law Review 1990, S.645.

Joseph Thomson and Frank Wooldridge, Equal Pay, Sex Discrimination and European Community Law, Legal Issues of European Integration 1980, S.1.

Thomas von Dannewitz, Die Garantie effektiven Rechtsschutzes im Recht der Europäischen Gemeinschaft, Neue Juristische Wochenschrift 1993, S.1108.

Bernd Waas, Zur mittelbaren Diskriminierung von Frauen in der Rechtsprechung des EuGH und deutscher Gerichte, Europarecht 1994, S.97.

H.W.R. Wade, What Has Happened To The Sovereignty Of Parliament?, The Law Quarterly Review 1991, S.1.

Peter Wallington, Position of part-time workers, Handley v H.Mono Ltd., Industrial Law Journal 1979, S.237.

Rolf Wank, Die Teilzeitbeschäftigung im Arbeitsrecht, Recht der Arbeit 1985, S.1.

Rolf Wank, Atypische Arbeitsverhältnisse, Recht der Arbeit 1992, S.103.

Lord William Wedderburn of Charlton, Industrial Relations and The Courts, Industrial Law Journal 1980, S.65.

Lord William Wedderburn of Charlton, The Social Charter in Britain – Labour Law and Labour Courts?, The Modern Law Review 1991, S.1.

Martin Wildschütz, Arbeitszeitverkürzung, Lohnausgleich und die Vergütung von Teilzeitarbeitskräften, Neue Zeitschrift für Arbeits- und Sozialrecht, S.925.

Hellmut Wißmann, Lohnfortzahlung auch für geringfügig beschäftigte Arbeiter?, Der Betrieb 1989, S. 1922.

Helmut Wißmann, Geschlechtsdikriminierung, EG-Recht und Tarifverträge, Zeitschrift für Tarifrecht 1994, S.223.

Derrick Wyatt, Enforcing EEC Social Rights in the United Kingdom, Industrial Law Journal 1989, S.197.

Ulrich Zachert, „Erosion des Normalarbeitsverhältnisses" in Europa, Betriebs-Berater 1990, S.565.

Ulrich Zachert, Deregulierung des Tarifvertrags – ein taugliches Mittel zur Lösung der Arbeitsmarktprobleme, Der Betrieb 1991, S.1221.

Ulrich Zachert, Die Begründung neuer Arbeitsverhältnisse als Ausstieg aus dem Normalarbeitsverhältnis? – Überlegungen für ein neues Arbeitsgesetzbuch, S.143, in: Däubler, Bobke, Kehrmann: Arbeit und Recht, Festschrift für Albert Gnade, Köln 1992.

Ulrich Zachert, Arbeitsrechtskodifikationen in Europa – eine vergleichende Skizze, Arbeit und Recht 1993, S.191.

Manfred Zuleeg, Die Rolle des Arbeitsrechts in der europäischen Integration, Recht der Arbeit 1992, S.133.

Manfred Zuleeg, Der Schutz der Menschenrechte im Gemeinschaftsrecht, Die Öffentliche Verwaltung 1992, S.937.

Manfred Zuleeg, Die Rolle der rechtsprechenden Gewalt in der europäischen Integration, Juristenzeitung 1994, S.1.

Gerichtliche Entscheidungen:

Europäischer Gerichtshof (in chronologischer Reihenfolge):

Rs.26/62, Van Gend en Loos, Urteil vom 5.2.1963, amtl. Slg. 1963, S.1.

Rs.6/64, Costa ./. ENEL, Urteil vom 15.7.1964, amtl. Slg. 1964, S.1251.

Rs.43/75, Defrenne II, Urteil vom 8.4.1976, amtl. Slg.1976, S.455 = NJW 1976, S.2068.

Rs.149/77, Defrenne III, Urteil vom 15.6.1978, amtl. Slg.1978, S.1365.

Rs.129/79, Macarthys ./. Smith, Urteil vom 27.3.1980, amtl. Slg, 1980, S.1275.

Rs.69/80, Worringham, Urteil vom 11.3.1980, amtl. Slg.1981, S.767 = NJW 1981, S.2637.

Rs.96/80, Jenkins, Urteil vom 31.3.1981, amtl. Slg.1981, S.911 = AP Nr.2 zu Art.119 EWG-Vertrag = NJW 1981, S.2639.

Rs.12/81, Garland, Urteil vom 9.2.1982, amtl. Slg 1982, S.359.

Rs.61/81, Kommission ./. Großbritannien, Urteil vom 6.7. 1982, amtl. Slg. 1982, S.2601 = ICR 1982, S.578.

Rs.14/83, van Colson und Kamann, Urteil vom 10.4.1984, amtl. Slg. 1984, S.1891 = AP Nr. 1 zu § 611a BGB = NJW 1984, S.2021.

Rs.170/84, Bilka, Urteil vom 13.5.1986, amtl. Slg.1986, S.1607 = AP Nr.10 zu Art.119 EWG-Vertrag = NZA 1986, S.559.

Rs.109/88, Danfoss, Urteil vom 19.10.1989, amtl. Slg.1989, S.3199 = AP Nr.19 zu Art.119 EWG-Vertrag.

Rs.177/88, Rinner-Kühn, Urteil vom 13.7.1989, amtl. Slg.1989, S.2743 = AP Nr.23 zu Art.119 EWG-Vertrag = EzA § 1 LohnFG Nr.107 = DB 1989, S.1574 = Streit 89, S.87.

Rs.262/88, Barber, Urteil vom 17.5.1990, amtl. Slg.1990, S.1889 = AP Nr.20 zu Art.119 EWG-Vertrag = NZA 1990, S.775.

Rs.33/89, Kowalska, Urteil vom 27.6.1990, amtl. Slg. 1990, S.2591 = AP Nr.21 zu Art.119 EWG-Vertrag = EzA Art.119 EWG-Vertrag Nr.3 = NZA 1990, S.771.

Rs.106/89, Marleasing, Urteil vom 13.11.1990, amtl. Slg.1990, S.4135.

Rs.184/89, Nimz, Urteil vom 7.2.1991, amtl. Slg. 1991, S.297 = AP Nr.25 zu § 23a BAT = EuZW 1991, S.217 = Der Personalrat 1992, S.171 mit Anm. *Klaus Bertelsmann* = EzA zu Art.119 EWG-Vertrag Nr.1 mit Anm. *Ulf Berger-Delhey* (zugleich Anmerkung zum Urteil des EuGH vom 27.6.1990, Rs.33/89, Kowalska).

Rs.213/89, Factortame (2), Urteil vom 19.6.1990, amtl. Slg.1990, S.2433.

Rs.229/89, Kommission ./. Belgien, Urteil vom 7.5.1991, amtl. Slg. 1991, S.2205.

Verb. Rs.6/90 und 9/90, Francovich und Bonifaci, Urteil vom 19.11.1991, amtl. Slg.1991, S.5357 = IRLR 1992, S.84 = EuZw 1991, S.758 = NJW 1992, S.165 = RIW 1992, S.243.

Rs.360/90, Bötel, Urteil vom 4.6.1992, amtl. Slg. 1992, S.3589 = AP Nr.39 zu Art.119 EWG-Vertrag = DB 1992, S.1481 mit Anm. *Bernd Schiefer/Walter Erasmy* = NZA 1992, S.687 = EuZW 1992, S.483 = EzA § 37 BetrVG Nr.108 = AiB 1992, S.527 mit Anm. *Hartmut Kuster.*

Rs.189/91, Kirshammer – Hack ./. Sidal, Urteil vom 30.11.1993, IRLR 1994, S.185 = AP Nr. 13 zu § 23 KSchG = EzA § 23 KSchG Nr.13.

Rs.127/92, Dr.Pamela Mary Enderby, Urteil vom 27.10.1993, EzA Art.119 EWG-Vertrag Nr.20 = NZA 1994, S.797.

Rs.57/93, Anna Adriantje Vroege./. NCIV Institut voor Volshuisvesting BV und Stichting Pensioensfonds NCIV, Urteil vom 28.9.1994, EzA Art.119 EWG-Vertrag Nr.23.

Rs.128/93, Geertruida Catharina Fisscher ./. Voorhuis Hengelo BV und Stichting Bedrijfpensioenenfonds voor de Detailhandel, Urteil vom 28.9.1994, amtl. Slg 1994, S. 4583 = AP Nr.56 zu Art.119 EWG-Vertrag = EzA Art.119 EWG-Vertrag Nr.22.

Rs.297/93, Rita Grau-Hupka./.Stadtgemeinde Bremen, Urteil vom 13.12.1994, amtl. Slg. 1994, S.5535 = EzA Art.119 EWG-Vertrag Nr.25 = NZA 1995, S.217.

Verb. Rs.399/92, 409/92, 425/92, 34/93, 50/93, 78/93, Stadt Lengerich/Angelika Helmig, Waltraudt Schmidt/Deutsche Angestellten-Krankenkasse, Elke Herzog/Arbeiter-Samariter Bund – Landesverband Hamburg e.V., Dagmar Lange/Bundesknappschaft Bochum, Angelike Kussfeld/Firma Detlef Bogdol GmbH, Ursula Ludwig/Kreis Segeberg, Urteil vom 15.12.1994, amtl. Slg. 1994, S.5727 = EzA Art.119 EWG-Vertrag Nr.24 = NZA 1995, S.218.

Rs.317/93, Inge Nolte ./. Landesversicherungsanstalt Hannover, Urteil vom 14.12.1995, DB 1996, S.44 mit Anm. *Hans-Harald Sowka* = ArbuR 1996, S.39 mit Anm. *Rudolf Buschmann.*

Rs.444/93, Ursula Megner, Hildegard Scheffel ./. Innungskrankenkasse Rheinland-Pfalz, Urteil vom 14.12.1995, DB 1996, S.44 mit Anm. *Hans-Harald Sowka* = ArbuR 1996, S.39 mit Anm. *Rudolf Buschmann.*

Rs.450/93, Eckhard Kalanke ./. Freie Hansestadt Bremen, Urteil vom 17.10.1995, NZA 1995, S.1095.

Rs.457/93, Kuratorium für Dialyse und Nierentransplantation e.V. ./. Johanna Lewark, Urteil vom 06.02.1996, NZA 1996, S.319.

Deutsche Entscheidungen (in zeitlicher Reihenfolge):

BAG vom 15.1.1955 – 1 AZR 305/54, AP Nr.4 zu Art.3 GG = BAGE 1, S.258.

ArbG München vom 5.7.1973 – 20 Ca 289/73, BB 1973, S.1357.

BAG vom 23.7.1976 – 5 AZR 492/75, AP Nr.1 zu § 11 BUrlG = BB 1976, S.1512.

BAG vom 18.8.1976 – 4 AZR 284/75, AP Nr.2 zu § 62 BAT mit Anm. *Hans Spiertz*.

LAG Hamm vom 21.9.1976 – 3 Sa 1/76, BB 1977, S.1450 mit Anm. *Alexander Dix*.

BAG vom 23.2.1977 – 4 AZR 667/75, AP Nr.1 zu § 1 TVG Tarifverträge: Techniker-Krankenkasse = BB 1977, S.596.

BAG vom 1.6.1978 – 3 AZR 79/77, BB 1979, S. 1403.

BAG vom 9.9.1981 – 5 AZR 1182/79, AP Nr.117 zu Art.3 GG mit Anm. *Heide Pfarr*.

BAG vom 6.4.1982 – 3 AZR 134/79, AP Nr.1 zu § 1 BetrVG Gleichbehandlung mit Anm. *Heide Pfarr* = EzA § 1 BetrAVG Gleichberechtigung Nr.16 = SAE 1982, S.257 mit Anm. *Karl Sieg*.

BAG vom 25.8.1982 – 5 AZR 197/80, AP Nr.53 zu § 242 BGB Gleichbehandlung.

LAG Frankfurt vom 5.11.1982 – 6 Sa 664/82, BB 1983, S.996.

LAG Baden-Württemberg vom 20.5.1983 – 2 Sa 13/83, DB 1983, S.2315.

BAG vom 1.6.1983 – 4 AZR 578/80, AP Nr.16 zu § 23 a BAT mit Anm. *Heide Pfarr*.

LAG Hamm vom 22.11.1983 – 6 Sa 1012/83, EzA § 242 BGB Gleichbehandlung Nr.34.

BAG vom 5.6.1984 – 3 AZR 66/83, AP Nr.3 zu Art.119 EWG-Vertrag = EzA § 242 BGB Gleichbehandlung Nr.35.

BAG vom 7.11.1984 – 5 AZR 378/82, AP Nr.59 zu § 1 LohnFG mit Anm. *Peter Hanau*.

BAG vom 12.12.1984 – 7 AZR 509/83, AP Nr.6 zu § 2 KSchG 1969 = SAE 1985, S.357 mit Anm. *Peter Schüren*.

BAG vom 24.4.1985 – 4 AZR 457/83, AP Nr.4 zu § 3 BAT mit Anm. *Herbert Wiedemann/Gerd Lembke*.

BAG vom 13.11.1985 – 4 AZR 234/84, AP Nr.136 zu Art.1 GG mit. Anm. *Manfred Zuleeg* = NZA 1986, S.321.

LAG Düsseldorf vom 27.3.1986 – 5 Sa 1883/85, LAGE § 1 Lohnfortzahlungsgesetz Nr.14 = NZA 1986, S.525.

BVerfG vom 13.5.1986 – 1 BvL 55/83, BVerfGE 72, S.141 = DB 1983, S. 450.

BAG vom 14.10.1986 – 3 AZR 66/83, AP Nr.11 zu Art.119 EWG-Vertrag mit Anm. *Heide Pfarr* (gleichzeitig Anmerkung zum Urteil des EuGH vom 13.5.1986, Rs.170/84, Bilka, AP Nr.10 zu Art.119 EWG-Vertrag) = EzA § 1 BetrAVG Gleichberechtigung Nr.1.

BAG vom 5.8.1987 – 5 AZR 189/86, AP Nr.72 zu § 1 LohnFG = DB 1987, S.2572.

LAG Frankfurt vom 3.3.1988 – 12 Sa 898/87, Streit 1989, S.37.

ArbG Oldenburg vom 5.5.1988 – 3 Ca 50/88, BB 1988, S.1256 = Streit 1988, S.123 mit Anm. *Ninon Colneric*.

BAG vom 27.7.1988 – 5 AZR 244/87, AP Nr.83 zu § 242 BGB Gleichbehandlung = EzA § 242 BGB Gleichbehandlung Nr.47 = Streit 1989, S.31.

BAG vom 14.9.1988 – 4 AZR 132/88, (ebenso Rs. 4 AZR 351/88), AP Nr.24 zu § 23 a BAT mit Anm. *Heide Pfarr* = ZTR 1988, S.459.

ArbG Hamburg vom 12.12.1988 – 6 Ca 187/88, Streit 1989, S.35.

BAG vom 25.1.1989 – 5 AZR 161/88, AP Nr.2 zu § 2 BeschFG 1985 mit Anm. *Ulf Berger-Delhey* = BB 1989, S.1271.

BAG vom 9.2.1989 – 6 AZR 174/87, AP Nr.4 zu § 2 BeschFG 1985 = BAGE 61, S.77.

BAG vom 14.3.1989 – 3 AZR 490/87, AP Nr. 5 zu § 1 BetrAVG Gleichbehandlung = EzA § 1 BetrAVG Gleichberechtigung Nr.4.

ArbG Hamburg vom 13.4.1989 – 2 Ca 435/88, Streit 1989, S.90.

ArbG Wiesbaden vom 19.7.1989 – 7 Ca 1145/89, Streit 1990, S.89.

BAG vom 29.8.1989 – 3 AZR 370/88, AP Nr.6 zu § 2 BeschFG 1985 mit Anm. *Peter Schüren/Mathias Kirsten* = NZA 1990, S.37 = Streit 1990, S.183.

BAG vom 24.10.1989 – 8 AZR 5/89, AP Nr.29 zu § 11 BUrlG = BAGE 63, S.181.

ArbG Oldenburg vom 14.12.1989 – 3 Ca 50/88, EzA § 1 Lohnfortzahlungsgesetz Nr.113 = NZA 1990, S.438.

BAG vom 23.1.1990 – 3 AZR 58/88, AP Nr.7 zu § 1 BetrAVG Gleichberechtigung = EzA § 1 BetrAVG Gleichberechtigung Nr.6 mit Anm. *Heinz-Dietrich Steinmeyer* (zugleich Anm. zu BAG vom 14.3.1989 – 3 AZR 490/87) = NZA 1990, S.778.

LAG Berlin vom 30.1.1990 – 8 Sa 86/89, DB 1991, S.49 = Streit 1990, S.179.

ArbG Kaiserslautern vom 20.3.1990 – 5 Ca 786/89 P., ARST 1990, S.168.

BVerfG vom 29.5.1990 – 1 BvL 20/84 u.a., NJW 1990, S.2869.

BVerfG vom 31.5.1990 – 2 BvL 12,13/88, 2 BvR 1436/87, BVerfGE 82, S.159 = NVWZ 1991, S.53.

BAG vom 27.6.1990 – 7 AZR 292/89, AP Nr.76 zu § 37 BetrVG 1972 = BB 1991, S.272 = DB 1991, S.49.

BAG vom 22.8.1990 – 5 AZR 543/89, AP Nr.8 zu § 2 BeschFG 1985 = SAE 1991, S.114 mit Anm. *Peter Schüren/Mathias Kirsten.*

LAG Berlin vom 24.10.1990 – 8 Sa 64/90, DB 1991, S.50 = Streit 1991, S.177.

BAG vom 15.11.1990 – 8 AZR 283/89, AP Nr.11 zu § 2 BeschFG 1985 = BAGE 66, S. 220 = NZA 1991, S.346 = BB 1991, S.771.

BAG vom 20.11.1990 – 3 AZR 613/89, AP Nr.8 zu § 1 BetrAVG Gleichberechtigung = BAGE 66, S.264 = EzA Art.119 EWG-Vertrag Nr.2. mit Anm. *Winfried Boecken.*

BAG vom 6.12.1990 – 6 AZR 159/89, AP Nr.12 zu § 2 BeschFG 1985 = BAGE 66, S.314 = EZA § 2 BeschFG 1985 Nr.7 mit Anm. *Hartmut Oetker.*

LAG Schleswig-Holstein vom 11.12.1990 – 5 Sa 475/90, ZTR 1991, S.169.

LAG Köln vom 9.1.1991 – 2 Sa 747/90, LAGE § 2 BeschFG 1985 Nr.6 = ZTR 1991, S.258.

LAG Köln vom 31.1.1991 – 10 Sa 950/90, LAGE § 1 Lohnfortzahlungsgesetz Nr.27 mit Anm. *Andreas Haupt/Dieter Welslau.*

LAG Hamm vom 27.2.1991 1 Sa 1526/90, LAGE § 1 Lohnfortzahlungsgesetz Nr.26.

ArbG Hamburg vom 16.5.1991 – 2 Ca 435/88, Der Personalrat 1992, S.173 mit Anm. *Klaus Bertelsmann.*

LAG Hamm vom 6.6.1991 – 17 Sa 324/91, LAGE § 2 BeschFG 1985 Nr.11

LAG Schleswig-Holstein vom 27.6.1991 – 4 Sa 195/91, LAGE § 2 BeschFG 1985 Nr.9 = ZTR 1991, S.169.

LAG Köln vom 5.7.1991 – 13/10 Sa 72/91, LAGE § 2 BeschFG 1985 Nr.10.

LAG Düsseldorf vom 9.7.1991 – 16 Sa 515/91, LAGE § 2 BeschFG 1985 Nr.8.

BAG vom 25.9.1991 – 4 AZR 631/90, AP Nr.13 zu § 2 BeschFG 1985.

BAG vom 25.9.1991 – 4 AZR 33/91, AP Nr.14 zu § 2 BeschFG 1985 = AR-Blattei Teilzeitarbeit Nr.27 = BB 1991, S.2081.

LAG Köln vom 30.9.1991 – 14/2 Sa 107/91, LAGE § 2 BeschFG 1985 Nr.12.

LAG Berlin vom 9.10.1991 – 8 SA 53 und 55/91, DB 1992, S.846.

BAG vom 9.10.1991 – 5 AZR 598/90, AP Nr.95 zu § 1 LohnFG = EzA § 1 Lohnfortzahlungsgesetz Nr.122 mit Anm. *Hartmut Oetker* = BB 1992, S.429.

ArbG Hamburg vom 21.10.1991 – 21 Ca 173/91, AiB 1992, S.164 mit Anm. *Dorothea Goergens* = DB 1992, S.482 L.

BAG vom 7.11.1991 – 6 AZR 392/88, AP Nr.14 zu § 62 BAT = EzA § 2 BeschFG 1985 Nr.18.

BAG vom 21.11.1991 – 6 AZR 551/89, AP Nr.2 zu § 34 BAT = SAE 1993, S.34 mit Anm. *Michael Coester* = NZA 1992, S.545.

LAG Köln vom 10.1.1992 – 13 Sa 767/91, NZA 1992, S.615 = DB 1992, S.692.

BVerfG vom 28.1.1992 – 1 BvR 1025/82, 1 BvL 16/83 und 10/91, AP Nr.2 zu § 19 AZO = BVerfGE 85, S.191.

BAG vom 29.1.1992 – 4 AZR 293/91, AP Nr.16 zu § 2 BeschFG 1985 = EzA § 2 BeschFG 1985 Nr.16.

BAG vom 29.1.1992 – 5 AZR 518/90, AP Nr.18 zu § 2 BeschFG 1985 = EzA § 2 BeschFG 1985 mit Anm. *Thomas Raab* = NZA 1992, S.1037 = AiB 1992, S.666 mit Anm. *Dirk Vogelsang*.

BAG vom 11.3.1992 – 5 AZR 237/91, AP Nr.19 zu § 1 BeschFG 1985 mit Anm. *Peter Schüren, Elke Beduhn* = EzA § 2 BeschFG 1985 Nr.17.

BAG vom 28.7.1992 – 3 AZR 173/92, AP Nr.18 zu § 1 BetrAVG Gleichberechtigung = EZA § 1 BetrAVG Gleichbehandlung Nr.2 = BB 1993, S.437.

BAG vom 19.8.1992 – 5 AZR 513/91, AP Nr.102 zu § 242 BGB Gleichbehandlung = NZA 1993, S.171 = BB 1992, S.2431.

BAG vom 19.8.1992 – 5 AZR 95/92, EzA § 2 BeschFG 1985 Nr.23.

BAG vom 23.9.1992 – 4 AZR 30/92, AP Nr.1 zu § 612 BGB Diskriminierung = DB 1993, S.737.

BVerfG vom 28.9.1992 – 1 BvR 496/87, AP Nr.15 zu Art.20 GG = NZA 1993, S.213 = DB 1992, S.2511.

BAG vom 7.10.1992 – 10 AZR 51/91, AP Nr.34 zu § 1 TVG Tarifverträge: Einzelhandel = BB 1993, S.652.

LAG Hamm vom 22.10.1992 – 17 Sa 1035/92, NZA 1993, S.573 = AiB 1993, S.126 mit Anm. *Hiltrud Engel*.

BAG vom 28.10.1992 – 10 AZR 129/92, AP Nr.66 zu § 112 BetrVG 1972 = BB 1993, S.506 = SAE 1994, S. 114 mit Anm. *Thomas Milde*.

LAG Schleswig-Holstein vom 17.11.1992 – 1 Sa 39/92, AiB 1992, S.190 mit Anm. *Barbara Degen*.

BAG vom 2.12.1992 – 4 AZR 152/92, AP Nr.28 zu § 23a BAT = ArbuR 1993, S.225 mit Anm. *Helmut Richter* = EuZW 1993, S.227 = DB 1993, S.503.

BVerfG vom 18.2.1993 – 1 BvR 1594/92, AP Nr.25 zu § 2 BeschFG 1985 = NZA 1993, S.741.

BAG vom 3.3.1993 – 5 AZR 170/92, AP Nr. 97 zu § 611 BGB Lehrer, Dozenten = EzA § 2 BeschFG 1985 Nr.27.

BAG vom 26.5.1993 – 5 AZR 184/92, AP Nr.42 zu Art.119 EWG-Vertrag, NZA 1994, S.413.

LAG Schleswig-Holstein vom 27.5.1993 – 4 Sa 1569/92, LAGE BeschFG 1985 Nr.22.

BAG vom 16.6.1993 – 4 AZR 317/92, AP Nr.26 zu § 2 BeschFG 1985.

BAG vom 23.6.1993 – 10 AZR 127/92, AP Nr.1 zu § 34 BAT = NZA 1994, S.41.

BAG vom 16.9.1993 – 6 AZR 691/92, AP Nr.2 zu § 9 TVG Tarifverträge: Bundespost = NZA 1994, S.900.

BAG vom 5.10.1993 – 3 AZR 695/92, AP Nr.20 zu § 1 BetrAVG.

BAG vom 20.10.1993 –7 AZR 581/92, AP Nr.90 zu § 37 BetrVG 1972 = NZA 1994, S.278 = SAE 1994, S.308 mit Anm. *Hansjörg Otto.*

BAG vom 9.3.1994 – 4 AZR 301/93, AP Nr.31 zu § 23a BAT = DB 1994, S.2138.

LAG Schleswig-Holstein vom 21.6.1994 – 1 Sa 120/94, ZTR 1994, S.383.

BAG vom 27.7.1994 – 10 AZR 583/93, AP Nr.37 zu § 2 BeschFG 1985 = NZA 1994, S.1130.

BAG vom 25.10.1994 – 3 AZR 149/94, AP Nr.40 zu § 2 BeschFG 1985 = NZA 1995, S.730.

BAG vom 15.11.1994 – 5 AZR 682/93, AP Nr.121 zu § 242 BGB Gleichbehandlung = NZA 1995, S.939.

BAG vom 22.11.1994 – 3 AZR 149/94, NZA 1995, S.733.

BAG vom 1.12.1994 – 6 AZR 501/94, NZA 1995, S.590.

BAG vom 7.3.1995 – 3 AZR 282/94, AP Nr.26 zu § 1 BetrAVG Gleichbehandlung.

BAG vom 1.11.1995 – 5 AZR 84/94, DB 1996, S.1285.

Britische Entscheidungen (in alphabetischer Reihenfolge):

Albion Shipping Agency v Arnold, Employment Appeal Tribunal, IRLR 1981, S.525.

Amies v Inner London Education Authority, Employment Appeal Tribunal, ICR 1977, S.308.

A.R.W. Transformers Ltd. v Capples, Employment Appeal Tribunal, IRLR 1977, S.228.

Barber and others v NCR (Manufacturing) Ltd., Employment Appeal Tribunal, IRLR 1993, S.94.

Bromley and others v H & J Quick Ltd., Court of Appeal, IRLR 1988, S.249.

Bulmer v Bollinger, Court of Appeal, All ER 1974 (2), S.1227.

Calder and Cizakowsky v Rowntree Mackintosh Confectionary Ltd., Employment Appeal Tribunal, IRLR 1992, S.165.

Calder and Cizakowsky v Rowntree Mackintosh Confectionary Ltd., Court of Appeal, IRLR 1993, S.212.

Capper Pass Ltd. v B.J. Lawton, Employment Appeal Tribunal, AllER 1977-2, S.11 = IRLR 1976, S.366.

Clarke and Powell v ELEY (IMI) Kynoch Ltd., Employment Appeal Tribunal, IRLR 1982, S.482.

Duke v Reliance Systems, House of Lords, IRLR 1988, S.118.

Durrant v North Yorkshire Health Authority and Secretary of State for Social Services, Employment Appeal Tribunal, IRLR 1979, S.401.

Enderby v Frenchay Health Authority and Secretary of State for Health, Court of Appeal, IRLR 1992, S.14.

Fletcher v Clay Cross (Quarry Services) Ltd., Court of Appeal, IRLR 1978, S.361 = ICR 1979, S.1.

Handley v Mono, Employment Appeal Tribunal, ICR 1979, S.147.

Hayward v Cammell Laird Shipbuilders Ltd., House of Lords, IRLR 1988, S.256.

Jenkins v Kingsgate (Clothing Productions) Ltd., Employment Appeal Tribunal (Vorlagebeschluß zum EuGH), CMLR 1980, S.81.

Jenkins v Kingsgate (Clothing Productions) Ltd. (2), Employment Appeal Tribunal, IRLR 1981, S.388.

Kidd v. D.R.G., Employment Appeal Tribunal, IRLR 1985, S.190 = ICR 1985, S.405.

Leeds City Council v Sutcliffe, Employment Appeal Tribunal, IDS Brief Nr.522, August 1994, S.15/16.

Leverton v Clwyd County Council, House of Lords, IRLR 1989, S.28.

Macartys Ltd. v Smith, Employment Appeal Tribunal, IRLR 1978, S.10.

Mager & St.Mellons District Council v Newport Corporation, Court of Appeal, AllER 1950, S.1226.

Mager & St.Mellons District Coucil v Newport Corporation, House of Lords, AC 1952, S.198.

McPherson v Rathgael Centre for Children and Young People and Northern Ireland Office (Training Schools Branch), Northern Ireland Court of Appeal, IRLR 1991, S.206.

Mediguard Services v Thame, Industrial Tribunal, The Times vom 5.August 1994.

Meeks v National Union of Agricultural and Allied Workers, Industrial Tribunal, IRLR 1976, S.198.

National Coal Board v Sherwin and Spruce, Employment Appeal Tribunal, IRLR 1978, S.122.

National Vulcan Engineerig v Wade, Court of Appeal, ICR 1978, S.800.

Ojukitu and Oburoni v Manpower Services Commission, Court of Appeal, ICR 1982, S.661 = IRLR 1982, S.418.

Rainey v Greater Glasgow Health Board, House of Lords, ICR 1987, S. 129.

R. v Secretary of State for Employment ex parte Equal Opportunities Commission, Divisional Court, IRLR 1991, S.493.

R. v. Secretary of State for Employment ex parte Equal Opportunities Commission, Court of Appeal, IRLR 1993, S.10.

R. v Secretary of State for Employment ex parte Equal Opportunities Commission, House of Lords, AllER 1994, S.910.

R. v Secretary of Transport ex parte Factortame (2), House of Lords, AC 1991, S.603.

K. Richardson v E. Barnes, Industrial Tribunal (Vorlagebeschluß zum EuGH), Rs.112/94, Bulletin über die Tätigkeiten des Gerichtshofes und des Gerichts erster Instanz der Europäischen Gemeinschaften, Nr.13/94, Woche vom 25.–29. April 1994, S.24.

Secretary of State for Employment v Levy, Employment Appeal Tribunal, IRLR 1989, S.469.

Secretary of State for Scotland and Greater Glasgow Health Board v Wright and Hannah, Employment Appeal Tribunal, IRLR 1991, S.187.

Shields v E. Coombes (Holdings) Ltd., Court of Appeal, ICR 1978, S.1159 = IRLR 1978, S.263.

Snoxell and Davies v Vauxhall Motors Ltd, Employment Appeal Tribunal, IRLR 1977, S.123.

Steel v The Union of Post Office Workers and The General Post Office, Employment Appeal Tribunal, IRLR 1977, S.278.

Warren v Wylie, Industrial Tribunal, IRLR 1994, S.316.

Sachregister

Abstention of Law 83
Act of the Crown 93
Adressaten Gemeinschaftsrecht 21, 22
allgemeine Gleichheit 113ff., 134
Angleichung 62
Arbeitsgericht 85ff.
Arbeitsplatz, gleicher 41, 64ff.
Arbeitsrecht, Common Law 41, 83
Arbeitsrechtl. Gleichbehandlungsgrundsatz 41, 114ff.
Arbeitszeit siehe Teilzeitarbeit
Art.119 EWG-Vertrag
– Auslegung 37
– allgemeine Gleichheit 113
– betriebl. Altersversorgung 43
– Arbeitgeber 31ff., 131
– Gesetzgeber 35ff., 94, 103ff., 131
– Tarifparteien 34ff., 58ff., 131
– Diskriminierungsverbot 24
– Entgeltbegriff
 siehe Entgelt
– Ergebnispflicht 25
– Gleichstellungsgebot 61ff.
– Gleichberechtigungsgebot 24, 96, 107
– Lohngleichheitsgebot 24, 43
– mittelbare Diskriminierung
 siehe mittelbare Diskriminierung
– nachteilige Betroffenheit 44ff.
– Rückwirkung 49ff.
– sachliche Rechtfertigung
  – nationale Gerichte 32, 79ff., 100
  – soziale Verpflichtung 33, 45ff.
  – Benachteiligungsabsicht 34, 74
  – siehe Rechtfertigung, sachliche
– unmittelbare Anwendung 24ff., 62, 81, 93ff.
– unmittelb. Diskriminierung 24, 29

– Zweckbestimmung 24, 37
Art. 3 Abs. 2 GG 52ff.
außergerichtliche Kontrolle 78
Auslegung nationaler Normen 22, 71, 74, 85ff., 102
Auswirkungsradius 44

Barber 27, 51, 79, 89
Belastung 122ff., 129
Berufserfahrung 46, 59
Betriebsratsmitglied 28, 105
Beschäftigungsförderungsgesetz 42, 57, 64, 115
– Abfindung 118, 121
– Abweichung Tarifvertrag 119ff.
– Gleichbehandlungsgrundsatz 119
– mittelbare Diskriminierung 123
– relatives Differenzierungsverbot 115, 118
– sachlicher Grund 118
  – Belastung 122ff., 129
  – Leistungszweck 121
  – Nebentätigkeit 124ff.
  – Überstundenzuschläge 127ff.
  – Versorgungsbedarf 121, 124
– Urlaubsentgelt 118
– Vertragsfreiheit 42
– Zulage 118, 122
Bewährungszeit 59ff.
Bilka 32, 42ff., 52ff., 115
Billigkeitsgebot 42, 75ff.
Bötel 27, 31, 105
broad-brush Ansatz 87
Bundesarbeitsgericht 43, 108
Bundesverfassungsgericht 51ff., 91ff., 103

Central Arbitration Committee 78
Collective agreement 78

161

Common Law 41, 71, 84
Compensation for unfair dismissal 94, 100

Danfoss 46
Defrenne II 29, 50, 89, 99
Deregulation 23, 98
Differenzierung 120ff.
Diskriminierung
– aufgrund Geschlechtes 45ff.
– betriebl. Altersversorgung 43
– unmittelb. Diskriminierung 29ff.
– mittelbare Diskriminierung
 siehe mittelbare Diskriminierung
– Benachteiligungsabsicht 34
– Teilzeitbeschäftigte 30, 45ff.

Effet utile 62
Einzelhandel 48
Employment Protection (Consolidation) Act 27, 81, 94, 99
Entgelt
– Abfindung 26, 27, 81, 94, 100, 103
– Art.119 EWG-Vertrag 25ff., 106
– betriebl. Altersversorgung 26, 89, 115
– contracted-out Systeme 27
– Freizeitausgleich Betriebsratsmitglieder 28, 108ff.
– Gleichbehandlung 33
– Lohn und Gehalt 26
– Lohnfortzahlung 26, 49
– sonst. Arbeitsbedingungen 100
– Statutory sick pay, SSP 26
– Übergangsgeld 26
– Überstundenzuschlag 127ff.
Equal Pay Act 40, 64ff., 102
– und Art.119 EWG-Vertrag 66ff.
– gleiche Arbeit 64ff.
– sachliche Rechtfertigung 66, 79
– persönliche Umstände 67, 74
– und Sex Discrimination Act 68ff.

Equal Opportunities Commission 87, 94, 96, 100
European Communities Act 92
Europäische Gemeinschaft
 siehe Gemeinschaftsrecht
Europäischer Gerichtshof 96, 112
– Urteilsstil 37ff.
Extrinsic forces 67, 74

Factortame 22, 93ff., 102
Fisscher 88
Floor of rights 84
Francovich 100
Freizeitausgleich Betriebsratsmitglieder 28, 105
 siehe Bötel, Betriebsratsmitglied
Fristenregelungen 81, 97ff., 100
Funktionelle Grenze 112

Gemeinschaftsrecht
– Anwendungsvorrang 92ff., 102
– nationale Gerichte 32, 91ff.
– Rechtsordnung 20
– Individualrechtsschutz 18ff., 81ff.
– Prozeßverfahren 22, 81
– Regelungen Teilzeitarbeit 23
– Fortentwicklung 19ff., 131
– Umsetzung durch Mitgliedstaaten, Kontrolle 18ff., 95
– unmittelbare Wirkung 20ff., 81
– Vorrang vor nationalem Recht 20, 91, 93, 100
Geringfügige Beschäftigung 104
Geschlechterdiskriminierung 44ff., 68ff.
Gesetzeskontrolle 91ff., 96, 102
Gleichbehandlung
– allgemeine 59, 113ff.
– Art.119 EWG-Vertrag 28, 107
 siehe Art. 119 EWG-Vertrag
– Art. 3 Abs. 1 GG 56ff.
– Art.3 Abs. 2 GG 41, 55
 siehe Art. 3 Abs. 2 GG

162

- Bevorzugungsgebot 56
- Bürgerliches Gesetzbuch, §§ 611a, 612 BGB 41
- Common Law 41
- Equal Pay Act 64ff.
- gleiche Arbeit 28, 41, 64
- Gleichbehandlungsklausel 40ff., 64ff.
- Gleichberechtigungsgebot 41, 61, 81, 91, 107
- Männer und Frauen 28, 56, 107
- proportionale 33, 121
- soziale Verantwortung 33
Gleichberechtigungsgebot 41, 61, 81, 91, 107
Grau-Hupka 126
Griggs-Betrachtungsweise 30

High Court 96
House of Lords 94, 100, 132
Hypothetischer Vergleich 90

Industrial Tribunal 65ff., 81, 84, 96, 102

Jenkins 31ff., 42, 74, 114, 131
Judizieller Dialog 18, 110ff.
judicial review 92, 95

Kirshammer-Hack 112
Klagefrequenz, Großbritannien 82ff.
Kleinbetriebsklausel, KSchG 112
Kollektivarbeitsrecht 83
Kowalska 59
Kündigung Teilzeitbeschäftigte 75

Last-in First-out Verfahren 69
Leistungszweck 118
Like work 65
Lohnausfallprinzip 105ff.

Lohnfortzahlung 91ff., 103
Lohngleichheitsgebot 40, 65

Marginale Nachteile 76
Material factor 66ff., 80
 siehe Rechtfertigung, sachliche
Mehrarbeitszuschlag 128
 siehe Überstundenzuschlag
Mittelbare Diskriminierung
- Art. 3 Abs.2 GG 52
- Ausschluß tariflicher Geltungsbereich 63ff.
- Benachteiligung von Frauen 32, 68, 81, 94, 103, 106
- betriebl. Altersversorgung 43
- Definition 31, 43ff.
- Equal Pay Act 40
- Ermittlung 44, 106
- nationale Gerichte 32
- Nebentätigkeit 125ff.
- neutrale Bedingung 30, 32
- Sex Discrimination Act 30, 68, 75, 80, 99
- Benachteiligungsabsicht 34, 74
- Tarifparteien 58ff., 78ff.
- Überstundenzuschlag 125ff.
- Vergleich weiblicher Vollzeitbeschäftigter 72

Nachteilige Betroffenheit 44, 68, 103, 106
- aufgrund des Geschlechtes 45
- prozentuale Beteiligung 44
Nationale Gerichte
 siehe Art. 119 EWG-Vertrag, mittelbare Diskriminierung
Natur der Sache 115
Nebentätigkeit 49, 124ff.
Necessity-Test 69, 75
Neutrale Bedingung 30, 32, 43, 69

163

Nimz 59
Nichtigkeit von Gesetzen 104
Objektiv rechtfertigende Gründe
siehe Rechtfertigung, sachliche

Persönlicher Geltungsbereich 63
Positive Gleichstellung 62
siehe Gleichbehandlung,
Gleichberechtigungsgebot
Präzedenzfall 88

Quotenregelung 56

Rechtfertigung, sachliche
- Anreizfunktion 68, 97
- Arbeitgeber 31ff.
- Arbeitsmarktförderung 36, 74, 95ff.
- Art.119 EWG-Vertrag 32
- ausreichende Versorgung 48, 49, 105, 116, 121
- Berufserfahrung 46, 59ff.
- Betriebsorganisation 68, 103
- BetrVG, § 37 Abs. 6 105ff.
- Beweislast 32, 98
- biologisch-funktionale Gründe 55
- geschlechtsbezogene Gründe 32
- Gesetzgeber 35ff., 95ff.
- LohnFG, § 1 Abs.3 Nr.2 49, 103ff.
- Markteinflüsse 67, 74, 77
- Nachteile Teilzeitarbeit 46, 76, 117
- Nationale Gerichte 32
- Nebentätigkeit 125
- objektive Gründe 32, 76
- persönliche Umstände 67, 74
- Rentenbezug 126
- Sex Discrimination Act 32, 75, 131
- sozialpolitisches Ziel 36, 63, 97, 103
- Tarifparteien 34ff., 78ff.

- Unternehmensbedürfnis 32, 47, 70, 76
Rechtsstaatsprinzip 50
Redundancy pay 94
relatives Differenzierungsverbot 115
richterliche Unabhängigkeit 102
Rinner-Kühn 27, 63, 91, 103, 134
Rückwirkung 49ff., 89
- Art.119 EWG-Vertrag 50, 89, 99
- Art.3 Abs.2 GG 51ff.

Sachlicher Grund
siehe Rechtfertigung, sachliche
Schadensersatz 100ff.
Schwellenwerte
siehe Fristenregelungen
Secretary of State 94
Sex Discrimination Act 30, 40, 68, 75, 96, 131
- Ausschluß Entgeltfragen 70ff.
- analoge Anwendung 71
- und Equal Pay Act 68ff.
siehe auch Equal Pay Act, mittelbare Diskriminierung
Sonderopfer 108, 110
Sozialplan 118, 121
Soziale Absicherung 36, 37
siehe auch Versorgung
Social dumping 113
Sozialpolitisches Ziel 36, 97, 103, 110
Staatshaftung 100ff.
Statutory employment protection 84

Tarifautonomie 61
Tarifparteien
- Art.119 EWG-Vertrag 34ff.
- Art.3 Abs.1 GG 42, 56ff., 119
tariflicher Geltungsbereich 63, 120
siehe auch Art.119 EWG-Vertrag
Tarifvertrag, Kontrolle 61, 79

Tatbestand mittelbare Diskriminierung
siehe mittelbare Diskriminierung, Art. 119 EWG-Vertrag
tarifliche Zulage 61
tats. Unternehmensbedürfnis 31, 47ff. 70
siehe Rechtfertigung, sachliche
Teilzeitarbeit
– Begriff 15, 115
– Diskriminierung 45, 74, 103
– Fristenregelungen 81, 95
– geringfügige Beschäftigung 104
– Gemeinschaftsrecht 23, 96
– verheiratete Frauen 45, 74
siehe auch Art.119 EWG-Vertrag, mittelbare Diskriminierung

Übergangsgeld 42, 61ff.
Überstundenzuschlag 68, 127ff.
Ungleichbehandlung
siehe Art.119 EWG-Vertrag, Gleichbehandlung, mittelbare Diskriminierung, Rechtfertigung, sachliche
Urteilsbegründung 38

Van Gend en Loos 3
Verbotsgesetz 115
Verfassung Großbritannien 74, 92
Verhältnismäßigkeitsprinzip 31, 47, 70, 74, 98, 104
Versorgungsbedarf 116ff.
siehe Rechtfertigung, sachliche
Vertragsverletzungsverfahren 1ff.
Vertrauensschutz Arbeitgeber 52ff.
Verwerfungsmonopol 91
Vorlagebefugnis 133
Vroege 98

Wartezeit 43
Wettbewerbsfähigkeit 77
Willkürverbot 114
Wirtschaftliche Absicherung 124ff.

Zulagen 122
Zweck einer Leistung 120

Taschenkommentare des Betriebs-Beraters zum Arbeitsrecht

Kommentar zum Entgeltfortzahlungsgesetz
Von Dr. Ewald Helml. 1995, 206 Seiten mit einem 16-seitigen Nachtrag vom November 1996. Kt. ISBN 3-8005-3010-4

Kommentar zum Bundesurlaubsgesetz
Von Prof. Dr. Frank Hohmeister. 1995, 344 Seiten mit einem 16-seitigen Nachtrag vom Dezember 1996. Kt. ISBN 3-8005-3024-4

Kommentar zum Jugendarbeitsschutzgesetz
Von Ministerialrat Martin Lorenz. 1997, ca. 270 Seiten, Kt. ISBN 3-8005-3032-5

Kommentar zum Kündigungsschutzgesetz,
Von Prof. Dr. Dr. h.c. Manfred Löwisch. 7., völlig neubearbeitete Auflage 1997. 648 Seiten. Kt. ISBN 3-8005-3027-9

Kommentar zum Specherausschußgesetz
Von Prof. Dr. Dr. h.c. Manfred Löwisch, 2., neubearbeitete Auflage 1994. 312 Seiten. Kt. ISBN 3-8005-3011-2

Taschenkommentar zum Betriebsverfassungsgesetz
Von Prof. Dr. Dr. h.c. Manfred Löwisch, 4., neubearbeitete Auflage 1996. 786 Seiten. Kt. ISBN 3-8005-3029-5

Kommentar zum Arbeitszeitgesetz
Von Dr. Johannes Zmarzlik und Rudolf Anzinger. 1995. 693 Seiten. Kt. ISBN 3-8005-3015-5

Kommentar zum Ladenschlußgesetz
Von Dr. Johannes Zmarzlik und Peter Roggendorff. 2., neubearbeitete Auflage 1997. ca. 260 Seiten. Kt. ISBN 3-8005-3030-9

Verlag Recht und Wirtschaft
Heidelberg

Abhandlungen zum Arbeits- und Wirtschaftsrecht

Band 48	Freiherr von Rechenberg, Die Hauptversammlung als oberstes Organ der Aktiengesellschaft
Band 50	v. Hertzberg, Die Haftung von Börseninformationsdiensten
Band 51	Natzel, Der aktienrechtliche Quasi-Konzern
Band 52	Fabritius, Die Überlassung von Anlagevermögen an die GmbH durch Gesellschafter
Band 53	Ohlendorf-von Hertel, Kontrolle von AGB im kaufm. Geschäftsverkehr gem. § 24 AGB-Gesetz
Band 54	Saßenrath, Die Umwandlung von Komplementär- in Kommanditbeteiligungen
Band 55	Prantl, Die Abstraktheit des Wechsels
Band 56	Stephan, Anwendung des Zusammenschlußbegriffs auf Personalgesellschaften
Band 57	Kreitner, Kündigungsrechtliche Probleme beim Betriebsinhaberwechsel
Band 59	Rieble, Die Kontrolle des Ermessens der betriebsverfassungsrechtlichen Einigungsstelle
Band 60	Ekkenga, Die Inhaltskontrolle von Franchise-Verträgen
Band 61	Decher, Personelle Verflechtungen im Aktienkonzern
Band 62	Hoffmann, Verhaltenspflichten der Banken und Kreditversicherungsunternehmen
Band 63	Droste, Der Liefervertrag mit Montageverpflichtung
Band 64	Zitzmann, Die Vorlagepflichten des GmbH-Geschäftsführers
Band 65	Schaub, Der Konsortialvertrag
Band 66	Ihrig, Die endgültige freie Verfügung über die Einlage von Kapitalgesellschaftern
Band 67	Kohler, Mitgliedschaftliche Regelungen in Vereinsordnungen
Band 68	Streyl, Zur konzernrechtlichen Problematik von Vorstands-Doppelmandaten
Band 69	Frense, Grenzen der formularmäßigen Freizeichnung im Einheitlichen Kaufrecht
Band 70	Topf-Schleuning, Einfache Kündigungsklauseln in GmbH-Satzungen
Band 71	Pallasch, Der Beschäftigungsanspruch des Arbeitnehmers
Band 72	Kaiser, Erziehungs- und Elternurlaub in Verbundsystemen kleiner und mittlerer Unternehmen
Band 73	Stein, Der wettbewerblich erhebliche Einfluß in der Fusionskontrolle
Band 74	Wiedemann, Die Bindung der Tarifnormen an Grundrechte
Band 75	Saunders, Gleiches Entgelt für Teilzeitarbeit

Verlag Recht und Wirtschaft

Heidelberg